Michael Fricke

# Von Gott reden im Religionsunterricht

Mit 23 Abbildungen

Vandenhoeck & Ruprecht

Den Bamberger Studentinnen und Studenten gewidmet

Mein herzlicher Dank gilt Lina Konrad, Nico Vincentini und
Miriam Wagner für ihr tolles Engagement bei den Literatur-
recherchen und Korrekturarbeiten, Dr. Martina Steinkühler
für die umsichtige wie angenehme redaktionelle Betreuung
und ganz besonders meiner Frau Dorothee für ihre
verständnisvolle Unterstützung.

Bibliografische Information der Deutschen Nationalbibliothek

Die Deutsche Nationalbibliothek verzeichnet diese Publikation in der
Deutschen Nationalbibliografie; detaillierte bibliografische Daten sind
im Internet über http://dnb.d-nb.de abrufbar.

ISBN 978-3-525-61034-3

Umschlagabbildung: www.Digitalstock.de

Druck und Bindung: ⊕ Hubert & Co, Göttingen

# Inhalt

# Einleitung

Das Reden von Gott ist ein elementarer und unverzichtbarer Inhalt im christlichen Religionsunterricht. »Nach evangelischem Verständnis muss der Gottesbezug im Zentrum der religiösen Bildung stehen«, so schreibt der Rat der EKD in seiner jüngsten Publikation zum Religionsunterricht.[1] Diese Forderung bedeutet freilich nicht, dass andere Aspekte und Zielsetzungen des Religionsunterrichts, etwa die Frage nach der Entwicklung der eigenen Identität, die Auseinandersetzung mit gesellschaftlich aktuellen Themen, das ästhetische, interreligiöse, soziale oder ethische Lernen daneben unwichtiger wären. Vielmehr ist damit eine Grundorientierung vorgegeben, die als Horizont und Korrektiv wirksam werden soll. Gleichzeitig stellen sich viele Fragen:

- Wie kann man »von« bzw. »über« Gott in angemessener Weise reden?
- Lässt »er« sich überhaupt mit unseren Worten und Gedanken »fassen«?
- Machen wir »ihn« nicht zu einem Objekt unsere Sprache und Gedanken?
- Kann man von jemandem sinnvoll und verständlich reden, über den sich nichts beweisen lässt?
- Wenn direktes Reden nicht möglich ist, dann vielleicht indirektes – etwa mit Hilfe von Bildern und Symbolen?
- Wie haben Gläubige früherer Zeiten von Gott geredet, etwa in der Bibel und den christlichen Bekenntnissen?
- Wie stellen sich Kinder, Jugendliche, Erwachsene heute Gott vor? Wie reden sie von Gott?

1   Religionsunterricht. 10 Thesen des Rates der Evangelischen Kirche in Deutschland, hg. v. Kirchenamt der EKD, Hannover 2006, 2 (www.ekd.de/down load/religionsunterricht.pdf). Ganz ähnlich die Position 12 Jahre zuvor in der Denkschrift »Identität und Verständigung«: Die Frage nach Gott bilde »die Mitte des Faches«, EKD/Kirchenamt (Hg.), Identität und Verständigung. Standort und Perspektiven des Religionsunterrichts in der Pluralität, Gütersloh 1994, 30.

- Wie darf man sich, wie darf ich mir Gott vorstellen?
- Welche Folgerungen für den Religionsunterricht lassen sich ziehen?

Dieses Buch ist aus der Arbeit mit Theologiestudierenden erwachsen, die sich auf das Lehramt in der Primar- und Sekundarstufe vorbereiten. Es möchte überblicksartig Zusammenhänge darstellen, mit der christlichen Tradition und der wissenschaftlichen Diskussion vertraut machen, Ausflüge in die Wirklichkeit der religionspädagogischen Schulpraxis berücksichtigen und zum eigenen Nachdenken anregen. Es hat einführenden Charakter und versucht, die Sachverhalte auf möglichst verständliche, aber nicht simplifizierende Weise darzustellen. Es kann auch für die Examensvorbereitung genutzt werden oder Lehrer/innen in der Praxis als Reflexionsfolie und Anregung dienen.

Im ersten Teil stellen wir die Frage, welche Vorstellungen Kinder und Jugendliche von Gott haben. Hier sind neben den traditionellen (und teilweise umstrittenen) Modellen von Freud, Fowler und Oser besonders neuere empirische Untersuchungen von Bedeutung, die versuchen, Kinder und Jugendliche eigenständiger und kreativer zu Wort kommen zu lassen.

Der zweite Teil beschäftigt sich mit der Bestreitung, Infragestellung und Anfechtung des Glaubens an Gott, besonders in der Moderne, aber – das Thema ist ja schon älter – auch im Altertum. Die Bibel selbst gibt uns, etwa im Buch Hiob, einen tiefen Einblick in die Anfechtungen des Glaubens und mögliche Antworten darauf.

Der dritte, größte Teil entfaltet Grundzüge des traditionellen biblisch-christlichen Redens von Gott und bezieht sich dabei auf zentrale biblische Zeugnisse sowie die bedeutenden Glaubensbekenntnisse des Christentums. Gleichzeitig wird danach gefragt, wie moderne Glaubensbekenntnisse aussehen könnten, und welche Folgerungen sich für den Religionsunterricht ergeben.

Der Schlussteil stellt exemplarisch dar, wie man mit Kindern und Jugendlichen »theologisieren«, wie man mit ihnen in ein Gespräch über Gott kommen kann, in dem nicht die Vermittlung »ewiger Wahrheiten« sondern die gemeinsame, echte Suchbewegung im Zentrum steht, bei der Lebensfragen und Tradition, Zweifel und Glaube, Verstand und Gefühl in fruchtbarer Weise zusammenkommen. Wir schließen mit der Frage, wie man nicht nur »von« Gott, sondern auch »zu« Gott reden kann, und loten Möglichkeiten des Gebetes in Religionsunterricht und Schule aus.

## Persönliche Auseinandersetzung

Die Frage, ob und wie »man« über Gott reden kann, hat auch eine subjektive Seite: Wie stehe ich selbst zu dieser Frage – aufgrund meiner Erfahrungen und Einsichten? Hat dieses Thema in irgendeiner Form Bedeutung und Raum in meinem eigenen Leben? Welche Vorstellungen von Gott habe ich? Welche hatte ich als Kind? Welche Veränderungen in meinem eigenen Gottesbild hat es im Laufe meines Lebens gegeben? Inwiefern hat das mit bestimmten äußeren und inneren Ereignissen und Einschnitten in meiner Biografie zu tun? Theologie ist persönlich!

Einer der großen Theologen des 20. Jahrhunderts, Rudolf Bultmann (1884–1976), hat gesagt, wir könnten nicht »über« Gott reden, da er die »Alles bestimmende Wirklichkeit« sei.[2] Wenn wir von Gott reden, können wir das nur insofern tun, als wir von ihm existentiell betroffen sind, als Menschen, in der uns gegebenen individuellen, begrenzten Weise, aber mit all unseren Kräften und Sinnen, mit unserer ganzen Existenz. Mit den Worten Bultmanns: »Will man von Gott reden, so muss man offenbar von sich selbst reden.«[3]

Deswegen ist hier Raum für Sie, liebe Leserin, lieber Leser, mit Hilfe einer Fragemeditation dem Thema Gottesvorstellung in Ihrem eigenen Leben nachzugehen. Die persönliche Auseinandersetzung ist die Basis für alle späteren Überlegungen.

2    R. Bultmann, Welchen Sinn hat es, von Gott zu reden? (1925), in: Ders., Glauben und Verstehen. Gesammelte Aufsätze, Bd. 1, 7. Aufl. Tübingen 1972, 26.
3    Bultmann 1972, 28.

# Fragemeditation zur Gottesvorstellung[4]

*Nehmen Sie sich 10 Minuten Zeit. Wählen Sie die Fragen aus, die Sie beantworten möchten. Sie können sich Notizen machen oder nur so darüber nachdenken.*

1. Versuchen Sie sich zu erinnern:

   - Wie haben Sie sich Gott vorgestellt, als Sie noch klein waren – etwa in der Grundschule?
   - Wer hat Ihnen damals von Gott erzählt? – Wie hat das auf Sie gewirkt?
   - Gibt es ein Bild oder eine Erzählung, die Ihre Vorstellung von Gott stark beeinflusst haben?
   - Welche Atmosphäre atmet die Gottesvorstellung Ihrer Kindheit (hell – dunkel; drohend – befreiend; fremd – vertraut; abstoßend – liebenswert …)?

2. Wie beurteilen Sie aus heutiger Sicht Ihre religiöse Erziehung?

3. Hat sich Ihre Gottesvorstellung seit Ihrer Kindheit in wesentlichen Punkten verändert?

   - Falls ja: Durch welche Einsichten oder Erlebnisse wurden diese Veränderungen ausgelöst?
   - In welche Richtung hat sich Ihre Gottesvorstellung verschoben?

4. Ist Gott in Ihrer Vorstellung eher ein Mann oder eine Frau?

5. Welche der folgenden Umschreibungen kommt dem Bild am nächsten, das Sie sich heute von Gott machen: Beschützer, Tyrann, Sonne, Hoffnung, Aufseher, Grund des Lebens, Richter, Liebe, Helfer, Garant der Ordnung, Feuer, Tröster, Freund, Gewissen, Licht …

Falls keine dieser Bezeichnungen von Gott Ihrer Vorstellung entspricht, welche Begriffe fallen Ihnen ein, wenn Sie an das Wort »Gott« denken?

6. Gab es eine Einsicht in dieser Fragemeditation, die für Sie wichtig oder überraschend war? Inwiefern? – Am besten wäre es, wenn Sie sich mit einem anderen Menschen darüber austauschten, was Ihnen aufgefallen ist.

---

4    F.W. Niehl/A. Thömmes, 212 Methoden für den Religionsunterricht, München 1998, 86f.

# 1. Gottesvorstellungen
## von Kindern und Jugendlichen –
## theoretische und empirische Einblicke

*Wie stellen sich Kinder und Jugendliche Gott vor? Woher wissen wir etwas über die Gottesvorstellungen? Wir beginnen mit den klassischen Modellen und kommen dann zu den neueren empirischen Forschungen.*

## 1.1 Klassische Modelle aus Psychoanalyse und Entwicklungspsychologie

### 1.1.1 Sigmund Freud

Sigmund Freud (1856–1939), Begründer der Psychoanalyse und Religionskritiker, war folgender Ansicht: »Allein die psychoanalytische Erforschung des einzelnen Menschen lehrt [...], dass für jeden der Gott nach dem Vater gebildet ist, dass sein persönliches Verhältnis zu Gott von seinem Verhältnis zum leiblichen Vater abhängt, mit ihm schwankt und sich verwandelt und dass Gott im Grunde nichts anderes ist als ein erhöhter Vater.«[1]

Zwei Aspekte sind hier wichtig: Freud ist der Ansicht, dass sich Religion zurückverfolgen lasse auf den übermächtigen Vater der Kindheit. Zum anderen bleibt Religion eine kindliche und das heißt unreife Seite des Menschseins.[2] Religion ist Infantilismus.

Wie kommt es überhaupt zur Herausbildung eines Glaubens an Götter? Er entstammt der »kindlichen Hilflosigkeit, die das

---

1    S. Freud, Totem und Tabu. Einige Übereinstimmungen im Seelenleben der Wilden und der Neurotiker [1912], in: Ders., Gesammelte Werke, Bd. 9, 6. Aufl. Frankfurt a. M. 1978, 177.

2    Vgl. F. Schweitzer, Lebensgeschichte und Religion. Religiöse Entwicklung und Erziehung im Kindes- und Jugendalter, 3., durchges. Aufl. 1994, 61.

Bedürfnis nach Schutz erweckt hat« – diesem habe der (leibliche) Vater abgeholfen. Diese »Erkenntnis von der Fortdauer dieser Hilflosigkeit durchs ganze Leben hat das Festhalten an der Existenz eines – aber nun mächtigeren Vaters – verursacht.«[3] So kommt es zum Glauben an einen Gott. Der Mensch müsse sich von der Vorstellung lösen, dass er ohne die Illusion die Schwere des Lebens, die grausame Wirklichkeit nicht ertragen würde: »Der Mensch kann nicht ewig Kind bleiben, er muss endlich hinaus ins ›feindliche Leben‹. Man darf das ›die Erziehung zur Realität‹ heißen.«[4]

Freud konnte der Religion nichts Positives abgewinnen. Er sah sie in der Nähe zur Neurose, also zu einem seelischen Leiden. Was aber haben Religion und Neurose gemeinsam? Religion entstehe in der ödipalen Phase, in der der Sohn wie der Vater sein und die Mutter heiraten will, aber nicht darf. Er verlagert die äußere Drohung des Vaters nach innen, als Über-Ich. In dem Konflikt zwischen den eigenen Wünschen und dem Verbot des Vaters erwachsen die Neurose und die Religion aus der »Gewissensangst« und dem »Schuldgefühl«. Neurose und Religion haben also denselben Ursprung.

Freud weist auf einen wichtigen Aspekt hin, dass es Zusammenhänge zwischen unserer Gottesvorstellung und unseren Eltern gibt, vielleicht sogar, dass unsere religiösen Vorstellungen beeinflusst werden durch unsere Eltern, die in unseren ersten Lebensjahren so mächtig wie Götter erscheinen mögen. Aber die Einlinigkeit in der Argumentation Freuds schwächt das ganze Modell: Als gäbe es keine anderen Personen, Orte und Ereignisse, die uns in der Entwicklung der Religion prägen würden! Und: Eine mögliche Veränderung der Gottesvorstellung im Lebenslauf hat er nicht im Blick gehabt. Einen aufgeklärten Glauben oder auch einen Glauben, der Menschen gerade zu einer lebensbejahenden Grundhaltung befähigt, gab es für ihn nicht, deshalb propagierte er das Überwinden der Religion.

---

3    S. Freud, Zukunft einer Illusion, in: Ders., GW Bd. 14, 3. Aufl. Frankfurt a. M. 1963, 352.
4    Freud, Zukunft einer Illusion 373.

## 1.1.2 James Fowler

James Fowler konzipiert – in Anlehnung an die Entwicklungs-
theorie Eriksons (v.a. bei der Bezugnahme auf das Grundver-
trauen) – eine stufenartige Entwicklung des Glaubens. Dabei
versteht er »Glaube« im Anschluss an Paul Tillichs Definition
von Religion als das, »was uns unbedingt angeht«, sehr weitge-
fasst als sinnstiftendes Vertrauen auf letzte Werte: »Glaube ist
nicht immer religiös in seinem Inhalt oder Kontext. […] Der
Glaube ist die Art und Weise eines Menschen oder einer Gruppe,
in das Kräftefeld des Lebens einzutauchen.«[5] – Oder: »Glaube
[…] ist ein universales Merkmal des menschlichen Lebens, überall erkennbar ähnlich, […] eine Orientierung der ganzen Person,
die ihren Hoffnungen und Bestrebungen, Gedanken und Handlungen Sinn und Ziel gibt.«[6]

Fowler entwickelte seine Stufentheorie auf der Basis von nar-
rativen Interviews mit Kindern, Jugendlichen und Erwachsenen,
bei denen er nach Lebensgeschichte, Schlüsselerfahrungen und
-beziehungen, Werten und Überzeugungen und schließlich religiösen Erfahrungen, religiöser Praxis und Glauben fragt (35 Fragen) – nicht unähnlich zur Fragemeditation aus der Einleitung
(s.o.).[7]

Ein Beispiel: Die Interviewerin fragt Millie, eine Viertklässlerin (10
Jahre), wie Gott aussieht. Millie antwortet: »Nun, ich weiß nicht. […] Ich
stelle mir vor, dass er ein alter Mann ist mit einem weißen Bart und
weißen Haaren, der einen langen Mantel trägt, und dass die Wolken sein
Fußboden sind und er einen Thron hat […] er hat ein freundliches, schönes Gesicht, blaue Augen, […] und er verzeiht.«[8]

Wir begegnen hier einer »anthropomorphen« Vorstellung – von
gr. *anthropos* (Mensch) und *morphe* (Gestalt). Hat jeder eine
solche Vorstellung? Ist sie typisch für Kinder? Haben Erwachsene
andere, weniger anthropomorphe Vorstellungen? Fowler hat nach
der Auswertung der Interviews mit Kindern, Jugendlichen und

---

5   J. Fowler, Stufen des Glaubens. Die Psychologie der menschlichen Entwicklung und die Suche nach Sinn, Gütersloh 2000, 26.
6   Fowler 2000, 35f.
7   Vgl. Fowler 2000, 327–330.
8   Fowler 2000, 154f.

Erwachsenen seine Schlüsse gezogen und folgendes Stufenschema entworfen, das an das entwicklungspsychologische Stufenschema von J. Piaget erinnert. Kerngedanke ist auch hier, dass die Vorstellungen, die ein Mensch hat, vom jeweiligen entwicklungspsychologischen und kognitiven Stand abhängen. Dabei soll keine Bewertung mitschwingen. Das Schema von Fowler im Einzelnen stellt sich so dar (dabei sind die Altersangaben nicht vollständig):

0. Vorstufe »Erster Glaube«:[9] Die ersten Vor-Bilder (»pre-images«) von Gott entstehen im Säuglingsalter. Eine wichtige Rolle spielen das Urvertrauen und die Beziehungserfahrung der Wechselseitigkeit (z.b. mit den Eltern). Hier liegen die – noch vorsprachlichen – Grundlagen der späteren religiösen Entwicklungen. Allerdings hat das Vertrauen auch mit Gefühlen der Bedrohung durch Verlassenwerden, mangelnde Verlässlichkeit und Entbehrungen zu kämpfen.[10]

1. »Intuitiv-projektiver Glaube« (3–7 Jahre): Fowler verbindet einen kognitionspsychologischen mit einem psychoanalytischen Begriff. Im Anschluss an Piaget spricht er von einem präoperationalen Denken, das mehr von der eigenen Phantasie als der unverzerrten Wahrnehmung der Welt geprägt ist. Das Besondere dieser Stufe ist die Vorstellungskraft (Phantasie); die »Gefahren« sind die hier ggf. ausgelösten Ängste, die Gewalt über die Kinder gewinnen können.[11]

2. »Mythisch-wörtlicher Glaube« (Grundschulalter): Geschichten, etwa aus der Bibel, gewinnen eine Bedeutung für das Kind, um sich in der Welt zu orientieren. Dem konkret-operationalen Denken entsprechend versteht es Mythen wörtlich, erkennt symbolische Sprache nicht und fasst Gott wie einen Menschen auf (s.o. Millie). Das Besondere ist die Offenheit gegenüber den Geschichten, die allerdings nur begrenzt verstanden werden.[12]

3. »Synthetisch-konventioneller Glaube« (ab 12 Jahren): Der zweite Begriff, konventionell, zeigt an, dass der Glaube noch nicht persönlich angeeignet, sondern von anderen übernommen und abhängig ist. Daraus ergibt sich der synthetische Charakter: Die einzelnen Inhalte werden

---

9    Fowler, (Becoming Adult, Becoming Christian 1984, 52f.), zit. bei Schweitzer 1994, 144. In früheren Werken sprach Fowler vom «undifferenzierten Glauben« (2000, 138).
10   Fowler 2000, 138.
11   Fowler 2000, 150f.; vgl. ferner Schweitzer 1994, 145.
12   Vgl. Fowler 2000, 166f.

nicht zusammengehalten bzw. nicht darauf hin geprüft, ob sie ein stimmiges Ganzes ergeben. Es gibt kein eigenes kritisches Urteil, die Meinung der anderen ist notwendig.[13]

4. »Individuierend-reflektierender Glaube« (ab spätem Jugend- bis ins mittlere Erwachsenenalter): Hier zeigt sich »ein klares, fast überzogenes Bewusstsein der eigenen Individualität und Autonomie«:[14] »Was meine Religion angeht, wenn Sie es aus dem Blickwinkel der organisierten Religion betrachten, so habe ich im Grunde keine. Ich wurde katholisch erzogen, praktiziere aber im formalen Sinn keine Religion [...] Ich lebe mein Leben so, wie ich es für richtig halte.«[15] Oder: »Schon als kleines Kind wurde mir gesagt, der liebe Gott im Himmel wacht über dich. [...] Weiterhin hörte man allerhand über den Teufel, welcher uns, wenn wir nicht brav sind, im Feuer schmoren lässt. [...] Beides ist natürlich völliger Unsinn [...]. Gott ist für mich sozusagen das Gewissen. [...] Gott ist unter uns Menschen und nicht im Himmel. Entscheidungen trifft er nicht im Himmel, sondern wir selbst treffen sie, mehr oder weniger«.[16]

5. »Verbindender Glaube«: Fowler selbst äußert Zweifel an der Existenz dieser Stufe. Sie lässt sich weniger an Inhalten festmachen, als an der Art und Weise, an die Dinge heranzugehen. Die Haltung bewegt sich nicht im Entweder-Oder, sondern verbindet Gegensätze. Die eigene Individualität bleibt erhalten und muss nicht gegen die Traditionen verteidigt werden. Die erste Naivität, der vorkritische Glaube ist abgelegt, der Mensch öffnet sich neu im Sinne einer »zweiten Naivität« (P. Ricoeur). Die religiösen Wahrheiten werden als relativ gültig angesehen: »Ein Verständnis meiner selbst in Beziehung zum Universum zu haben. Und das Endliche in Beziehung zum Unendlichen.«[17] Diese Stufe enthalte jedoch auch ironische Vorstellungskraft. In der Erkenntnis der Relativität der Wahrheit liege die Gefahr von Zynismus und lähmender Passivität.[18]

6. »Universalisierender Glaube«: Diese Stufe hat sich kaum in oder durch die Interviews gefunden. Sie ist abgeleitet aus den großen Figuren der Religionsgeschichte: Gandhi, Martin Luther King, Mutter Teresa, Dietrich Bonhoeffer oder Abraham Heschel.[19] Die Paradoxien der Stufe 5 werden überwunden im Sinne »absoluter Liebe und Gerechtigkeit.« Die eigene Selbsterhaltung tritt in den Hintergrund zugunsten des »Geschmacks und

---

13  Vgl. Schweitzer 1994, 146.
14  Schweitzer 1994, 148.
15  Schweitzer 1994, 149.
16  Schweitzer 1994, 149.
17  Schweitzer 1994, 150f.
18  Vgl. Fowler 2000, 216.
19  Vgl. Schweitzer 1994, 152.

17

Gefühls für die transzendente moralische und religiöse« Wirklichkeit. »Sie verkörpern … den Geist einer umfassenden und erfüllten menschlichen Gemeinschaft.«[20]

*Zur Diskussion:* Was trägt diese Theorie für Religionspädagogik und -unterricht aus? Zum einen zeigt sie, dass Kinder und Jugendliche entwicklungsbedingt eigene, von Erwachsenen differierende Gottesvorstellungen haben, die es wahrzunehmen, zu verstehen und zu würdigen gilt. Zum anderen machen die Erkenntnisse v.a. aus den Stufen 2 bis 4 die Herangehensweisen bzw. Themen deutlich, die Schülern/innen naheliegen, und weisen auf mögliche Hürden hin, die sich bei der Erschließung von religiösen bzw. christlichen Inhalten im Religionsunterricht ergeben können, z.B. das wörtliche, nicht-symbolische Verstehen. Allerdings zeigen neuere Forschungen, dass das symbolische Verstehen auch bei Kindern möglich ist[21] bzw. im religionspädagogischen Kontext angeregt und eingeübt werden kann (s.u. 1.2.3).[22]

Eine wichtige Erkenntnisfrucht des Modells von Fowler für den Religionsunterricht ist, dass Inhalte nicht ohne weiteres von den Schüler/innen »abgespeichert«, sondern den jeweiligen Möglichkeiten entsprechend angeeignet werden müssen!

Die Offenheit in der inhaltlichen Bestimmung des Begriffs »Glaube« unterstreicht zwar den wichtigen Aspekt, dass es nicht nur um Kenntnis von Inhalten, sondern um den Aufbau einer Haltung geht, auf der anderen Seite ist bei Fowler jedoch nicht klar, ob sich die Entwicklung des Glaubens überhaupt von der allgemeinen Persönlichkeitsentwicklung unterscheidet. Im Religionsunterricht aber geht es um den Bezug auf ein inhaltlich bestimmtes, christliches Gottesverständnis. Zugleich ist die Vorstellung einer – bewertenden – Stufenhierarchie im Glauben der evangelischen Theologie fremd, die gerade auf die Rechtfertigung des Menschen durch den voraussetzungslos annehmenden Gott vertraut. Freilich ist damit ein »Wachsen« im Glauben nicht ausgeschlossen. Schließlich liegt eine Begrenzung auch in der Zeitbedingtheit des Modells: Wir rechnen heute damit, dass

20    Fowler 2000, 218.
21    Vgl. M. Dornes, Die emotionale Welt des Kindes, Frankfurt a. M. 2000, 182.
22    Vgl. R. Oberthür, Kinder und die großen Fragen, Ein Praxisbuch für den Religionsunterricht, München 1995, 89.

Kinder in ihrem Denken und Handeln selbstbestimmter als in früheren Jahren sind![23]

### 1.1.3 Fritz Oser/Paul Gmünder

Oser und Gmünder untersuchen, wie sich das religiöse Urteil des Menschen entwickelt, d.h. wie Menschen Ereignisse ihres Lebens religiös verarbeiten. Die jeweilige Art der Kontingenzbewältigung gibt Aufschluss über das »subjektive Muster der Beziehung des Menschen zu einem Letztgültigen (Gott)«.[24] Oser/Gmünder übertrugen Piagets kognitiv-strukturelles Stufenmodell und Lawrence Kohlbergs Theorie der moralischen Entwicklung auf den religiösen Bereich.

Forschungsmethodisch orientieren sie sich an Kohlbergs klinischer Einzelbefragung zu einem Dilemma, hier mit religiöser Thematik: Der junge Arzt Paul befindet sich in einem abstürzenden Flugzeug und verspricht Gott, im Fall seiner Rettung sein Leben für die Dritte Welt einzusetzen und seine Verlobte nicht zu heiraten, falls sie ihn nicht in die Dritte Welt begleiten will. Nach der wunderbaren Rettung, bei der er als einziger Passagier überlebt, und einem lukrativen Angebot, in einer Privatklinik zu arbeiten, überlegt er, ob er sein Versprechen halten soll.

Oser/Gmünder schaffen bewusst eine künstliche Situation, in der es um einen Konflikt zweier Werte geht. Um ein religiöses Dilemma zu erhalten, ist es ihrer Meinung nach notwendig, »Formulierungen religiösen Inhalts in die Dilemmata einzubauen«, weil Probanden »nur dann religiöse Urteile abgeben, wenn entweder schon in der Dilemmasituation inhaltliche Elemente einer religiösen Handlung vorkommen oder wenn anschließend die halbstandardisierten Fragen auf die religiöse Wirklichkeit hindeuten.«[25]

Soll Paul sein Versprechen halten? Die Antwort eines 9-Jährigen lautet:»Ja, das muss er. Gott hat ihn auch gerettet. Er hat

23  Vgl. H. Neuhäuser, Autorität und Partnerschaft. Wie Kinder ihre Eltern sehen, Weinheim 1993.

24  F. Oser/P. Gmünder, Der Mensch – Stufen seiner religiösen Entwicklung. Ein strukturgenetischer Ansatz, 2., überarb. Aufl. Gütersloh 1988, 15.

25  Oser/Gmünder 1988, 117.

den Paul vielleicht darum gerettet, weil er immer lieb zu ihm war. Er hat nicht so viel Böses gemacht. Wenn wir nämlich gut zu Gott sind, dann hilft uns vielleicht Gott auch wieder einmal [...] Er kann Wunder machen. Aber er macht sie nicht immer. Es kommt ganz darauf an, wie man zu ihm ist.«[26]

Aus den Antworten der Probanden erstellen Oser/Gmünder fünf Stufen des religiösen Urteils:

Stufe 1, gekennzeichnet durch ein Bild aus der Theatersprache (»Deus ex machina«), konzipiert Gott als einen, der unvermittelt und ohne Bezug auf das Handeln der Menschen in die Geschichte eingreift. »Er handelt, weil er so handelt.«[27] »Das Kind nimmt an, dass alles von externalen Kräften geleitet, geführt, gesteuert ist. [...] Das Letztgültige ist aktiv, der Mensch ist passiv.«[28] Es überträgt das Regelverhalten, das es von Eltern und Erziehern gelernt hat, auf Gott. Auf dieser Stufe spiegelt sich auch das Gefühl des Angewiesenseins und der Abhängigkeit gegenüber den Eltern wider (absolute Heteronomie). »Gott nimmt Züge einer undurchschaubaren Macht an, die unvermittelt in die Welt eingreift, um Menschen zu strafen, aber auch um ihnen zu helfen.«[29]

Stufe 2 sieht Gott ebenfalls als allmächtig, dabei aber als beeinflussbar an – durch rituelle Praktiken, religiöse Leistungen und Gebete. Ein »Tauschverhältnis« entsteht: »Do ut des« (»Ich gebe, damit du mir gibst«). In den Worten des 9-Jährigen: »Wenn wir nämlich gut zu Gott sind, dann hilft uns Gott auch wieder einmal.« (s.o.). Umgekehrt werden Unglücks- bzw. Glücksfälle als Handlungen Gottes in dem Sinn verstanden, dass Menschen zu wenig bzw. genügend geopfert, gebetet usw. haben.[30] Eine erste Subjektivität im Glauben entsteht. – Die Antworten von Kindern im Grundschulalter verteilen sich je zur Hälfte auf Stufe 1 und 2.[31]

Stufe 3 nennt sich »Deismus« bzw. »Autonomie der Person«. Beide Begriffe spielen geschichtlich auf die Aufklärung an: Die Existenz Gottes wird nicht geleugnet, aber sein Einwirken auf den Bereich des Menschen. Der »Handel« mit Gott wird abgelehnt und dafür kommt das eigenständige Handeln des Menschen in den Blick. »Der Fehler besteht schon darin, dass Paul mit dem lieben Gott einen Handel macht. Das finde ich

26 Oser/Gmünder 1988, 148.
27 Oser/Gmünder 1988, 82.
28 Oser/Gmünder 1988, 81.
29 C. Grethlein/C. Lück, Religion in der Grundschule 2006, 43.
30 Oser/Gmünder 1988, 84.
31 Vgl. Oser/Gmünder 1988, 175.

kindisch in einer solchen Situation.«; wenn man nach Afrika geht, solle man das nur tun, wenn es »ein inneres Bedürfnis ist«, aber nicht, weil man es »dem lieben Gott versprochen habe«.[32]

Stufe 4 »Autonomie und Heilsplan«: Der Mensch sieht sich als jemand, der frei ist und selbst die Verantwortung für sein Handeln trägt. Er fragt nach der Voraussetzung für Freiheit und erkennt, dass diese kein Gegensatz, sondern Grundbedingung für echte religiöse Haltung ist. Das hier entwickelte Reflexionsvermögen führt dazu, Gott, Welt und Mensch in einem universellen Plan verbunden zu sehen, in dessen Rahmen der Mensch jedoch frei handeln kann.[33]

Stufe 5 ist durch den Begriff »Kommunikativität« gekennzeichnet. Allerdings haben sich hier – wie schon bei Fowlers Stufe 6 – kaum belegte Beispiele gefunden.[34] Diese Haltung kann bei Weisen, Heiligen, großen Denkern und mutigen Theologen vermutet werden. Inhaltlich steigert sich das in Stufe 4 Erkannte noch um die Erkenntnis, dass das Unbedingte (Gott) – nur? – in der Dimension intersubjektiven Handelns anzutreffen ist: »Gott erscheint in der Begegnung und der unbedingten Anerkennung des anderen in seiner Freiheit.«[35]

*Zur Diskussion:* Die Theorie von Oser/Gmünder kann dem besseren Verständnis der religiösen Argumentation von Personen (jeglichen Alters) dienen und einsichtig machen, warum ein bestimmter, konkreter (Wissens-)Inhalt auf jeder Stufe vollständig anders gesehen wird. Inwiefern man als Lehrkraft mit Hilfe von Stimuli Schüler/innen »erfolgreich« zur nächsten Stufe anregen kann, wie Oser/Gmünder es postulieren, ist freilich völlig offen.[36] Schließlich kann die Theorie dabei helfen, die je eigene Geschichte der religiösen Identitätsfindung im Rückblick zu rekonstruieren. Wegen seiner Griffigkeit hat das Modell in der religionspädagogischen Theoriebildung hohe Beachtung gefunden.[37]

32   Oser/Gmünder 1988, 155.
33   Vgl. Schweitzer 1994, 129f.
34   Vgl. Oser/Gmünder 155.
35   G. Hilger/H.-G. Ziebertz, Wer lernt? – Die Adressaten als Subjekte religiösen Lernens, in: G. Hilger/S. Leimgruber/H.-G. Ziebertz, Religionsdidaktik. Ein Leitfaden für Studium, Ausbildung und Beruf, München 2001, 164.
36   Vgl. D. Fischer/V. Elsenbast (Red.), Grundlegende Kompetenzen religiöser Bildung, Münster 2006, 16.
37   Hilger/Ziebertz 2001, 163. Vgl. auch die Darstellungen bei Schweitzer 1994, 121–137, sowie B. Grom, Religionspädagogische Psychologie des Kleinkind-, Schul- und Jugendalters, vollst. überarb., 5. Aufl. Düsseldorf 2000, 64–79.

Gleichzeitig muss man von einem »*sehr kontrovers diskutierten* ›Standardmodell‹« sprechen,[38] das breite inhaltliche Kritik erfahren hat:

- Die hierarchische Ordnung und Normierung der Stufen mit dem Anspruch der Unumkehrbarkeit, Sequentialität und universalen Gültigkeit ist empirisch nicht zu belegen.[39] Der Mensch ist in seinem gesamten religiösen Erleben und Handeln auf verschiedenen Stufen gleichzeitig zu Hause, die sich im Lebenslauf entfalten und ausdifferenzieren.
- Das vielschichtige Phänomen Religion bzw. religiöse Entwicklung wird unangemessen auf eine alltagsferne Grenzsituation (Dilemmageschichte) eingeengt und die Beziehung zwischen Gott und Mensch auf ein moralisches Verhältnis reduziert.
- Das Ziel einer universal gültigen, von historischen Religionsformen unabhängigen Theorie ist nur um den Preis einer inhaltlichen Entleerung zu erreichen. Religion, zumindest in christlicher Ausprägung, hat immer mit einer Einheit von kognitiven, emotionalen und motivationalen Dimensionen zu tun. Sie ist nie lediglich gedankliche Kontingenzbewältigung eines Einzelnen, sondern auch praxis pietatis einer Gemeinschaft. Religiöse Bildung ist sinnliches und symbolisches Lernen, Wahrnehmen, Erfahren, Einüben von Ritualen, Vertrautwerden mit Gebet, Stille, Gesang, Auseinandersetzung und Umgang mit biblischen Texten, Spiel, Gespräche, Gemeinschaft u.v.a.m.[40]
- Fragwürdig ist die Versuchsanordnung, die Religion bzw. Glaube mit einem Gelübde identifiziert, – die biblische Tradition selbst steht Gelübden z.T. sehr kritisch gegenüber[41] –

---

38   M. Rothgangel, Naturwissenschaft und Theologie. Wissenschaftstheoretische Gesichtspunkte im Horizont religionspädagogischer Überlegungen, Göttingen 1999, 33 (kursiv M.F.).

39   Vgl. Grom 2000, 76f. und Schweitzer 1994, 134f.

40   Vgl. etwa für den evangelischen Religionsunterricht den Lehrplan für die Grundschule in Bayern, hg. v. Bayerischen Staatsministerium für Unterricht und Kultus, München 2000, 21f.

41   Vgl. Spr 20,25 »Es ist dem Menschen ein Fallstrick, unbedacht Gelübde zu tun und erst nach dem Geloben zu überlegen« und Sir 18,23 »Bevor du ein Gelübde tust, überlege dir's gut, damit du Gott nicht versuchst«. Ähnlich die jüdische Tradi-

und damit ein Zerrbild von Religion vermittelt. Besonders problematisch ist, dass das Dilemma selbst die do-ut-des-Stufe repräsentiert und damit bestimmte Antworten (nämlich die der Stufe 2) nahelegt.[42] Oser/Gmünder ist es nicht gelungen, ein religiöses Urteil ohne direktes Nachfragen oder Präsentieren einer religiösen Dilemmageschichte zu erheben.[43]

Dennoch ist das Modell insofern hilfreich, als es die Bandbreite möglicher religiöser Argumentationen aufzeigt.

## 1.2 Methoden und Ergebnisse neuerer empirischer Untersuchungen zu Gottesvorstellungen

In welche Richtung haben sich die Forschungen der letzten Jahre entwickelt? Weiterhin wurden Kinder und Jugendliche in Interviews befragt oder gebeten, ihre Vorstellungen von Gott in bestimmter Weise auszudrücken und zu visualisieren. Gleichzeitig ist aber auch die Einsicht gewachsen, dass man zwischen den mündlichen, schriftlichen oder gestalterischen Äußerungen der Befragten und den Deutungen, die man hinterher an diese Äußerungen heranträgt, unterscheiden muss.

Wird man den Einzelnen gerecht, wenn man ihre Äußerungen in ein theoretisches Modell presst? Kann es überhaupt eine Theorie geben, die die Vielfalt der Äußerungen aufnehmen kann? Reduziert die Theorie nicht vielmehr die Wirklichkeit, als sie besser wahrzunehmen?

Auf diese Fragen lassen sich keine einfachen Antworten finden. Festzuhalten ist, dass die naive Gläubigkeit in die universale Gültigkeit von Entwicklungstheorien gebrochen ist. Problembewusstsein ist gewachsen, auch dafür, dass *ich* als Forscher durch die Befragung Antworten *induziere*. Ich beobachte Kinder und Jugendliche ja nicht gleichsam »in freier Wildbahn« und warte

tion, etwa ein Gebet an Jom Kippur: »Möge Gott uns von leeren Versprechungen freisprechen, die wir in unserer Dummheit Gott gegenüber machen. Möge Gott uns vor ihren Konsequenzen bewahren [...]«, Das jüdische Gebetbuch, hg. v. J. Magonet, Bd. 2, Gütersloh 1997, 289.

42    Vgl. Grom 2000, 74.
43    Vgl. Schweitzer 1994, 133.

darauf, dass sie irgendwann einmal von selbst einen Gedanken über Gott laut äußern, den ich dann festhalte. Vielmehr sind alle Antworten, die wir von Kindern und Jugendlichen haben, *reaktiv*. Wie sehr wir als Forscher damit die Wirklichkeit verzerren, können wir gar nicht genau wissen. Vielleicht hätte sich der Jugendliche von selbst nie zum Thema »Gott« geäußert, weil es ihn nicht interessiert oder weil er keine Lust hat, über eine persönliche Sache mit einem (fremden) Forscher zu sprechen? Und: Was bekomme ich bei der Auswertung der Antworten »heraus«? Ist es eigentlich egal, welches Bild von Gott ich als Forscher selbst habe? Wie sehr projiziere ich meine Gottesvorstellung in die Auswertung der Antworten anderer hinein? Der Franzose G. Devereux hat in seinem Buch »Angst und Methode in den Verhaltenswissenschaften« gesagt: »Die wissenschaftliche Erforschung des Menschen wird durch die angsterregende Überschneidung von Objekt und Beobachter behindert.«[44] Wie man mit dieser Erkenntnis umgehen und trotzdem forschen kann, zeigen die drei folgenden Beispiele.

### 1.2.1 Ursula Arnold/Helmut Hanisch/Gottfried Orth

Mitte der 90er Jahre führten Ursula Arnold, Helmut Hanisch und Gottfried Orth eine Studie zum Thema »Was Kinder glauben« durch.[45] Sie befragten 56 Kinder der 5. Klasse (Gymnasium) in den Städten Aachen, Leipzig und Mödling (Österreich) in Einzelinterviews und benutzten einen Leitfaden – ähnlich wie Fowler – mit den Themen Gottesbild, -erfahrung und -verständnis, Erfahrungen mit dem Religionsunterricht, ferner religiöse Sozialisation und Umfeld, biblische Lieblingsgeschichten, Bedeutung Jesu, Gebet und Gebetserfahrungen. Schließlich sollten sich die Kinder zur »Geschichte von Beppo« äußern: Ein Junge aus armer Familie schreibt einen Brief an Gott mit der Bitte um Babysachen für sein neues Geschwisterchen. Er bindet ihn an einen roten Luftballon, der in den Himmel steigt. Nach Tagen bangen

---

44   Angst und Methode in den Verhaltenswissenschaften, 4. Aufl. Frankfurt a. M. 1998, 17.
45   U. Arnold u.a., Was Kinder glauben. 24 Gespräche über Gott und die Welt, Stuttgart 1997.

24

Wartens kommt schließlich ein Paket mit Babysachen an, das keinen Absender trägt.[46]

Die Autoren ordnen die Kinderäußerungen nicht in entwicklungspsychologische Stufenmodelle (Fowler, Oser) ein, sondern beschränken sich auf deren *Dokumentation*. So können die Leser/innen ihre eigenen Schlüsse über die erzählerischen Möglichkeiten, die Symbol- und Bildersprache und das religiöse und theologische Wissen der Kinder ziehen.[47]

Zur Befragung gehört die explizite Aufforderung, dass die Probanden »Gott malen« sollen.[48] Einige Typen von Gottesvorstellungen seien hier exemplarisch dargestellt:

Joachim: »Ja, also hier hat er ein Matheheft, vielleicht guckt er mal die Arbeiten nach [...]. Und hier, da auf dem Mikroskop, da [...] forscht er auch ein bisschen, und in den Reagenzgläsern hat er was gemixt, die guckt er sich vielleicht an. Da auf dem Regal stehen Blumen, die mag er vielleicht. Naja, da oben hat er ja auch keine Wiesen und so. Wie er an die Blumen kommt, das ist mir auch noch nicht klar, aber vielleicht hat er die dann. Und da im Regal stellt er vielleicht Bücher rein, wie die Menschen da unten auf der Erde sich vertragen oder ob sie sich nicht so gut vertragen. Ja, vielleicht kann er nicht alles  so gut behalten in seinem Kopf und dann schreibt er es sich halt auf.«

Zwei Dinge fallen auf, die bis ins Detail ausgeführte anthropomorphe Darstellung Gottes und die Vorstellung vom buchführenden Gott, der die Taten der Menschen sammelt. Auf die Frage, ob er beim Malen an sich selbst gedacht hätte, sagt er: »Ich hab halt so meine Hobbys ein bisschen eingemalt, aber das ist mir auch noch gar nicht aufgefallen.«[49] Kind und Gott scheinen im Bild unbewusst miteinander zu verschmelzen.

46  Vgl. Arnold u.a. 1997, 350.
47  Die Forscher sagen von sich selbst, davon »überrascht« worden zu sein (Arnold u.a. 1997, 9).
48  Arnold u.a. 1997, 29.71; »ein Bild von Gott malen« 57.85; »ein Gottesbild« 104.118.322.
49  Arnold u.a. 1997, 15f.

Jakob: »Also, bei dem Bild hab ich mir gedacht, dass Gottes Hand so aus dem Himmel rauskommt. Und dann wollte ich das hier noch schwar zmalen. ... wenn Gottes Hand so rauskommen soll, also Licht, also in die Dunkelheit, also Licht reinkommen. [I: Und warum hast du bei deinem Gottesbild nur die Hand gemalt?] Na ja, ich kann mir ja Gott nicht anders vorstellen. Ich glaube an ihn, auch dass er existiert und so, aber ich habe ihn ja noch nie gesehen.«[50] Jakob ringt mit der Problematik, Gott malen zu sollen, es aber nicht zu können. Er lässt eine »Leerstelle« in Bezug auf die Gestalt. Gleichzeitig bringt er die Licht-Dunkelheit-Symbolik ins Spiel: Gott, der Licht in die Dunkelheit bringt. Man könnte an Gen 1 denken: »Und Gott sprach, es werde Licht«.

Franziska: »Na, ich denke, ich finde, er müsste so aussehen, weil ich kann ihn mir nicht vorstellen. Ich stelle mir keinen alten Mann vor. Es steht ja auch in der Bibel, er wird nicht alt. Also, es gibt im Himmel keine Zeit. Und deswegen habe ich den so gemalt. Also nicht alt.«[51] Später erörtert sie noch die Frage, wo Gott wohnt: »Gott wohnt nicht da oben. Er wohnt hier irgendwo, wo wir nicht kennen. Wir können keinen Namen dafür wissen, wo er wohnt.«[52] Auch hier handelt es sich um die Brechung einer anthropomorphen Vorstellung. Das Klischee des alten Mannes, der im Himmel »wohnt«, wird abgelehnt. Der Ort Gottes ist ohne Name, und Gott ist nicht der Zeit unterworfen. Franziska reflektiert die Problematik der anthropomorphen Zuschreibungen und die Grenzen menschlicher Aussagefähigkeiten und findet gleichzeitig dafür ausdrucksstarke Worte.

50  Arnold u.a. 1997, 56f.
51  Arnold u.a. 1997, 230.
52  Arnold u.a. 1997, 238.

Als Zwischenreflexion muss die Frage gestellt werden, woher die Gottesvorstellung vom »alten Mann mit Bart« eigentlich kommt. Die Bibel selbst verbietet jede Art bildlicher Darstellung Gottes (abgeleitet von Ex 20,4). In der christlichen Tradition hat sich ab dem Mittealter jedoch diese Abstinenz nicht durchgesetzt. Viele illustrierte Bibeln, auch die erste Luther-Vollbibel von 1534, zeigen den Schöpfer-Gott als bärtigen Mann (Gen 1).[53]

Bis weit ins 19. Jahrhundert hinein hält sich diese Illustrationspraxis. Besonders markant sind die im »Nazarenerstil« gezeichneten Gottesdarstellungen der »Bibel in Bildern« von J. Schnorr v. Carolsfeld.[54] Sie prägte viele Generationen nachhaltig. Auch Dietrich Bonhoeffer wurde in seiner Kindheit durch die religiöse Unterweisung seiner Mutter mit dieser Bilderbibel vertraut gemacht. Als junger Theologie tat er dies »der Mutter übrigens einfach nach, als er selbst zu unterrichten begann.

Erst viel später hat er in diesen verschönernden Bildern eine gefährliche Präokkupation [Festlegung, M.F.] kindlicher Vorstellung von den biblischen Geschichten erkannt.«[55]

53 Biblia, das ist, die gantze Heilige Schrifft Deudsch, Mart. Luth. Wittemberg, vollst. Nachdr. der Ausg. Wittenberg, Lufft, 1534, hg. v. Stephan Füssel, Bd. 1., Das Alte Testament, Köln 2002, gegenüber Blatt 1.
54 Die Bibel in Bildern. 240 Darstellungen, erfunden und auf Holz gezeichnet von Julius Schnorr von Carolsfeld, Nachdruck der Ausgabe von 1860, Zürich 1972.
55 E. Bethge, Dietrich Bonhoeffer. Theologe – Christ – Zeitgenosse, eine Biographie, 6. Aufl. München 1986, 59f.

Mit dieser Problemanzeige kommen wir zurück zu den Gottes-
bildern der Kinder. Hier finden sich nicht nur anthropomorphe
Darstellungen:

Melanie: »[…] den Gott, den habe ich
als Löwen gemalt, weil er mir eigentlich
recht mächtig vorkommt. Wenn er die
Welt wirklich erschaffen hat, dann hat er
wirklich was Hübsches vollbracht, weil
sie ist riesengroß. […] ich habe mich
irgendwie erinnert an einen Film, da hat
es auch einen mächtigen Herrscher gegeben und dem sein Abzeichen war ein
Löwe, und der hat eben auch so geherrscht. Der war eigentlich recht gut,
nur manchmal hat er eben auch was Böses eingebaut. […] Und deshalb
habe ich einen Löwen gezeichnet als Gott, also nicht so einen weißen
Mann mit weißen grauen Haaren, der so dasitzt und lächelt […] das wäre
[…] nichts für mich. […] Er ist ein bisschen so ein König, der schaut.
Der, der vielleicht auch nur versucht, dass der Krieg nicht zu weit aus-
schreitet oder die Menschen nicht zu böse werden.«[56] Es ist eine Ge-
genthese zum »lieben Gott«. Melanies Gott herrscht, ist mächtig, handelt,
tut auch mal etwas Böses, trägt als König Verantwortung und dämmt
Krieg ein – man fühlt sich an Jes 45, 7 »der ich Frieden gebe und schaffe
Unheil« erinnert!

Bettina verwendet eine symbolische
Darstellung: »Also das ist nicht direkt,
wie ich mir Gott vorstelle. […] Ich stelle
mir vor, dass er wie eine Kerze ist, die
ganze Welt belichtet und dass alle Menschen glücklich sein sollen. Und also,
dass er mit der Kerze, dass er Licht in
die Welt bringt.«[57] Hier wird also nicht
Gott selbst, sondern seine Wirkung ins
Bild gesetzt.

Corinna lässt das Blatt weiß und notiert: »Ich habe kein Bild von der
Gestalt Gottes, denn es reicht mir zu wissen, dass es ihn gibt.« [I: Kannst

56    Arnold u.a. 1997, 247f.
57    Arnold u.a. 1997, 192f.

du mir sagen, warum du Gott nicht zeichnen kannst?] »Das ist mir irgendwie zu hoch. Ich meine, also es gibt ja auch ein Gebot, man soll nicht [...] also keine Gestalt Gottes sich da machen, also kein Bild Gottes. Und außerdem, wie ich da hingeschrieben habe, reicht mir das zu wissen, dass es ihn gibt.«[58] Als erwachsener Leser staunt man über diese biblisch fundierte und theologisch reflektierte Genügsamkeit und Selbstbeschränkung.

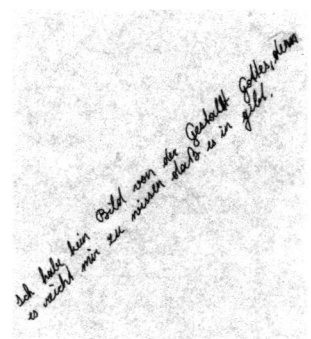

*Bilanz*: Auch wenn die Aufforderung, ein Bild »von Gott« zu malen, aus theologischen und forschungstheoretischen Gründen problematisch ist, stellt die Untersuchung von Arnold u.a. einen Rahmen her, in der nicht nur eine Befragung, sondern streckenweise auch ein theologisches Gespräch stattfindet. Es ist den Autoren zuzustimmen, wenn sie sagen: Wir treffen auf einen »Reichtum religiöser Sprachfähigkeit und theologischer Reflexionskompetenz von Kindern.«[59]


### 1.2.2 Stephanie Klein

In dem Sammelband »Religiöse Vorstellungen bilden« aus dem Jahr 2000 beschäftigten sich mehrere Forscher/innen mit der Frage, wie es gelingen kann, »die Perspektive von Kindern auf Glaube und Religion zu erreichen, einzunehmen und zu begreifen«.[60] Damit folgten sie einer Anregung, mehr noch einem Appell der EKD, die in ihrer Denkschrift »Aufwachsen in schwieriger Zeit« im Jahr 1995 einen »Perspektivenwechsel« gefordert hatte, nämlich die »eigene Sicht der Kinder von Leben und Welt – bzw. von Glaube und Theologie ernst zu nehmen«.[61]

---

58  Arnold u.a. 1997, 274f.

59  Arnold u.a. 1997, 9.

60  D. Fischer, Einleitung, in: Dies./A. Schöll, (Hg.), Religiöse Vorstellungen bilden. Erkundungen zur Religion von Kindern über Bilder, Münster 2000, 7.

61  EKD (Kirchenamt Hg.), Aufwachsen in schwieriger Zeit. Kinder in Gemeinde und Gesellschaft, Gütersloh 1995, 50.

Wie aber kann man von Kindern etwas über Religion erfahren? Intensive Einzelinterviews wie bei Erwachsenen scheiden als Möglichkeit aus. Besser geeignet sind methodische Arrangements, in denen die Kinder als Gruppe zusammen sind und etwas tun, worin sie kompetent sind: Malen. D. Fischer listet die Vorzüge des Malens als Erhebungsmethode auf: Die meisten Kinder malen gern und lassen sich von Erwachsenen dabei kaum beeinflussen. Malen ist eine Form der individuellen Selbstaufmerksamkeit und Selbstartikulation. Es ist nicht von vorn herein »religiös« besetzt. Durch das Malen von Bildern wird ein Prozess der Aneignung von Wirklichkeit und Auseinandersetzung mit Erfahrung stimuliert, dessen Spuren im Bild als Produkt erkennbar werden.[62]

S. Klein hat dies in einer Mädchengruppe umgesetzt.[63] Ihr theoretischer Ansatz geht von Mk 10,13ff. aus. »Wer das Reich Gottes nicht empfängt wie ein Kind, der wird nicht hineinkommen.« Jesus stellt die Wahrnehmung der Erwachsenen auf den Kopf und wechselt die Perspektive. Nicht der Glaube der Erwachsenen ist der Maßstab, an dem der Kinderglaube zu messen ist. Sondern umgekehrt soll sich der Erwachsenenglaube am Kinderglauben messen.

Im Zuge dessen sieht Klein die kindliche Glaubensentfaltung weniger als eine lineare Entwicklung in Stufen »nach oben« zum Erwachsenenglauben hin an, sondern spricht von einer ständigen »Erweiterung und Ausdifferenzierung, die im Zusammenhang mit physischen, psychischen, biografischen und soziokulturellen Möglichkeiten und Notwendigkeiten« steht, und die von »Relevanzverlagerungen« begleitet ist. Oder anders ausgedrückt: »Der Kinderglaube verschwindet nicht beim Älterwerden, vielmehr verlagert sich in anderen Lebensphasen seine Bedeutung.«[64] Damit wendet sie sich gegen eine einseitige Ausrichtung an den bekannten Stufentheorien. Ein Argument dabei ist: Der Kinderglaube kann später als falsch abgelehnt werden und trotzdem eine eigenständige Wirkmacht entfalten.

---

62 Vgl. Fischer 2000, 9.
63 S. Klein, Gottesbilder von Mädchen als Zugang zu ihrer religiösen Vorstellungswelt. Methodische Überlegungen zum Erheben und Verstehen von Kinderbildern, in: D. Fischer/A. Schöll (Hg.), Religiöse Vorstellungen bilden. Erkundungen zur Religion von Kindern über Bilder, Münster 2000, 97–128.
64 Klein 2000, 98.

Klein versucht nicht zu erklären, warum ein Kind ein bestimmtes Bild malt, sondern, wie das genau geht, wenn Kinder sich Gedanken zu ihren Bildern machen und Erwachsene das als »Fremde« wiederum verstehen möchten.

Die Methode ist das Mal-Interview: Die Kinder malen in getrennten Räumen ein erstes Auftragsbild, wie sie sich Gott vorstellen. Danach zeigen sie es einander und erzählen dazu ihre Gedanken. Klein räumt ein, dass die Ergebnisse recht spärlich waren, weil die Kinder kaum mehr als einen Satz zu ihrem Bild sagten. Zu Hause malten jedoch einige selbstständig noch weitere Bilder. In der zweiten Phase erfolgte zunächst ein Gespräch über Glaubensfragen und Gottesvorstellungen. Dabei wurden den Kindern die alten Bilder (vom Jahr zuvor) vorgelegt. Die Mädchen sprechen über sie. Dann erfolgt ein gemeinsames Malen in der Gruppe mit anschließendem Kommentieren der Bilder.

Beispielhaft stelle ich den Malzyklus von Bettina (10, 9 Jahre) vor: Beim Malen des ersten Bildes weigert sie sich spontan: »Gott kann man sich nicht vorstellen, Gott ist alles. Da kann ich genauso den Schnee malen«.[65] Dennoch malte sie danach am längsten von allen. Das erste Bild (nicht abgebildet) zeigt eine Gestalt mit Bart und Stock, daneben stehen die Worte »Liebe«, »Hoffnung«, »Gott liebt Frieden«.

Das zweite, spontan und freiwillig außerhalb des Mal-Interviews angefertigt, zeigt offensichtlich eine Frau. Bettina gibt der Forscherin das Bild mit den Worten »das ist auch Gott«. Die Nachfrage, ob das eine Frau sei, verneint sie.

Ein Jahr später zeichnet sie zwei Gestalten, die je eine Weltkugel halten, was bei der einen Erde grün ist, ist bei der anderen schwarz. Die Frau sagt: »Ich werde siegen« und der Mann: »Nein ich werde die Welt zerstorren«, allerdings kleiner. Zwei Gestalten, zwei Prinzipien ringen miteinander. »Gott hat die Erde ganz schön geschaffen […]. Und die hat die Erde so grün, mit den ganzen Wiesen und so […].« Dagegen der Mann: »[…] hier hat eben dieser eine Mann, der da eben das Böse

65   Klein 2000, 110.

schafft, eine Militärhose an, [...] alles was da grün war, ist da eben schwarz, weil da sind eben die Atombomben und so draufgefallen. Der stellt sich eben vor, dass er die Erde tragen würde [...]«.[66] Ein Mädchen aus der Gruppe identifiziert sie als Mann und Frau, aber Bettina verneint das mit dem Hinweis, dass Jesus auch Gewänder trug bzw. die Menschen früher lange Haare hatten. Im Gespräch mit den anderen Mädchen gibt Bettina ihre »theologische« Erklärung ab: Gott schaffe das Liebe und ein anderer, der so ähnlich ist wie Gott, schaffe was Böses. Gott würde nie das Böse machen, denn er hat ja die Erde erschaffen. Irgendwo in der Mitte der Erde geht eine Grenze durch, das eine Reich gehört Gott und das andere einem anderen, und das Böse zerstört irgendetwas und Liebe macht dann mehr, z.B. Bäume.[67]

*Reflexion zur (nicht-)personalen und symbolischen Gottesvorstellung*

1. Dynamik in der Gottesvorstellung: Gott ist nicht einfach der »liebe Gott«. Gott steht einer anderen Wirklichkeit gegenüber, mit der er sich auseinandersetzen muss. Damit stellen sich die Fragen, wer mächtiger ist, wer am Ende gewinnt, was das für die Menschen bedeutet usw. Eine theologische Diskussion wird damit in Gang gesetzt und gleichzeitig verdichtet. Kinder sind fähig, nicht nur einlinig, sondern komplementär, nicht nur einfach, sondern komplex zu denken. Die Bildersequenzen zeigen, dass mehrere Vorstellungen von Gott nebeneinander bestehen, von denen im Bild nur eine aktualisiert werden kann. Die Kinder lösen das Problem, indem sie mehrere Bilder malen. Die Auswertung darf deshalb nicht nur ein Bild herausgreifen, sondern muss die ganze Sequenz einbeziehen.

2. Kindliche Gottesbilder – von Klein oder Arnold/Hanisch/Orth gesammelt – zeigen Bilder von Gott als *Person*. Manchmal

---

66  Klein 2000, 115.
67  Klein 2000, 116.

sind sie explizit anthropomorph und zeigen Gott mit menschlichen Attributen. Gleichzeitig drücken sie das Anderssein Gottes aus: Gewand (hat heute kaum jemand an), Durchsichtigkeit (Unsichtbarkeit wird zum Ausdruck gebracht), Gott schwebt (Distanz zur Erde), Verzicht auf körperliche Details. Inwieweit ist es angebracht, diese Darstellungen »anthropomorph« zu nennen, wo doch auf viele menschenförmige Details verzichtet wird? Klein hat vorgeschlagen, von »personalen« Gottesvorstellungen und -bildern zu sprechen. Ich finde diesen Vorschlag sehr einleuchtend und bedenkenswert. Im Unterschied dazu gibt es nicht-personale Gottesvorstellungen und -bilder. Denken wir an das Mädchen Bettina mit der Kerze (s.o. 1.2.1). In der biblisch-christlichen Tradition entspricht dies der Rede von Gott als Licht, Burg, Schutz oder Zuflucht.

3. Die Untersuchung von Klein ergab, dass das Göttliche als Person in der internalisierten Vorstellungswelt der Mädchen so stark mit dem Männlichen verbunden ist, dass weibliche Gottesvorstellungen zwar möglich sind, aber uminterpretiert werden müssen (siehe das Gespräch mit Bettina). Dies zeigt, dass die Stärkung weiblicher Gottesvorstellungen weiterhin ein theologisches und religionspädagogisches Desiderat ist (siehe 3.7.2 Feministische Theologie: Frauen und Männer reden von Gott).

4. Ist die Entscheidung eines Kindes (oder eines Erwachsenen), Gott personal oder nicht-personal zu sehen, ein hinreichendes Kriterium dafür, den oder die Malerin einer bestimmten entwicklungspsychologischen Stufe zuzuordnen? In den Stufentheorien rangiert das Abstrakte über dem Konkreten: Anthropomorphe Darstellungen von Gott seien demzufolge typisch kindlich (»mythisch-wörtlicher« Glaube), Jugendliche und Erwachsene arbeiteten dagegen mit Symbolen (z.B. das Dreieck mit dem Auge in der Mitte). Das Malen sagt jedoch nichts über den »Entwicklungsstand« aus. Man vergisst leicht, dass das Motiv »Dreieck« ebenso symbolische Darstellung ist wie das Motiv des »alten Mannes auf einer Wolke«!

Weil Gott unverfügbar ist, kann eine bildliche Darstellung nie anders als *symbolisch* sein, unabhängig davon, ob man eine personale (anthropomorphe) oder nicht-personale Form wählt. Was für die physische *Dar*stellung gilt, ist auf die gedankliche *Vor*stellung zu übertragen. Auch Vorstellungen können Gott nicht fassen. Sie spiegeln den Eindruck wider, den Gott im Menschen hinterlässt. Die personale Vorstellung von Gott hat sich in der christlichen Tradition deswegen durchgesetzt, weil sie die Beziehung Gottes zum Menschen besser ausdrückt als eine nicht-personale (s.u. Kapitel 3).[68]

5. Eine praktische Folgerung ergibt sich für Studium und Beruf: Die Auswertung von Kinderbildern ist nicht möglich ohne die Schilderung und Auswertung des Bezugsrahmens, in dem die Bilder entstanden sind. Der Bezugsrahmen kann die Gruppe sein, in der die Bilder entstehen oder eine Bildersequenz eines Kindes. Eine auf das Bild allein beschränkte Auswertung ist unzureichend und kann nie Grundlage für eine »Einordnung« sein.

### 1.2.3 Anna-Katharina Szagun

Szagun führte eine Langzeitstudie über mehrere Jahre hinweg (4–7 Jahre) an Kindern und Jugendlichen durch, die in einem »mehrheitlich konfessionslosen Kontext«, also ohne christliche »kulturelle Tapete«, aufwachsen (Rostock).[69] Dabei wollte sie »individuelle religiöse Bildungsverläufe« über mehrere Jahre nachzeichnen, die »Wahrnehmungsfähigkeit« von Lehrkräften schulen und den »Reichtum theologischen Denkens von Kindern sichtbar machen«.[70] Sie stellt nicht nur die Erhebungsmethoden und Ergebnisse von Oser/Gmünder und Fowler in Frage, sondern kritisiert auch die Herangehensweise ihrer Vorgänger Arnold/Hanisch/Orth: 1. Die Kinder wurden aufgefordert, ein Bild »von Gott« zu malen, nicht eine »Metapher zu Gott«, deswegen kämen die »märchenhaft-klischeeartigen« und anthropomorphen Bilder heraus.[71] 2. Diese Ergebnisse seien auch der Technik geschuldet: Was ganz groß ist, unendlich entfernt und zugleich überall da, das könne man nicht auf einem Papier darstellen, sondern müsse man etwa mit Materialcollagen erarbeiten.[72]

---

68 Gen 1,28 »Gott schuf Mann und Frau nach seinem Bilde«.
69 A.-K. Szagun, Dem Sprachlosen Sprache verleihen. Rostocker Langzeitstudie zu Gottesverständnis und Gottesbeziehung von Kindern, die in mehrheitlich konfessionslosem Kontext aufwachsen, Jena 2006, 51.
70 Szagun 2006, 43.
71 Szagun 2006, 34f.
72 Vgl. Szagun 2006, 57.

3. Schließlich müsse Produktion und Auswertung der Visualisierungen mit einem Gespräch verbunden sein, in dem die Autoren zu Wort kommen. Szagun bezieht dabei nicht nur den lerngruppenbezogenen Zusammenhang ein (Was wurde zuvor behandelt?), sondern auch den sozialen und biographischen Kontext der einzelnen Schüler/innen.[73]

Die Methode im Einzelnen: Die Aufgabenstellung lautete, mittels einer Materialcollage eine Metapher für Gott zu gestalten: »Gott ist für mich heute wie …«. Die Hinführung dazu war: »Gott können wir nicht sehen, hören, berechnen, messen: Wir sagen in Bildern, in Namen, wer er für uns ist. Wir vergleichen ihn mit etwas, das sichtbar ist. Wir brauchen viele Bilder, viele Namen, um Gott zu beschreiben.«[74] Zur Verfügung standen Ton, Knete, Steine, Zweige, Früchte, Blüten, kaputte Spielzeuge bzw. Haushaltsgegenstände (Schlüssel, Scheren, Uhren), Draht, Nägel, Papp- und Plastikabfälle, Garn- und Stoffreste, Buntpapier, Kleber, Scheren. Die Stärke der Materialcollage liegt in ihrer Prozesshaftigkeit bis zum Endpunkt und dem Spiel mit polyvalenten Gegenständen. Ausschlaggebend für die Deutung der Produktionen war das gemeinsame Gespräch: »Lass uns zusammen entdecken, was da entstanden ist … Was ist für dich ähnlich an dem, was du gebaut hast, mit Gott? … Wenn du deinem Bild eine Überschrift geben würdest, wie könnte sie heißen?«[75]

Aaron (4. Klasse; 10 Jahre) erstellt nach Abschluss der Unterrichtseinheit »Gott« eine Gottesmetapher: eine begrünte Insel mit Vulkan und Sonnenuntergang. »Er selbst sei der Vulkan, der manchmal ausbreche vor Wut. In ihm wohne ganz viel Wut. Die Sonne, ›das

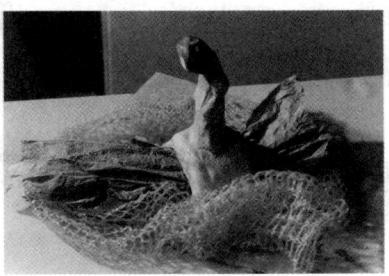

73   Vgl. Szagun 2006, 39.
74   Szagun 2006, 67f.
75   Szagun 2006, 71–74. Später im Prozess (Tage, Wochen) erfolgt das Erstellen einer Knetfigur und die Positionierung zur Metapher (87f.), um Veränderungen sichtbar zu machen, sowie zu anderen im Unterricht produzierten Gottesmetaphern (Vater im Himmel, Mutter Erde, Quelle des Lebens, Energie, Licht/Wärme, innere Stimme, Kraft der Verbundenheit/Liebe, 88).

ist Gott.‹ Der guckt zu, ›wie ich ausbreche‹. Gott schaut freundlich auf den Vulkan. […] Damit nicht Schlimmes dabei [beim Ausbruch] herauskomme, sei es gut, ›mit Gott darüber zu reden‹.«[76]

Ein weiteres eindrückliches Beispiel für die Ausdruckskraft der Materialcollagen und des Gesprächs ist Hella. Beim ersten Mal gestaltet sie ihre Gottesmetapher als Brücke, die eine gedrückte Gestalt trägt: »Manchmal bin ich furchtbar verzweifelt wegen irgendetwas, und dann erscheint es mir so, als wäre Gott eine Brücke, die mich dann hält« (4. Klasse; 11 Jahre).[77]

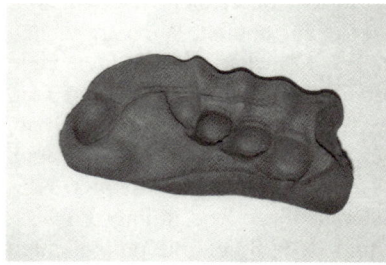

Zwei Jahre später nimmt sie Ton und drückt ihn fest mit beiden Händen, so dass man die Abdrücke der Finger sehen kann: »Ich habe gedacht, ich mache etwas, woran man sich festhalten kann« – »Ich kann nicht ins Bodenlose fallen« - »Auch wenn jemand einen Autounfall hat, kann er trotzdem weiterleben! Oder wenn er seinen Job verliert, kann er versuchen einen neuen zu finden! Diese Kraft zu haben, weiterzumachen …!«[78]

Szaguns Untersuchung bringt den originellen Ansatz, eine »Gottesmetapher« per Materialcollage herzustellen, als echte Alternative zum Malen ins Spiel. Sie zeigt, wie wichtig es ist, sich offen, respektvoll und geduldig an Produktionen der Kinder heranzutasten und zuzuhören, ohne sie vorschnell in religiöse Stufenmodelle einzuordnen und somit »abzuhaken«, ja, sie ermuntert gerade auf dem Hintergrund des »konfessionslosen Kontextes« dazu, die gängigen religiösen Entwicklungstheorien über Kinder und Jugendliche in ihrem universalen Gültigkeitsanspruch zu hinterfragen. Die Erhebung macht deutlich, wie verschieden, bildreich und persönlich Gottesvorstellungen von Kindern *im* Religionsunterricht sein und wie (positiv) sie sich *durch* Religionsunterricht entwickeln können.

76    Szagun 2006, 121.
77    Szagun 2006, 331.
78    Szagun 2006, 340.

# 2. Infragestellung, Bestreitung und Anfechtung des Glaubens an Gott

*Dieser Abschnitt gliedert sich in drei Teile: die Infragestellung und Bestreitung des Redens von Gott, was wir auch unter den Begriff der Religionskritik fassen können, in die Anfechtung des Glaubens (Theodizee) und in didaktische Folgerungen.*

## 2.1 Infragestellung und Bestreitung des Redens von Gott (Religionskritik)

Unsere heutige, pluralistische Gesellschaft kennzeichnet sich durch eine Vielfalt von Bekenntnissen und Weltanschauungen.[1] Für manche ist die Rede von Gott selbstverständlich und vertraut, für andere umstritten und fremd. Diese Erfahrung kann fast jeder in seinem persönlichen Umfeld machen. Sie spiegelt sich auch in der Landschaft der massenmedialen Angebote wider. So strahlen die öffentlich-rechtlichen Rundfunkanstalten neben Fernsehgottesdiensten und dem »Wort zum Sonntag« Sendungen aus, in denen die Rede von Gott problematisiert und kontrovers diskutiert wird.[2]

Können wir die Frage beantworten, »wie viele« der Deutschen an Gott glauben? Ein Gradmesser ist sicherlich die Zugehörigkeit zu den christlichen Kirchen, zu denen sich im Jahr 2003 knapp zwei Drittel der Bevölkerung zählten.[3] Daneben können Umfragen von Meinungsforschungsinstituten das Bild ergänzen: In einer EMNID-Umfrage im Auftrag des SPIEGEL aus dem

1 Vgl. zum Ganzen P. Berger, Der Zwang zur Häresie. Religion in der pluralistischen Gesellschaft, Freiburg 1992.

2 Vgl. etwa die Sendung »In Gottes Namen: Religion im Dienst der Politik«, Das Philosophische Quartett, ZDF vom 25.2.2007.

3 Vgl. EKD (Kirchenamt Hg.), Kirche der Freiheit. Perspektiven für die Evangelische Kirche im 21. Jahrhundert, Hannover 2006, 16f.

Jahr 1992 stimmten 56% der West- und 27% der Ostdeutschen über 18 Jahre dem Satz zu: »Ich glaube, dass es Gott gibt«.[4] Auffällig ist, dass gleichzeitig eine Zwei-Drittel-Mehrheit der Befragten Religion für »ziemlich unwichtig« oder »völlig unwichtig« hielt. Die Interpretation des SPIEGEL dazu war: »Die meisten Deutschen sind zu neuen Heiden geworden, ohne dem verlorenen Glauben nachzutrauern [...] Nicht Empörung, sondern Gleichgültigkeit hat die Kirchen um ihre Gefolgschaft gebracht.«[5]

Gut zehn Jahre später ist nach kirchlicher Auskunft das Interesse an religiösen Themen gegenüber den neunziger Jahren gewachsen: Die Überzeugung, dass der »christliche Glaube ungebrochen aktuell ist«, liegt bei 52%, und 68% der Befragten antworten im Jahr 2002, dass »religiöse Erziehung wichtig für Kinder« sei.[6] Ob sich aus diesen Zahlen eine tatsächliche Veränderung in der Haltung der Deutschen gegenüber Religion und Glauben schließen lässt, ist schwer zu sagen. Manche Forscher sprechen davon, dass kirchlich gebundener Glaube rückläufig und Religion in individualisierter Form im Trend ist.[7] Für unser Thema aber ist die grundsätzliche Erkenntnis wichtig: Die zitierten Statistiken belegen zunächst nur, dass ein guter Teil der Bevölkerung dem christlichen Glauben und der Rede von Gott gegenüber aufgeschlossen und ein ebenso großer Teil dem gegenüber indifferent oder ablehnend ist.[8]

Letztlich können wir auch nicht mit Bestimmtheit sagen, aus welcher Situation oder Erfahrung heraus die Befragten gerade sprechen. Wenn wir nähere Hintergründe und Motive erfahren wollten, müssten wir an die quantitativen Untersuchungen quali-

---

4    Der SPIEGEL Nr. 25 (1992), 44. N= 3.000 (2.000 West, 1.000 Ost). Zur Auswahl standen noch die Aussagen »Ich glaube nicht, dass es Gott gibt« und »Ich weiß nicht ob es Gott gibt.«

5    Der SPIEGEL Nr. 25 (1992), 44.

6    Vgl. EKD (Kirchenamt Hg.), Kirche der Freiheit 2006, 15.

7    Vgl. H.-G. Ziebertz u.a.: Religiöse Signaturen heute. Ein religionspädagogischer Beitrag zur empirischen Jugendforschung, Gütersloh/Herder 2003 und R. Polak (Hg.), Megatrend Religion? Neue Religiositäten in Europa, Ostfildern 2002.

8    Vgl. die Ergebnisse des Allensbacher Jahrbuchs für Demoskopie 1998–2002, Bd. 11 Balkon des Jahrhunderts, hg. v. E. Noelle-Neumann u. R. Köcher, München 2002, 355, wonach sich 43% als »religiöse Menschen«, 35% als »keine religiöse Menschen«, 8% als »überzeugte Atheisten« und 14% als »unentschieden« ansehen.

tative anschließen. Nur so ließen sich differenzierte Folgerungen für Theologie und Religionspädagogik ziehen. Was wir jedoch auch wissen: Mit Umfragen werden Meinungen *gemacht.* So betitelte der SPIEGEL im Jahr 1992 das genannte Heft mit der Schlagzeile »Abschied von Gott«, durch die suggeriert wird, dass die Deutschen sich kollektiv von Gott abwenden würden. Freilich wäre es ein Fehler, das Ganze *nur* als »Meinungsmache« abzutun, denn es gehört zur Aufgabe von Theologie und Religionspädagogik, die Akzeptanz bzw. Nicht-Akzeptanz von Religion und Glaube in der Gesellschaft wahrzunehmen und sich mit ihr auseinanderzusetzen.

Seit es Religion gibt, gibt es auch die Kritik an der Religion. Sie äußert sich zum einen als *inner-religiöse* Kritik. Ihr Ziel ist es jeweils gewesen, die gegenwärtigen Missstände zu beheben und die Religion zu »verbessern«. Ein klassisches Beispiel dafür sind die Propheten des Alten Testament in ihrer Kritik eines Glaubens, der sich von seinen ethischen Wurzeln verabschiedet hat, vgl. z.B. Amos 5, 21–24: »Ich bin euren Feiertagen gram und verachte sie und mag eure Versammlungen nicht riechen. Und wenn ihr mir auch Brandopfer und Speisopfer opfert, so habe ich kein Gefallen daran und mag auch eure fetten Dankopfer nicht ansehen. Tu weg von mir das Geplärr deiner Lieder; denn ich mag dein Harfenspiel nicht hören! Es ströme aber das Recht wie Wasser und die Gerechtigkeit wie ein nie versiegender Bach.« In dieser prophetischen Linie ist auch Martin Luther zu sehen, der das mittelalterliche Ablasswesen des Papstes kritisierte und damit eine Reform der Kirche auslöste.

Auf der anderen Seite gibt es *außer-religiöse* Kritik. Welche Gedanken und Argumentationsformen der Religionskritik sind hier relevant? Schon in der Antike ist Kritik an bestimmten Ausprägungen von Religion sehr scharfsinnig und grundsätzlich formuliert worden. Ein Beleg dafür ist der griechische Philosoph Xenophanes aus Kolophon (ca. 570–475 v.Chr). Er bekämpfte die anthropomorphen Auffassungen seiner Zeitgenossen, die annahmen, »die Götter seien geboren, trügen Kleider, hätten Stimme und Körper – wie sie selbst«[9]. Xenophanes kritisierte

9    Xenophanes, Fragment 28, in: Die Vorsokratiker. Griechisch/Deutsch, Auswahl der Fragmente, Übersetzung und Erläuterung von J. Mansfeld, Stuttgart 1987, 223.

Homer, der in seinen Werken, z.B. der Ilias, die Götter mit unmoralischen Eigenschaften belegte, wie etwa Betrug und Eifersucht, die im Falle der »Ilias« den Krieg gegen Troja ins Rollen brachten. Sehr genau analysierte Xenophanes, dass die jeweilige Vorstellung über die Gottheit davon abhing, wie die Menschen eines Stammes oder einer Nation selbst aussahen: »Die Äthiopier behaupten, ihre Götter seien stumpfnasig und schwarz, die Thraker, blauäugig und blond.«[10] Spottend fügte er hinzu: »Wenn aber [...] Pferde [...] Hände hätten und mit diesen Händen malen könnten und Bildwerke schaffen wie die Menschen, so würden die Pferde die Götter abbilden und malen in der Gestalt von Pferden.«[11] Xenophanes selbst vertrat den Glauben an einen »einzigen Gott«, der weder »dem Körper noch der Einsicht nach den sterblichen Menschen gleich« sei.[12]

Aus der Antike machen wir einen Sprung in die Neuzeit. Sie ist durch keinen anderen Begriff so sehr geprägt wie durch den der »Aufklärung«, des Programms, sich seines eigenen Verstandes ohne Leitung eines anderen zu bedienen und damit aus seiner selbst verschuldeten Unmündigkeit zu befreien, wie es I. Kant im Jahr 1784 wirkmächtig formulierte. Er bezog diesen Aufruf auf alle Lebenssituationen, in denen der Mensch einer Autorität gegenüber stand, auch auf die Religion, genauer auf die Institution Kirche und ihre Vertreter. »Der Geistliche sagt: räsonniert nicht, sondern glaubt!«[13] Dies aber sei eine Einschränkung der Freiheit. Menschen sollten selbst nachdenken, anstatt es den Autoritäten zu überlassen.

Seine Kritik an der Kirche beinhaltete auch eine Kritik ihrer Theologie. Besonders das Bestreben, Gottes Existenz gleichsam durch »Beweise« abzusichern, stellt Kant in Frage. Die sogenannten Gottes-»beweise« des Mittelalters verwarf er: Gott kann kein Postulat der theoretischen Vernunft sein. Wir können Gott nicht theoretisch beweisen, weil Gott kein Gegenstand von Raum und Zeit ist. Der Mensch aber kann nur das wahrnehmen,

---

10    Xenophanes, Fragment 27 (1987, 223).
11    Xenophanes, Fragment 29 (1987, 223).
12    Xenophanes, Fragment 34 (1987, 225).
13    I. Kant, Beantwortung der Frage: Was ist Aufklärung? in: Immanuel Kant Werke, hg. v. W. Weischedel, Frankfurt a. M. 1977, Bd. 11, 55.

was in Raum und Zeit ist. Freilich kann man Gott aus demselben Grund auch nicht widerlegen.

Auf der anderen Seite stellte Kant die Existenz Gottes nicht vollkommen in Frage. Er sah sie sogar als unverzichtbare Voraussetzung moralischen Handelns an, als Postulat der praktischen Vernunft. In seiner Schrift »Kritik der praktischen Vernunft« (1788) formuliert Kant drei Grundannahmen:[14] 1. Die Freiheit des Menschen, sittlich zu handeln. Wenn der Mensch nicht frei dazu wäre, hätte der Kategorische Imperativ keinen Sinn. Die 2. Grundannahme ist die Unsterblichkeit der Seele. Kant glaubte nicht an eine immanente Gerechtigkeit, also dass ein guter Mensch schon auf dieser Erde belohnt werde – allein schon deswegen nicht, weil das Handeln dann berechnend wäre und im Widerspruch zur reinen Moralität und zur Unbedingtheit des Kategorischen Imperativs läge. Wenn aber der Mensch seine Pflicht im Leben erfüllt und dabei auf sein Glück verzichtet? Damit Pflicht und Glück einander treffen können, damit sich Gerechtigkeit erfüllen kann, muss die menschliche Seele die empirische Dimension und die Zeit transzendieren, also unsterblich sein. Die 3. Grundannahme ist Gott: Gott ist der Garant für diesen Ausgleich, er ist die Instanz, die für die Herstellung der Gerechtigkeit verantwortlich ist. Seine Existenz ist die Voraussetzung für das Funktionieren von Moralität und Freiheit.

Aber zurück zu Kants Ruf nach Aufklärung und dem eigenständigen Denken. Ihm folgten viele Philosophen und einer von ihnen sollte eine Kritik an der christlichen Religion formulieren, die bis heute ihre Kreise zieht: Ludwig Feuerbach (1804–1872). Nach sehr religiöser Kindheit und Jugend und Studien der Theologie wendet er sich vom Glauben ab und der Philosophie zu. Er wird Privatdozent, erhält jedoch wegen seiner radikalen Religionskritik keine Professur und wird finanziell immer von anderen abhängig sein. Er hat schwere Schicksalsschläge zu erleiden, so stirbt seine geliebte Tochter Mathilde im Alter von drei Jahren. Feuerbach sieht über sich »eine blinde, kalte, gefühllose Macht, der es ebenso gleichgültig ist, ob sie auf einen Würdigen oder einen Unwürdigen trifft [...]. Sie zertritt die Knospe, ehe sie sich

---

14 Vgl. I. Kant, Kritik der praktischen Vernunft (2. Buch, 2. Hauptstück, V. Abschnitt), in: Immanuel Kant Werke, hg. v. W. Weischedel, Frankfurt a. M. 1977, Bd. 7, 254–264.

zur Blume entfaltet.«[15] Trotz seiner Abwendung vom Christentum und seiner Religionskritik hat er zumindest im persönlichen Bereich religiöse Denkfiguren und Metaphern nicht aufgegeben.

### 2.1.1 Feuerbachs Religionskritik: Gott als Wunschwesen

Gott ist Feuerbach zufolge der Inbegriff dessen, was Menschen sich selbst zuschreiben und wünschen. Die Fülle der Ideale wird so dargestellt, als gäbe es ein Wesen mit diesen Eigenschaften, nämlich Gott: »Der Mensch schuf Gott nach seinem Bilde.«[16] Dies ist unter dem Begriff »Projektionsthese« in die Geistesgeschichte eingegangen, obwohl Feuerbach den Begriff »Projektion« nicht verwendet hat. Feuerbach ruft die Menschen auf, sich die guten Eigenschaften wieder selbst anzueignen und so eine bessere Welt aufzubauen. An seiner Heidelberger »Vorlesung über das Wesen der Religion« aus dem Revolutionsjahr 1848 ist Feuerbachs religionskritische Argumentation besonders eindrücklich zu zeigen:

Der Zweck […] meiner Vorlesungen ist: die Menschen aus Kandidaten des Jenseits zu Studenten des Diesseits, aus religiösen und politischen Kammerdienern der himmlischen und irdischen Monarchie und Aristokratie zu freien, selbstbewussten Bürgern der Erde«, »aus Christen […] zu Menschen, zu ganzen Menschen zu machen.[17]

Die politische Revolution von 1848 könne dies nicht erreichen, weil sie nur obrigkeits-, und nicht auch religionskritisch ausgerichtet sei: »Ich für meinen Teil gebe keinen Pfifferling für politische Freiheit, wenn ich ein Sklave meiner religiösen Einbildungen und Vorurteile bin. Die wahre Freiheit ist nur da, wo der Mensch auch religiös frei ist; die wahre Bildung nur da, wo der Mensch seiner religiösen Vorurteile und Einbildungen Herr geworden ist.«[18]

15   L. Feuerbach, Brief an Emilie Kapp vom 2. November 1844, in: Gesammelte Werke, hg. v. W. Schuffenhauser, Berlin 1988, Bd. 18, 407.
16   L. Feuerbach, Vorlesungen über das Wesen der Religion. Nebst Zusätzen und Anmerkungen, 3., gegenüber der 2., durchges., unveränd. Auflage, in: Gesammelte Werke, hg. v. W. Schuffenhauer, Berlin 1984, Bd. 6, 20. Vorlesung 212.
17   Feuerbach 1984, 3. Vorlesung 30f. und 30. Vorlesung 320.
18   Feuerbach 1984, 24. Vorlesung 244.

Für Feuerbach ist die Frage der Religionskritik deswegen so bedeutsam, weil Religion derzeit noch die »Grundlage des menschlichen Lebens, die Grundlage von Moral und Politik« bilde – davon müsse sich der Mensch befreien: »Mir […] ist es vor allem darum zu tun, das dunkle Wesen der Religion mit der Fackel der Vernunft zu beleuchten, damit der Mensch endlich aufhöre, eine Beute, ein Spielball aller jener menschenfeindlichen Mächte zu sein, die sich […] des Dunkels der Religion zur Unterdrückung des Menschen bedienen.«[19]

Die Ursache der Religion liege zum einen in Abhängigkeits- und Furchtgefühlen gegenüber der Natur: »Die Erklärung der Religion aus der Furcht wird vor allem durch die Erfahrung bestätigt, dass fast alle […] rohe[n] Völker […] hauptsächlich die furcht- und schreckenerregenden Erscheinungen oder Wirkungen der Natur zum Gegenstande der Religion machen.«[20] Die zweite Quelle der Religion bzw. ihres Gegenstandes Gott ist die Phantasie: Glaube ist nichts anderes als die Einbildungskraft.[21] Der dritte Grund schließlich ist: »Er [der Mensch, M.F.] glaubt ein vollkommenes Wesen, weil er selbst vollkommen zu sein wünscht; er glaubt ein unsterbliches Wesen, weil er selbst nicht zu sterben wünscht. Was er selbst nicht ist, aber zu sein wünscht, dass stellt er sich in seinen Göttern als seiend vor. […] Die Götter sind die als wirklich gedachten, die in wirkliche Wesen verwandelten Wünsche des Menschen; ein Gott ist der in der Phantasie befriedigte Glückseligkeitstrieb des Menschen.«[22] Das ist Feuerbachs Spitzenaussage: Die Existenz Gottes ist Produkt einer menschlichen Wunschvorstellung. Dabei ist diese Wunschvorstellung von einem menschenähnlichen Wesen, das die Natur lenkt und regiert und den Menschen liebend in seinen besonderen Schutz nimmt, eine Konsequenz der menschlichen Selbstliebe. Der praktische Grund der Religion sei der »Glückseligkeitstrieb«, ihr letzter Grund der »Egoismus«.[23] »Der Mensch glaubt nicht an die Unsterblichkeit, weil er an Gott glaubt, sondern er glaubt an Gott, weil er an die Unsterblichkeit glaubt, weil

19  Feuerbach 1984, 3. Vorlesung 30.
20  Feuerbach 1984, 4. Vorlesung 33.
21  Vgl. Feuerbach 1984, 20. Vorlesung 201.
22  Feuerbach 1984, 22. Vorlesung 224.
23  Feuerbach 1984, 22. Vorlesung 225.

er ohne den Gottesglauben den Unsterblichkeitsglauben nicht begründen kann.«[24].

Mit dieser Aufklärung hat Feuerbach seinen Beitrag zur Revolution geleistet. Nun kann es künftig möglich werden, die Entzweiung des Menschen von sich selbst zu überwinden. Wo kein allmächtiger, heiliger Gott ist, da braucht es auch keinen ohnmächtigen, unwürdigen Menschen als Widerpart. Der Blick kann dafür frei werden, dass Wissen und Macht, Würde und Glück im Wesen der Menschheit angelegt sind. Feuerbach hofft, dass der Mensch nun sein eigenes Wesen zum Gesetz und Bestimmungsgrund, zum Ziel und Maßstab seiner Moral und Politik mache. Elend und Unrecht sind nicht mehr als gottgegebener Plan zu verstehen, sondern zu beseitigen:

Denn sowie der Mensch seine Augen öffnet, sowie er ungeblendet durch religiöse Vorstellungen die Wirklichkeit ansieht, wie sie ist, so empört sich das Herz gegen die Vorstellung einer Vorsehung wegen ihrer Parteilichkeit, mit der sie den einen rettet, den anderen untergehen lässt, die einen zum Glück und Reichtum, die anderen zum Unglück und Elend bestimmt, wegen ihrer Grausamkeit oder Untätigkeit wenigstens, mit der sie Millionen von Menschen den grässlichsten Leiden und Martern unterworfen.[25]

Wer ein besseres Leben schaffen will, muss »an die Stelle der Gottesliebe die Menschenliebe als die einzige, wahre Religion setzen, an die Stelle des Gottesglaubens den Glauben des Menschen an sich, an seine Kraft«.[26]

*Diskussion: Wie lässt sich mit Feuerbachs Religionskritik und im Besonderen seiner Projektionsthese umgehen? Gegen Feuerbach werden vier Argumente vorgebracht:*

1. Aufzeigen von methodischen Unklarheiten: Zielt Feuerbach in seiner Kritik an der Religion auf das existierende Christentum seiner Zeit bzw. die christliche Kirchengeschichte oder beansprucht er, eine umfassende Theorie zu entwerfen, die auf alle Religionen Anwendungen finden kann?

24  Feuerbach 1984, 29. Vorlesung 299.
25  Feuerbach 1984, 22. Vorlesung 231.
26  Feuerbach 1984, 30. Vorlesung 319.

2. Klassischer Logikeinwand (E. von Hartmann): Die Tatsache, dass Götter Gegenstand eines Wunsches sind, ist nicht von der Hand zu weisen. Das sagt aber nichts über deren Existenz oder Nicht-Existenz aus. Feuerbach ziehe einen logischen Fehlschluss.

3. Von christlicher Seite wird gegen Feuerbach eingewandt, dass der in Jesus Christus leidende und sterbende Gott nicht mit dem menschlichen Wünschen entspringenden »vollkommenen Wesen« Feuerbachs übereinstimme – insofern treffe Feuerbachs Projektionsthese den christlichen Glauben nicht.

4. Ebenfalls lässt sich gegen Feuerbach anführen, dass der christliche Glaube an Gott kein Hindernis für gesellschaftliches Engagement und Befreiung darstellen muss, sondern – biblisch inspiriert – gerade Kraft zum Kampf und Visionen der Gerechtigkeit freisetzt (vgl. die lateinamerikanische Befreiungstheologie).[27]

Inwieweit bzw. wen überzeugen diese Einwände? Ich erinnere an Bultmanns Ausspruch »Will man von Gott reden, so muss man offenbar von sich selbst reden.« Dieser Satz erhält hier einen neuen Sinn: Wenn wir über die Kritik an der Religion reden, müssen wir uns bewusst machen, das diese Kritik uns als Christen selbst trifft – im Stile einer Verdächtigung, die kaum aus der Welt zu schaffen ist. Deswegen ist eine Auseinandersetzung mit Feuerbach nicht allein wissenschaftlich-neutral, sondern auch emotional und existentiell. Letztlich können wir die Religionskritik Feuerbachs nicht mit rationalen Argumenten widerlegen oder übertrumpfen. Denn er traf damals eine *Entscheidung*, die Dinge so zu sehen, wie er sie sah, so wie wir heute eine *Entscheidung* – täglich – neu treffen, wenn wir sagen: »Ich glaube.«

Hilfreicher ist ein produktiver Umgang mit Feuerbach: Wir können mit ihm gemeinsam auf das blicken, was an einer Religion den Menschen unterdrückt bzw. aufzeigen, wo Religion im Angesicht von Unrecht und Unterdrückung schweigt, dies im Sinne einer inner-religiösen Kritik problematisieren und für eine Veränderung eintreten. Darüber hinaus macht er auf einen wich-

---

27  Vgl. etwa M. Fricke, Bibelauslegung in Nicaragua, Münster 1997.

tigen menschlichen Mechanismus aufmerksam: Wir projizieren immer wieder unsere (Lieblings-)Vorstellungen auf Gott. Dessen müssen wir uns als Christen bewusst werden und im Gespräch mit der biblisch-christlichen Tradition unsere gewonnenen Bilder immer wieder neu zur Disposition stellen.

### 2.1.2 Empirismus, Positivismus und analytische Philosophie

Wir kommen zu einer letzten wichtigen Kritik an der Rede von Gott, aus dem Bereich des Empirismus bzw. Positivismus und der analytischen Philosophie.

Der Positivismus, oft in Verbindung mit dem Empirismus[28] genannt, stellt eine Bewegung im 19. Jahrhundert dar, welche sich auf tatsächlich und objektiv Gegebenes (daher der Name) im Gegensatz zu Spekulationen und Fiktionen beruft, auf Wissenschaften im Gegensatz zur spekulativen Philosophie und Theologie.[29] Sein Leitspruch ist: Alles, was wir wissen, erfahren wir. Was wir erfahren, erfahren wir durch unsere Sinne. Der Positivismus hat bis heute einen festen Platz in unser aller Wahrnehmung und in unserem Alltag. Er ist schon im 19. Jahrhundert zu einer übermächtigen Konkurrenz für die Religion geworden – zumindest in Europa – und hat in großen Bereichen der Gesellschaft die Deutungshoheit übernommen.

Ein Vertreter des Positivismus war Auguste Comte (1798–1857), der in seinem Werk »Cours de philosophie positive« eine bedeutende (wenn auch im Hinblick auf die wirkliche Geschichte recht willkürliche) Geschichtsphilosophie entwickelte. Darin werden drei Stadien der Geschichte unterschieden: ein theologisches, ein metaphysisches und ein positives Stadium.

Im theologischen Stadium (bis 6.Jh. v.Chr.) werden die Naturerscheinungen durch das Handeln übernatürlicher, göttlicher Personen erklärt. Im metaphysischen (bis zum Mittelalter) werden sie durch Bezugnahme auf abstrakte Prinzipien strukturiert; demgegenüber konzentriert man sich im positiven Stadium auf die Naturerscheinungen und verzichtet auf »letzte« Erklärungen.

---

28  Von gr. empeiria Erfahrung, Kenntnis, vgl. W. C. Zimmerli, Art. Empirismus, in: EKL Bd. 1, Göttingen 1986, 1025–1029.
29  Vgl. F. Wallner, Positivismus, in: EKL Bd. 3, Göttingen 1992, 1273.

Die beiden ersten Stadien gelten laut Comte für überwunden. Das letzte Stadium ist das Stadium der Wissenschaft. Diese ist im Sinne Comtes v. a. dadurch charakterisiert, dass sie Voraussagen machen kann, nach denen sich Handlungen rational orientieren können.[30] Religion hat in diesem System keinen Platz mehr, allerdings führt in der extremen Form des Positivismus die enge Verbindung von Wissenschafts- und Fortschrittsgläubigkeit dazu, dass die Wissenschaft Religion ersetzt.[31]

Auf den Positivismus baute einige Jahrzehnte die analytische Philosophie auf, deren Ansatz in der folgenden kleinen Kaffeehausszene deutlich werden soll:

»Guten Tag, kommen Sie hier auch öfters her, in unser Kaffeehaus? Ich möchte mich bei Ihnen vorstellen, Moritz Schlick ist mein Name, Philosoph, und – wenn ich bescheiden sagen darf – Begründer des so genannten ›Wiener Kreises‹. Aber nicht dass Sie glauben, wir würden den ganzen Tag nur Kaffee trinken – nein, wir leisten harte Denkarbeit und sind stramme Logiker, bewandert in Mathematik und Philosophie gleichzeitig. Ganz der Wissenschaft verschrieben. Und: wir haben uns das Ziel gesetzt, alles ganz rational zu erwägen und zu überprüfen. Unvernünftiges zu reden ist uns ganz und gar zuwider. Unser lieber Ludwig Wittgenstein, der gelegentlich bei uns mitdiskutiert, sagt ganz richtig: ›Wir können nichts Unlogisches denken, weil wir sonst unlogisch denken müssten.‹[32] Nehmen wir also an, ich behaupte: ›Die Tasse existiert‹, dann können wir das überprüfen, empirisch, also mit unseren Sinnen, sie anschauen, sie anfassen, das Geräusch hören, und kommen zu dem Ergebnis: Die Behauptung ist wahr. Einzig und allein Behauptungen, die wir überprüfen können, sind sinnvoll. Nehmen wir aber einen anderen Satz, etwas Metaphysisches, wie z.B. ›Gott ist da‹, dann können wir ihn nicht empirisch überprüfen, denn Gott kann man nicht mit empirischen Mitteln beweisen – freilich seine Existenz auch nicht widerlegen. Also ist dieser Satz sinnlos.[33] Und, ich frage Sie, wer möchte schon sein Leben mit sinnlosen Sätzen verbringen?«

Der eben erwähnte Ludwig Wittgenstein (1889–1951) sagte: Die Welt ist die »Gesamtheit der Tatsachen« (Satz 1.1) oder auch »Sachverhalte« (2). Er meint nicht: Die Welt ist die Gesamtheit

---

30  Vgl. Wallner 1273.
31  Vgl. Wallner 1273.
32  L. Wittgenstein, Tractatus logico-philosophicus. Logisch-philosophische Abhandlung, Frankfurt a. M. 1963, Satz 3.03. Die Dezimalzahlen hinter dem Punkt deuten das logische Gewicht der Sätze und die Zugehörigkeit zum Obersatz an.
33  Vgl. Wittgenstein 1963, 4.003: »Die meisten Sätze und Fragen, welche über philosophische Dinge geschrieben worden sind, sind nicht falsch, sondern unsinnig.«

der »Dinge«, wie man landläufig denken würde (1.11). Was ist der Unterschied? Ein Ding ist z.B. der Tisch. Eine Tatsache ist: »Der Tisch ist weiß.« Oder »Er steht hier«.

Philosophie hat die Aufgabe der logischen Klärung: »Alles, was überhaupt gedacht werden kann, kann klar gedacht werden. Alles, was sich aussprechen lässt, lässt sich klar aussprechen« (4.116). Metaphysisches Reden muss deshalb verworfen werden, denn es ist weder klar noch sagbar. »Die Grenzen meiner Sprache sind die Grenzen meiner Welt« (5.6). Nicht nur die Antwortsätze, sondern auch die dazugehörigen Fragen sind schon unsinnig. Der berühmte Schlusssatz aus dem »Tractatus logico-philosophicus« von 1921 lautet deshalb: »Wovon man nicht sprechen kann, muss man schweigen« (7). Wittgenstein räumt aber ein: »Es gibt allerdings Unaussprechliches. Dies zeigt sich, es ist das Mystische« (6.522).

*Zur Diskussion:*

1. Der Positivismus gerät auf zweifache Weise in Schwierigkeiten: Logische Gesetze sind nicht empirisch abzuleiten, sondern stellen selbst ein Deutungssystem dar, mit dem der Positivist arbeitet. Der Satz: »Nur die Sätze sind wahr, die empirisch nachgeprüft werden können«, lässt sich empirisch nicht nachprüfen. Er ist ein Axiom, das »gesetzt« ist.

Wenn Positivismus sich selbst begründen muss, kann er das nicht durch empirische Beobachtung, sondern muss selbst irgendwie letzt-begründen, womöglich sogar auf metaphysische Weise. Dies haben die Nachfolger des Positivismus klar gesehen, so kam es zur Herausbildung des »Kritischen Rationalismus« etwa von K. Popper, der gesagt hat, wir könnten Sätze letztlich nie verifizieren, sondern allenfalls falsifizieren.

2. Einen wichtigen Einwand gegen die Vorstellung, dass Empirie und Logik die alles dominierende Wirklichkeit seien und es daneben keine andere Wirklichkeit gäbe, hat Wittgenstein selbst formuliert, als er sagte, dass die Wissenschaft die Lebensfragen nicht beantworten kann: »Wir fühlen, dass selbst, wenn alle möglichen wissenschaftlichen Fragen beantwortet sind, unsere Lebensprobleme noch gar nicht berührt sind.«[34]

---

34  Wittgenstein 1963, 6.52.

3. Gegen die zu starke Betonung der Logik lässt sich folgender Gedanke anführen: Christlicher Glaube ist keine himmlische Wissenschaft, sondern eine irdische Verhaltens- und Lebensweise, nämlich die Annahme der Lebensform Jesu (R. Kautzky). Wer so lebt oder zu leben versucht, wie Jesus es getan hat, glaubt an Gott, auch wenn er es nicht immer ausspricht. Wer nicht so handelt, glaubt nicht an Gott, auch wenn er es noch so oft beteuert (vgl. Mt 25,31–46).

4. Unbeschadet dieser Einschränkungen macht uns die analytische Philosophie auf Probleme in der Theologie aufmerksam: Wie steht es mit unserer semantischen Klarheit? Reden wir kohärent von Gott? Oder reden wir mit kontradiktorischen Sätzen, etwa: »Gott ist Schöpfer des Bösen« und gleichzeitig »Gott ist nicht Schöpfer des Bösen«? Wenn wir eine derart widersprüchliche Redeweise zulassen, lässt sich nichts mehr vernünftig sagen oder denken. Wir müssten uns von jeder Kommunikation verabschieden.

Sätze, die logische Widersprüche beinhalten, veranlassen uns, darüber weiter nachzudenken, ob nicht eine der beiden Aussagen falsch ist oder beide unzulässige Verallgemeinerungen darstellen oder auf irrigen Prämissen beruhen.[35] Wir müssen und wollen versuchen, der Logik, so gut wir es können, gerecht zu werden, denn wir wollen – auch und gerade in der Schule – verstanden werden. Wir müssen darauf achten, dass wir nicht unbemerkt in Floskeln, wie »Widersprüche müssen im Glauben ertragen werden« oder »Bei Gott ist alles möglich«, verfallen. Gleichzeitig ist es wichtig, dass wir uns über die Grenzen unserer Aussagefähigkeit bewusst werden und ihnen Rechnung tragen.

*Fazit zu 2.1*

1. Wir nehmen die Religionskritik als Anfrage an das Reden von Gott (von außen) wahr. Gleichzeitig begreifen wir die Religionskritik als einen inneren Auftrag, mit dem Ziel, Unklarheiten und problematische Entwicklungen wahrzunehmen, sich mit ichnen zu befassen und sie nach Möglichkeit zu bearbeiten und zu lösen.

2. Feuerbach sieht »Gott« als Einbildung und Wunschdenken des Menschen. Christliche Theologie kann Feuerbachs Kritik

---

35  Vgl. W. Härle, Dogmatik, Berlin/New York 1995, 25.

nicht »widerlegen«, sie aber als Impuls aufnehmen, 1. sich nicht eine Gottesvorstellung zu machen und zu glauben, man hätte damit Gott selbst erfasst oder in der Hand, und 2. die eigene Gottesvorstellung nicht absolut zu setzen, sondern sie immer wieder neu – etwa durch die Tradition und durch Mitchristen – herausfordern zu lassen.

3. Positivismus und analytische Philosophie sehen die Rede von Gott als unwissenschaftlich bzw. sinnlos, da »Gott« nicht empirisch beweisbar bzw. der Satz »Gott ist« nicht überprüfbar ist. Christlicher Glaube kann dies als Anstoß nehmen, zum einen verständlich zu reden und zum anderen sich in der Praxis zu erweisen und damit zu überzeugen.

## 2.2 Anfechtung des Glaubens an Gott – Theodizee

Dieser Abschnitt gliedert sich in 2.2.1 Wie kann Gott das zulassen? – Theodizee und 2.2.2 Streiten mit Gott – Hiob.

### 2.2.1 Wie kann Gott das zulassen? – Theodizee

#### 2.2.1.1 Einleitung: Leid und die Frage nach Gott

»Ich danke dir, mein himmlischer Vater, durch Jesum Christum, deinen lieben Sohn, dass du mich diese Nacht vor allem Schaden und Gefahr behütet hast ...« – Mit diesen Worten beginnt Martin Luthers Morgensegen. Der Tonfall strahlt Dankbarkeit, Ruhe und Geborgenheit aus. Wie aber vermögen Menschen dies zu hören oder selbst zu sprechen, die gerade in großer Not sind, die leiden, die von einem Unfall oder einer Katastrophe gezeichnet sind? Ist nicht die Erfahrung von Leid gerade der Grund für den Zweifel an der Existenz eines allmächtigen und guten Gottes? Oder, wie G. Büchner zu Beginn des 19. Jahrhundert in Dantons Tod formulierte: »... warum leide ich? Das ist der Fels des Atheismus«.[36]

Nicht nur Erwachsenen sind diese Gedanken und Zweifel bekannt. Auch Kinder erleben und erleiden Gewalt und Unrecht,

---

36  G. Büchner, Dantons Tod, 3. Akt, 1. Szene, in: G. Büchner: Werke und Briefe. Neue, durchges. Ausgabe, hg. von F. Bergemann, 13. Aufl. Frankfurt a. M. 1979, 53.

Krankheiten und Trennungen. Religionspädagogische Untersuchungen über »Kinderfragen an Gott« zeigen, dass ein Großteil dieser Fragen mit dem Thema Leid in Verbindung steht: »Warum lässt du manche Kinder behindert auf die Welt kommen? Warum hast du böse Menschen erschaffen? Bestimmst du das Unglück?«[37] Während *Kinder* offenbar diese Fragen noch an Gott stellen, sieht es bei *Jugendlichen* anders aus. Hier kann erfahrenes Leid zum Anlass werden, sich vom Glauben an Gott abzuwenden: »Ich glaube nicht an Gott, denn ich habe schon so viel Schreckliches erlebt: Unfälle, wobei gute Freunde gestorben sind, Katastrophen usw.«[38] Wie überzeugend also kann das christliche Reden von Gott angesichts der Erfahrungen von Unheil und Leiden überhaupt sein?

Eine Zuspitzung des Schrecklichen, ja das »eigentliche Ursymbol des Schrecklichen«,[39] stellt die Shoa dar, die organisatorisch-industriell perfektionierte Ermordung von Tausenden, von Hunderttausenden, von Millionen jüdischer Mädchen und Jungen, Frauen und Männern in der Zeit der deutschen Schreckensherrschaft über Europa. Im neuen Holocaust-Denkmal von Berlin sind erschütternde Briefe von Chronisten zu lesen, von Erwachsenen, aber auch von Kindern, die versuchten, das Unbeschreibliche für die Nachwelt festzuhalten, oft ohne Hoffnung selbst zu überleben. So schreibt die 12-jährige Judith:

Lieber Vater! Vor dem Tod nehme ich Abschied von dir. Wir möchten so gerne leben, doch man lässt uns nicht. Ich habe solche Angst vor diesem Tod, denn die kleinen Kinder werden lebend in die Grube geworfen. Auf Wiedersehen für immer. Ich küsse dich inniglich. Deine Judith.[40]

Wir fragen uns, wie Menschen das ertragen konnten, wie andere Menschen ihnen das antun konnten, und auch wie Gott, der uns in der Bibel als Gott nahegebracht wird, der das Elend der Unterdrückten sieht und eingreift, hier »untätig zugesehen« hat.

37  Vgl. R. Oberthür, Kinder fragen nach Leid und Gott, München 1998, 87, ferner 46–49.
38  Ein 18-jähriger, zitiert in: K.E. Nipkow, Erwachsenwerden ohne Gott? Gotteserfahrung im Lebenslauf, 3. Aufl. München 1990, 55.
39  U. Link-Wieczorek, Verzweiflung im Leiden und Ringen um den Gottesglauben, in: Dies. u.a., Nach Gott im Leben fragen. Ökumenische Einführung ins Christentum, Gütersloh/Freiburg 2004, 22.
40  Materialien für die ermordeten Juden Europas, hg. v. der Stiftung Denkmal für die ermordeten Juden Europas, Berlin 2005, 84.

»Angesichts dieser Erfahrungen mag der Behütungs-Tonfall christlicher Gebete und Bekenntnisse in besonderem Maße unglaubwürdig werden«, schreibt U. Link-Wieczorek.[41] Die Shoa ist für uns Christen in Deutschland Bürde und Auftrag zur Verantwortungsübernahme, weil die Täter Deutsche und zumeist Christen waren. Sie berührt unseren Glauben und niemand von uns kann sich den bohrenden und quälenden Fragen entziehen. Seit Auschwitz fragen wir in besonderem Maße – nicht nur in der Theologie, sondern allgemein – wie wir noch von »Gott« reden können.

Gleichzeitig ist das Ringen mit der Gottesfrage angesichts des erfahrenen Unheils so alt wie der Gottesglaube selbst. Bei allen Spielarten, die man in den Antwortversuchen entwickelt hat, zieht sich eine Grundspur hindurch: Das Leiden kann nicht auf »das Böse« als eine eigenständige Macht zurückgeführt werden, die Gott gleichwertig wäre. Schon die Alte Kirche hat sich gegen Ansätze zeitgenössischer Religionen, etwa des Manichäismus, gewehrt, die Ambivalenz der menschlichen Existenz zwischen Bewahrung und Bedrohung durch einen Dualismus zweier gleich »starker« Mächte zu erklären. Das Böse erhält allenfalls einen vorläufigen Raum in der Welt zugestanden, aber Gott ist und bleibt der, der als »Allmächtiger« bekannt und gepriesen wird.[42]

Aber in diesem Bekenntnis steckt ein großes Problem: Wenn Gott allmächtig ist, warum verhindert er das Böse nicht? Das logische Dilemma des Allmachtsprädikats hat schon drei Jahrhunderte vor Christus der griechische Philosoph Epikur beschrieben (341–271 v.Chr.): Wenn Gott die Übel beseitigen »will und nicht kann, so ist er schwach, was auf Gott nicht zutrifft. Wenn er kann und nicht will, dann ist er missgünstig, was ebenfalls Gott fremd ist. […] Wenn er aber will und kann, was allein sich für Gott geziemt, woher kommen dann die Übel und warum nimmt er sie nicht weg?«[43]

Welche denkbaren Lösungswege aus diesem Dilemma kann es geben? Wir sind beim Begriff der »Theodizee« angekommen,

---

41  Link-Wieczorek 2004, 22.
42  Vgl. Link-Wieczorek 2004, 22.
43  Epikur, Fragmente über Götter, in: ders., Von der Überwindung der Furcht. Katechismus, Lehrbriefe, Spruchsammlung, Fragmente, eingel. u. übertr. von O. Gigon, 2., durchges. Aufl. Zürich 1968, 136.

der sich aus gr. theos = Gott und gr. diké = Recht, Rechtsstreit, Prozess, Urteil zusammensetzt. Er stammt von Gottfried Wilhelm Leibniz (1646–1716) und meint den »Versuch der Rechtfertigung Gottes angesichts der Anklagen, die gegen ihn erhoben werden wegen des Zustands der Welt, deren Schöpfer und Erhalter er gemäß der Aussage des Glaubens ist«[44] – im Anschluss an Röm 3,4 und Ps 51: »Damit du [Gott] Recht behältst in deinen Worten und siegst, wenn man mit dir rechtet.« Gott soll sich in einem Gerichtsprozess wegen der Existenz des Bösen und des Leids als Angeklagter verteidigen – und der Mensch tritt als Kläger auf. Da fragt man sich mit Paulus (Röm 9,20f.): »Ja, lieber Mensch, wer bist du denn, dass du mit Gott rechten willst?« Kann es dem Menschen überhaupt zustehen, Gott anzuklagen und ihn zur Rechenschaft zu ziehen? Wie kann das Geschöpf über den Schöpfer urteilen? Wer hier zu schnell einlenkt, vergisst, dass das Geschöpf kein Klümpchen Ton ist, sondern ein Geschöpf nach dem Bilde Gottes, ausgestattet mit der Fähigkeit frei zu denken und zu sprechen und verantwortlich zu handeln. Deswegen ist die Theodizee keine Hybris, sondern eine dem Wesen des Menschen entsprechende Fragehaltung.

Ist das Stellen der Theodizeefrage bereits ein »Akt des Unglaubens«?[45] Wenn der Versuch der Theodizee gelänge und man Gott mit menschlichen und rationalen Argumenten in einem Gerichtsprozess anklagen und dann freisprechen würde, hätte man – so der Philosoph Hermann Lübbe (1926–2001) – den Glauben an Gott zerstört. Was den Glauben ausmacht, das Mehr an Unerklärlichem, das Unableitbare, das Unbegreifliche, kurz das Kontingente, hätte man dann mit menschlichen Mitteln »wegerklärt« und es bliebe für die Religion gar kein Sinn mehr.[46]

Nein, hier muss man sagen: Weder lässt sich Religion auf »Kontingenzbewältigung« reduzieren, »noch wird der Glaube durch Einsicht und Erkenntnis überflüssig«.[47] Die Theodizeefrage zu stellen heißt nicht, die Religion wegzuerklären, sondern einem menschlichen Grundbedürfnis nach Verstehenwollen nachzugehen. Der Glaube wird dadurch nicht gefährdet. Er lebt nicht

---

44 Härle 1995, 439.
45 Vgl. Härle 1995, 441.
46 Vgl. Härle 1995, 441.
47 Härle 1995, 441.

wegen oder von der Unbegreiflichkeit Gottes her, sondern allenfalls mit ihr.[48]

Die Theodizeefrage ist notwendig, denn sie sucht nach Verstehen. Sie ist jedoch vielschichtig und vielgestaltig. Richtet sie sich gegen Gott selbst oder den Glauben an Gott und das menschliche Reden von Gott? Das klären wir in den folgenden Abschnitten.

### 2.2.1.2 Leibniz

Wir beginnen mit dem Punkt, der auch bei Leibniz im Jahr 1710 die Theodizee-Frage auslöste: die Existenz des Übels, lateinisch »malum«. Leibniz unterscheidet drei Arten des Übels.[49]

*Das metaphysische Übel* (malum metaphysicum) ist der Inbegriff der Übel, die damit gegeben sind oder daraus resultieren, dass Menschen – wie die übrigen Geschöpfe – endliche, irdische Wesen sind, also begrenzt im Hinblick auf Zeit, Raum, Wissen und Macht. Man könnte auch sagen: das Geschaffene ist notwendig unvollkommen, da es sonst mit Gott identisch wäre. Aus den Unvollkommenheiten entstehen Übel.

*Das physische Übel* (malum physicum) ist der Inbegriff der Übel, die in Gestalt körperlichen und seelischen Leidens von Menschen erlitten werden, sei es als Krankheit, Schmerz, Behinderung, qualvolles Sterben oder Naturkatastrophen. Dazu gehört auch das Erleiden von Krieg und Unfällen. Dies alles will Gott nur bzw. manchmal als Mittel, z.B. als Strafe für Schuld, als Abschreckung oder Motivation. Schmerz und Leid seien notwendig, da sie vom Schädlichen abhalten und zum Nützlichen drängen. Sie können auch Strafe für Schuld sein. Gott wirkt hier mit.

*Das moralische Übel* (malum morale) ist der Inbegriff der Übel, die von Menschen verübt werden und zu verantworten sind, also das ethische Fehlverhalten, die Sünde und Schuld, das Unrecht einander oder sich selbst antun. Diese gestattet Gott, er wirkt indirekt mit, ohne Urheber zu sein.

Die Antwort auf die Theodizee bei Leibniz ist: Es gibt eine unendliche Anzahl möglicher Welten. Von diesen hat Gott nur eine geschaffen, nämlich die Vollkommenste, in der das Übel den kleinsten Raum hat. Diese »beste aller möglichen Welten« ist unsere Welt. Das Übel, so es existiert, hat gemäß der lebensför-

---

48  Vgl. Härle 1995, 442.
49  Darstellung nach Härle 1995, 444.

dernden Intention Gottes einen Sinn, weil es letztlich zur weiteren Verbesserung der Welt beiträgt. Man kann über Leibniz geteilter Meinung sein. Eines jedoch kann man ihm nicht vorwerfen: Dass er das Übel nicht ernst nähme. In der christlichen Tradition des Mittealters, etwa bei Thomas von Aquin in der Aufnahme Augustins, wurde das Böse oft als Mangel an Gutem verstanden, das kein eigenes Sein habe, also im Grund bedeutungslos sei. Leibniz ist nicht der Meinung, das Übel sei nur ein Schein, sondern er setzt sich mit der empirischen Tatsache des Leides auseinander und kommt zu dem Ergebnis, dass die Welt – einschließlich des vorfindlichen Leides – die beste der Welten sei, die Gott hätte schaffen können. Wie befriedigend das heute, nach den Abgründen des 20. Jahrhunderts, sein mag, muss hier offen bleiben.

### 2.2.1.3 Vertiefende Diskussion

Vertiefen wir drei Aspekte, die bei Leibnitz schon angesprochen sind, aber einen noch viel weiteren Traditions- und Diskussionsrahmen haben, nämlich (1) Leiden als Strafe, (2) Funktionalisieren des Leides und (3) Leiden als Preis des freien Willens.

(1) Leiden als Strafe: Nach diesem klassischem Argument erklärt sich die Leiderfahrung als Strafe für zuvor begangenes Unrecht. Es findet sich im Karma-Gedanken im Hinduismus, aber auch bei Leibniz (malum physicum) und im Alten Testament (Tun-Ergehen-Zusammenhang). In der christlichen Tradition hat diese Vorstellung in der »Erbsündenlehre« ihre Zuspitzung erhalten. Ihrzufolge wird man schon als Kind in eine Welt von Schuldzusammenhängen hineingeboren, aus denen es kein Entrinnen gibt. Nicht nur angesichts des Leidens offensichtlich Unschuldiger hat diese Vorstellung an Plausibilität verloren,[50] sondern auch auf dem Hintergrund einer aufgeklärten Moderne, in der die Autonomie des Individuums im Mittelpunkt steht und für die der Gedanke der Selbstbildung des Menschen zu etwas Höherem und Besserem prägend ist.

(2) Funktionalisieren des Leides: Schon Leibniz hatte den Gedanken, dass das Übel dazu dient, die Welt zu verbessern. Aus

---

50  Und zwar mit Recht, denn sie ist ohnehin ein Missverständnis der alttestamentlichen Tradition (s.u. 3.3. Biblisch-christliches Reden von Sünde und Schuld).

unserer individuellen Lebenserfahrung kennen wir Vergleichbares: Überstandene Krankheiten stärken die Abwehrkräfte, bewältigte Leiden können die Fähigkeit erhöhen, Leiden zu ertragen sowie auch Leiden zu bekämpfen. Könnte es nicht doch einen gottgewollten Sinn des Leidens geben, auch wenn wir ihn in seiner Gesamtheit nicht zu sehen vermögen? Dies könnten wir als das »Hintertürchen einer funktionalisierenden Sicht der Übels«[51] bezeichnen. Andererseits: Wenn man sich Ereignisse wie den 11. September 2001 oder die in verwahrlosten Familien zu Tode gekommenen Kinder vor Augen führt, hilft dieser Ansatz nicht viel weiter, denn es ist beim besten Willen nicht zu erkennen, worin der Sinn solchen Leides besteht – von der Shoa gar nicht erst zu reden.

(3) Leiden als Preis des freien Willens: Leibniz verstand unter moralischem Übel die Verletzung oder gar Zerstörung der Beziehungen der Menschen untereinander, des Menschen zu sich selbst oder seiner Beziehung zu Gott. Nun möchte man nicht sagen wollen, dass die Welt durch dieses moralische Übel besser, reicher oder interessanter würde. Und doch wäre aus Sicht des christlichen Glaubens der Versuch abzulehnen, das moralische Übel etwa durch gentechnische oder psychische Manipulation, auf neurochirurgischem oder medikamentösem Weg aus der Welt zu schaffen. Denn all solche Eingriffe würden die Personalität und seine Identität zerstören.[52] Ein wesentliches Element des Menschen ist seine Freiheit. Sie besteht darin, auf das Angeredetwerden durch den Mitmenschen weder gezwungen noch reflexhaft, sondern spontan mit ja oder nein zu antworten. Härle formuliert: »Der Mensch wird gewiss nicht dadurch zum Menschen, dass er Böses *tut*, aber er *ist* nur *so* Mensch, dass er Böses tun *kann*.«[53] Wer einem Menschen diese Fähigkeit nimmt, greift in seine Person ein. Wenn man den Eingriff ablehnt, muss man als Preis für die Freiheit die Möglichkeit des moralischen Übels in Kauf nehmen.

Aus der »Sicht Gottes« formuliert: Das moralische Übel geht nicht auf Gott zurück, sondern auf die Menschen, denn sie sind

---

51   Link-Wieczorek 2004, 25.
52   Vgl. Härle 1995, 448.
53   Härle 1995, 448.

es, die handeln. Als Gott den Menschen als freies Wesen schuf, das zu eigenständigem und ethisch-verantwortlichem Handeln fähig ist, ist er das Risiko des moralischen Übels eingegangen. Man kann fragen, ob Gott nicht wenigstens die »Spannweite« menschlicher Bosheit hätte einschränken können,[54] so dass die Abgründe der menschlichen Geschichte, wie die Shoa, nicht möglich gewesen wären. Wenn man jedoch genauer überlegt, wird man feststellen, dass es keine plausibel zu machende Grenze gibt, diesseits derer das moralische Übel noch akzeptabel wäre. Und: Eine Einschränkung der Möglichkeit zum Bösen würde immer mit einer Einschränkung der Freiheit zum Guten einhergehen. Deswegen führt der Gedanke einer Reduktion von Handlungsmöglichkeiten nicht weiter. Es ist, wie es ist: »Die Möglichkeit des moralischen Übels ist der Preis personaler Freiheit.«[55] Anders gesagt: Die Freiheit ist kostbar. Eine Schöpfung ohne Freiheit könnten wir nicht als bessere Welt bewerten. Insofern ist Leibniz an dieser Stelle Recht zu geben.

### 2.2.1.4 Modifikation der »Eigenschaften« Gottes

Damit die Theodizee überhaupt als Problem »funktioniert«, bedarf es einer Voraussetzung: Gott wird als allmächtig, allwissend und gütig gedacht. Seine Macht und Einsicht sind durch nichts eingeschränkt und seine Hinwendung zur Welt ist grundlegend bejahend-liebend. Wenn man an einer dieser drei Eigenschaften Abstriche macht, löst sich das Problem auf. Nun gibt es dennoch den theologischen Versuch, auf der »Seite« Gottes Modifikationen vorzunehmen, nämlich (1) Leiden als Aspekt der Verborgenheit Gottes zu sehen und (2) Leiden im Kontext einer modifizierten Allmachtsvorstellung zu deuten.

(1) Leiden als Aspekt der Verborgenheit Gottes: Martin Luther hat 1525 in seiner Schrift »De servo arbitrio« (Vom unfreien Willen) die Erfahrung Gottes in zwei gegensätzliche Wiesen differenziert: in die Erfahrung des in Christus geoffenbarten Gottes (Deus revelatus) und des verborgenen Gottes (Deus absconditus). Der verborgene Gott wirkt *im* Übel, etwa in Krankheiten, Katastrophen und in von Menschen verursachter Gewalt,

---

54 Härle 1995, 449.
55 Härle 1995, 449.

*ohne* es aber selbst zu *verursachen.* Fast scheint es, als ob der verborgene Gott dem geoffenbarten Gott nicht untergeordnet, sondern gleichgestellt wäre. Verfällt Luther nicht doch in einen theologischen Dualismus? Aber Luther versichert, dass das eigentliche Werk (opus proprium) Gottes seine Heilszuwendung in Jesus Christus ist, und ihm gilt auch der eingangs zitierte Morgensegen (2.2.1). Der andere Gott, der verborgene, »geht uns nichts an«.[56] Das heißt: Luther wählt die Aporie, die Ausweglosigkeit, um nicht in einen theologischen Dualismus zu geraten. Woher das Böse letztlich *kommt,* bleibt offen.

(2) Leiden im Kontext modifizierter Allmachtsvorstellung: Das (hebräische) Alte Testament kennt kein Wort für »Allmacht« – es spricht zwar von Gottes Macht-Wirken und Erhabensein in vielen Formen und Metaphern, stellt gleichzeitig aber auch ihre »Verlässlichkeit und Verifizierbarkeit in Frage«.[57] Dennoch ist dieses Gottesprädikat zu einer Selbstverständlichkeit im Bekenntnis geworden: »Ich glaube an Gott, den Vater, den Allmächtigen«.

Das sollte uns nachdenklich machen, umso mehr, als auch im Neuen Testament die Allmacht Gottes gebrochen erscheint. Im Zentrum steht das Kreuz, an dem Gottes Sohn stirbt. Musste er nicht, wenn in ihm wirklich der Allmächtige wirksam war, vom Kreuz herabsteigen? – vgl. die Spötter in Mt 27,40: »Hilf dir selber, wenn du Gottes Sohn bist, und steig herab vom Kreuz!« Auch das Reich Gottes kommt nicht in einem »allmächtigen Triumphzug mit Pauken und Trompeten«[58], sondern unscheinbar wie ein Senfkorn und bietet Lebensraum wie ein großer Baum (Mk 4, 30ff.).

Vielleicht ist es daher angemessener, wie D. Bonhoeffer es tat, von einer »wirksamen Ohnmacht Gottes« zu reden?[59] Gottes Macht – wie auch seine Herrschaft – ist nicht die Macht der Heere, sondern der Liebe, die sich in Beziehungen mit Menschen

56   M. Luther, De servo arbitrio, WA 18, 685f.
57   W. Dietrich/C. Link, Die dunklen Seiten Gottes. Bd. 2: Allmacht und Ohnmacht, Neukirchen-Vluyn 2000, 25.27.
58   Link-Wieczorek 2004, 38.
59   Link-Wieczorek 2004, 38. In seinem Brief vom 16.7.44 spricht Bonhoeffer vom »Gott der Bibel, der durch seine Ohnmacht in der Welt Macht und Raum gewinnt« in: D. Bonhoeffer, Widerstand und Ergebung. Briefe und Aufzeichnungen aus der Haft, hg. v. E. Bethge, München 1952, 242.

aufbauen und erweisen muss, im Sinne eines Bundes. Mit Link-Wieczorek können wir sagen, dass »in biblischer Sicht Allmacht ein eher relationaler und prozesshafter Begriff« ist.[60] Wenn nun nach dem Ursprung und Sinn von Leiden gefragt wird, lässt sich darauf hinweisen, dass Gottes »Allmacht« in diesem Sinn eine angewiesene Macht ist und daher auch nicht als Verursacher für Leiden gelten kann. Leiden lässt sich dann, zumindest teilweise, im Sinne von Martyrium (Zeugnis) verstehen.

*Fazit:* Eine gedankliche, den Ansprüchen der Vernunft folgende Erklärung für den Zusammenhang von der beobacht- und erfahrbaren Tatsache des Leides und der christlichen Rede vom liebenden Schöpfergott muss versucht werden. Auch wenn dies nur fragmentarisch und unzureichend geschehen kann und vieles dabei offen bleibt, ist das die grundsätzliche Aufgabe eines Redens von Gott. Glaube lebt *mit* der Unbegreiflichkeit Gottes, aber nicht *von* ihr. Unzureichende Antworten haben die wichtige Funktion, Fragen offen zu halten. Die Spannung zwischen Glauben und Erfahrung wird in der Theodizee ausgehalten, deshalb ist diese unverzichtbar.[61]

### 2.2.2 Streiten mit Gott – Hiob

Die Theodizee ist *eine* Möglichkeit, über die Frage nachzudenken, woher das Leid kommt und warum Gott es zulässt oder sogar verursacht. Wählt man aber die Klage *zu* Gott, beschreitet man ein völlig andersartiges Feld. Das wird uns im alttestamentlichen Buch »Hiob« vor Augen geführt.

Die Eingangsszene (Prolog Hiob 1–2) stellt uns den »Helden« Hiob und seine Lebenswelt vor. Er ist Oberhaupt einer großen Familie mit drei Töchtern und sieben Söhnen, Herdenbesitzer und Bauer, fast schon märchenhaft reich und glücklich. Er wird uns als durch und durch guter Mensch vorgestellt, gottesfürchtig und dem Bösen feind. Er ist sogar so vorsorgend, dass er zugunsten seiner Söhne Opfer darbringt, weil sie womöglich gesündigt

---

60 Link-Wieczorek 2004, 39.
61 Vgl. Härle 1995, 454f.

haben. Alles ist gut – allerdings ist der Name »Hiob«, d.h. »Wo ist mein Vater?« schon als Frage, Klage und Aufschrei programmatisch.

Hiob aus Uz in Arabien ist kein Israelit. Das ist kein Zufall. Das Buch thematisiert eine Frage des Alten Israel in israelitischen Bezügen zugleich als ein Menschheitsproblem von allgemeiner und grundsätzlicher Art.

Das Drama nimmt seinen Lauf (s. Abb., unten) – gleichsam auf zwei Bühnen wie in einem Theaterstück. Nur die Zuschauer/Leser wissen, dass es eine zweite Ebene, den Himmel, gibt, wo Gott mit Satan, einem Mitglied seines Hofstaates, eine Art Prüfung – erst in Goethes Faust wird es zur »Wette« – beschließt. Die These: Hiob sei nur gottesfürchtig, weil es ihm gut gehe. Ginge es ihm schlecht, würde er Gott absagen. Hiob verliert zunächst seine Kinder und seinen Besitz, später auch seine Gesundheit. Aber er lässt nicht ab von Gott, »segnet den Namen Gottes« und nimmt auch das Böse von Gott an.

In der Trauerzeit treten drei Freunde, von weit her angereist, auf den Plan und begleiten ihn eine Woche in schweigender Anteilnahme, »denn sie sahen, dass Hiobs Schmerz groß war«.

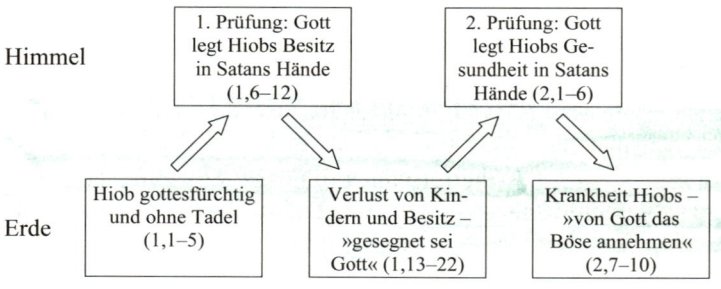

| Himmel | 1. Prüfung: Gott legt Hiobs Besitz in Satans Hände (1,6–12) | 2. Prüfung: Gott legt Hiobs Gesundheit in Satans Hände (2,1–6) |
|--------|----------------------------------------------------------|----------------------------------------------------------------|
| Erde | Hiob gottesfürchtig und ohne Tadel (1,1–5) | Verlust von Kindern und Besitz – »gesegnet sei Gott« (1,13–22) |

Krankheit Hiobs – »von Gott das Böse annehmen« (2,7–10)

Aus dem folgenden, langen Redeteil (Hiob 3,1–42,6) greife ich wenige Höhepunkte heraus. Kapitel 3 hebt mit der Selbstverfluchung Hiobs an:

Danach tat Hiob seinen Mund auf und verfluchte seinen Tag. Ausgelöscht sei der Tag, an dem ich geboren bin, und die Nacht, da man sprach: Ein Knabe kam zur Welt! Jener Tag soll finster sein und Gott droben frage nicht nach ihm! Kein Glanz soll über ihm scheinen! [...] Warum bin ich nicht gestorben bei meiner Geburt? Warum bin ich nicht umgekommen, als ich aus dem Mutterleib kam? Warum hat man mich auf den Schoß genommen? Warum bin ich an den Brüsten gesäugt? Dann läge ich da und wäre still, dann schliefe ich und hätte Ruhe […] Warum gibt Gott das Licht dem Mühseligen und das Leben den betrübten Herzen – die auf den Tod warten, und er kommt nicht, und nach ihm suchen mehr als nach Schätzen […]? (Hiob 3,1.3f.11–13.20f.).

Düster und verzweifelt dringen Hiobs Worte zu uns, gezeichnet vom Wunsch zu sterben, nie geboren zu sein. Hiob stellt hypothetische Warum-Fragen – sie ließen sich mit einem weiteren Briefauszug der Opfer aus dem Berliner Holocaust-Denkmal ergänzen: »Wenn so etwas möglich war, was gibt es dann noch? Wozu noch Krieg? Wozu noch Hunger? Wozu noch Welt?«[62] Formal fällt auf, dass Hiob hier nicht *mit* Gott, sondern *über* ihn in der 3. Person redet.

Angesichts der Ungeheuerlichkeit, die eigene Geburt zu verfluchen und damit den Schöpferwillen in Frage zu stellen, können die Freunde nicht länger an sich halten. Elifas rückt die Dinge zurecht: »Bedenke doch: Wo ist ein Unschuldiger umgekommen? Oder wo wurden die Gerechten je vertilgt? Wohl aber habe ich gesehen: Die da Frevel pflügten und Unheil säten, ernteten es auch ein. Durch den Odem Gottes sind sie umgekommen und vom Schnauben seines Zorns vertilgt.« (Hiob 4,7–9).

Die Freunde tadeln Hiob, indem sie mit der offensichtlichen Folge von Handeln und Schicksal argumentieren – in der Exegese spricht man vom »Tun-Ergehen-Zusammenhang«: Die Gewalttätigen und Verbrecher (hebr. rascha)[63] kommen durch den Zorn Gottes um, aber die Gerechten und Gottesfürchtigen werden von Gott bewahrt. Im Rückschluss: Wenn es dir schlecht geht, musst du etwas Schlechtes getan haben. Darüber hinaus ist es undenkbar, dass jemand von sich behauptet, vor Gott gerecht zu sein: »Wie kann ein Mensch gerecht sein vor Gott oder ein Mann rein sein vor dem, der ihn gemacht hat?« (Hiob 4,17).

Elifas räumt immerhin die Möglichkeit ein, dass Gott auch dem Gerechten Leid zufügt. Dies habe seinen Sinn in der Zu-

---

62    Materialien für die ermordeten Juden Europas 2005, 85.
63    Luthers Übersetzung »Gottlose, Frevler« suggeriert, dass es sich um offensive Atheisten handelt und nicht um Gewalttäter.

rechtweisung: »Siehe, selig ist der Mensch, den Gott zurecht-
weist; darum widersetze dich der Zucht des Allmächtigen nicht.
Denn er verletzt und verbindet; er zerschlägt und seine Hand
heilt« (Hiob 5,17f.).

Hiob kann und will dies nicht akzeptieren: »Ich bin unschul-
dig! Ich möchte nicht mehr leben; ich verachte mein Leben. Es
ist eins, darum sage ich: Er bringt den Frommen um wie den
Gottlosen. [...] Er hat die Erde unter gottlose Hände gegeben,
und das Antlitz ihrer Richter verhüllt er. Wenn nicht er, wer
anders sollte es tun?« (Hiob 9,21f.24). Ausgehend von seiner
Unschuld folgert Hiob, dass Gott es sei, der Unrecht tue: Er töte
Gerechte wie Verbrecher und habe die Welt in die Hände der
Gewalttäter gegeben.

Nach dieser dramatischen Anklage ändert Hiob jedoch seinen
Tonfall: Er wendet sich *direkt an* Gott und spricht *zu* ihm:

Lass mich wissen, warum du mich vor Gericht ziehst. Gefällt dir's, dass
du Gewalt tust und verwirfst mich, den deine Hände gemacht haben, und
bringst der Gottlosen Vorhaben zu Ehren? [...] wo du doch weißt, dass ich
nicht schuldig bin [...]? Deine Hände haben mich gebildet und bereitet;
danach hast du dich abgewandt und willst mich verderben? (Hiob 10,
2f.7f.).

Hiob appelliert an seinen Schöpfer, der ihn persönlich ins Leben
gerufen hat, ihn nicht umkommen zu lassen. An seiner Unschuld
hält er dennoch fest – wie wird das ausgehen? Wir machen einen
großen Sprung ans Ende:

*Der Ausgang des Falls »Hiob vs. Gott«*

a) Gott antwortet Hiob im bzw. aus dem Wettersturm: »Gürte
wie ein Mann deine Lenden! Ich will dich fragen; lehre mich!
Willst du mein Urteil zunichte machen und mich schuldig sprechen, dass du Recht behältst? Hast du einen Arm wie Gott, und
kannst du mit gleicher Stimme donnern wie er? Schmücke dich
mit Pracht und Hoheit; zieh Majestät und Herrlichkeit an! [...]
zertritt die Gottlosen in Grund und Boden! Verscharre sie miteinander in der Erde, und versenke sie ins Verborgene, so will
auch ich dich preisen, dass dir deine rechte Hand helfen kann.«
(Hiob 40,7–10.12–14).

Da spricht einer, der alle Macht hat und weiß, dass sein Gegenüber machtlos ist. Erstaunlich ist die Ironie in der Gottesrede:

Bitte, lenke du doch die Welt, zieh' die Bösen und Gewaltverbrecher aus dem Verkehr, dann will ich dich preisen! Gott kommt hier auf einen Vorwurf zurück, den Hiob ihm in Kap 9 gemacht hatte, nämlich, dass die Welt in den Händen von Gottlosen ist. Gleichzeitig räumt er mit dieser Rede ein, dass die Welt tatsächlich nicht so ist, dass die Gerechten in Frieden und Wohlergehen leben können und die Gewalttäter aus dem Verkehr gezogen werden. Gott selbst gibt zu, dass seine Schöpfung, seine Welt nicht vollkommen gerecht ist![64]

b) Hiobs Reaktion (am Ende des Dialog-Teils) ist: »Ich erkenne, dass du alles vermagst [...]. Ich hatte von dir nur vom Hörensagen vernommen; aber nun hat mein Auge dich gesehen. Darum spreche ich mich schuldig und tue Buße in Staub und Asche.« (Hiob 42,2.5f.) Hiob hat wohl einen inneren Wandel durchlebt, denn diese Rede überrascht gegenüber seiner früheren Haltung. Wie kann man das erklären? Es gibt mehrere Antwortversuche:

Die klassische Erklärung ist, dass Hiob Gott direkt erfahren habe. Angesichts dieser bewegenden und existentiellen Begegnung mit Gott sehe Hiob alles in einem anderen Licht. Hiob hat erkannt, dass er von seinem Einzelschicksal auf den Gesamtzustand der Welt geschlossen hat. Diesen an Gott gerichteten Vorwurf einer ungerechten Welt sieht er als Fehler an und nimmt ihn zurück.[65]

In einer modernen jüdischen Auslegung findet sich die Vermutung, dass Hiob seine Reue und Unterwerfung nur vorgebe, um den übermächtigen Gegner zu täuschen. Hiob verharre in seinem Widerstand, seine Geständnisse seien nur eine List und in Wirklichkeit unglaubwürdig: »Er verkörpert das ungestillte Suchen nach Gerechtigkeit und Wahrheit, er hat nie den Nacken gebeugt.«[66]

Hiob hat die Selbstkritik Gottes und seine Aussagen zur Begrenztheit vernommen. Er akzeptiert, dass es keine vollkom-

---

64  Zur Ironie im Buch Hiob vgl. M. Fricke, Bibelauslegung in Nicaragua, Münster 1997, 199–203.

65  Vgl. J. Ebach, Streiten mit Gott: Hiob, Teil 2: Hiob 21–42 , Neukirchen-Vluyn 1996, 159f.

66  E. Wiesel, Adam oder das Geheimnis des Anfangs. Legenden und Porträts, 3. Aufl. Freiburg 1998, 232.

mene gerechte Welt geben kann und zieht seinen Anspruch zurück.[67]

c) Epilog: Gottes zweite Antwort: »Als nun der HERR diese Worte mit Hiob geredet hatte, sprach er zu Elifas von Teman: Mein Zorn ist entbrannt über dich und über deine beiden Freunde; denn ihr habt nicht recht von mir geredet wie mein Knecht Hiob« (Hiob 42,7). Hier nun klagt Gott die Freunde an, sie hätten nicht recht geredet, während Hiob das gerade getan habe. Wie können wir das verstehen? Ebach meint, dass Hiob sich zunächst *gegen*, schließlich aber *unter* Gott gestellt habe, während die Freunde sich *zu* und *über* Gott stellten, indem sie die Theologie des Tun-Ergehen-Zusammenhangs vertraten.[68] Oder wir deuten die Stelle so, dass Hiob recht darin tat, bis zum Ende an seiner Unschuld festzuhalten – allerdings bleibt dann ein gewisser Widerspruch zu seinem Widerruf. Oder ist es eine Leerstelle, die bewusst offen gehalten wird, um die Leser zum Nachdenken und zu einer Stellungnahme herauszufordern?

d) Das Buch schließt mit der Wiederherstellung Hiobs (42, 10–17). Gott schenkt Hiob wieder drei Töchter und sieben Söhne und noch größeren Besitz als zuvor. Hiob stirbt alt und lebenssatt. Ist das nicht ein kitschiges Happy End? Auch das muss der Leser selbst entscheiden.

Das Buch Hiob erzählt nicht von der Antwort auf die Frage nach dem Warum des Leides und Gottes Rolle dabei, sondern von einer Veränderung: »Im Fragen und Klagen, im Streiten mit Gott, d.h. gegen und zusammen mit Gott«[69] hat Hiob Gott erfahren und seinen Glauben wieder neu gefunden. Es erzählt davon, dass »einer nach langem Leiden wieder leben konnte«[70] – das macht Mut und Hoffnung. »Der ›Fall Hiob‹ ist beendet – aber das ›Hiobproblem‹ ist offen und muss offen bleiben.«[71]

*Fazit*: Eine praktische Auseinandersetzung mit dem Problem der Erfahrung von Leid angesichts der Gegenwart eines liebenden

---

67  So etwa der lateinamerikanische Bibelausleger Pixley, vgl. Fricke 1997, 200f.
68  Vgl. Ebach 1996, 164.
69  Oberthür 1998, 108.
70  Ebach 1996, 168.
71  Ebach 1996, 168.

Schöpfergottes liegt im Klagen und Fragen, im Streiten mit Gott, wie es uns im Hiob-Buch exemplarisch gezeigt wird. Gott lässt sich erfahren, auch im Leid und durch das Leid hindurch. Der Mensch, der glaubt, kann nach langem Leiden wieder leben – das ist der Zuspruch inmitten der Anfechtung des Glaubens. Ich schließe mit einem Vers aus E. Wiesels Theaterstück »Ani ma'amin«, in dem die Erfahrungen der Shoa mit der Akeda, d.h. Bindung Isaaks (Gen 22), verknüpft werden. In dem Theaterstück E. Wiesels findet ein Gespräch zwischen Isaak, Abraham, Jakob (und Gott) statt, bei dem Isaak und Abraham Gott Szenen der Vernichtung im Warschauer Ghetto und den Konzentrationslagern schildern. Doch am Ende eröffnet der Chor eine neue Perspektive:

> Gott schweigt,
> Gott sieht zu.
> Gott ist. Ist Blick.
> Gott sieht zu.
> Sieh Gott an.[72]

## 2.3 Didaktische Folgerungen

*1. Voraussetzungen der Schüler/innen.* Was glauben Kinder und Jugendliche und inwiefern spielt die Infragestellung und Bestreitung des Redens von Gott hier eine Rolle? Nach einer Studie des Institutes für Demoskopie Allensbach aus dem Jahr 2003 gaben knapp drei Viertel der deutschen Kinder zwischen sechs und zwölf Jahren an, an Gott zu glauben, davon im Westen 82% und im Osten 27%.[73] Bei den Jugendlichen von 12 bis 25 Jahren sieht es anders aus: Nach der neuesten Shell-Studie »Jugend 2006« glauben 30% der Befragten an einen »persönlichen Gott« und weitere 19% an eine »überirdische Macht.«[74] Eine Studie aus

---

72   E. Wiesel, Jude heute. Erzählungen, Essays, Dialoge, Wien 1987, 223f. 241.

73   N = 819, vgl. G. Hilger/W. Ritter, Religionsdidaktik Grundschule. Handbuch für die Praxis des evangelischen und katholischen Religionsunterrichts, München/Stuttgart 2006, 167.

74   T. Gensicke, Jugend und Religiosität, in: Jugend 2006. Eine pragmatische Generation unter Druck, v. K. Hurrelmann/M. Albert (15. Shell-Jugendstudie), Frankfurt a. M. 2006, 208.

Nordrhein-Westfalen schlüsselte bei einer ähnlichen Frage, »Glaubst du, dass es einen Gott gibt, der für dich persönlich da ist«, die Antworten nach Konfessions- und Religionszugehörigkeit auf: Von über 1.000 befragten Kindern und Jugendlichen von 10 bis 18 Jahren antworteten 45% der Evangelischen, 56% der Katholischen und 72% der Muslime mit »Ja«.[75]

Wie kann man diese Zahlen deuten? Eine gewisse Übereinstimmung mit den Theorien der religiösen Entwicklung (Fowler, Oser/Gmünder) liegt darin, dass mit zunehmendem Alter und im Rahmen der Reifung zum autonomen Erwachsenen der (kindliche) Glaube an bzw. das Reden von Gott in Frage gestellt wird.[76] Die starke Spreizung, die zwischen West- und Ostdeutschen liegt, lässt sich dadurch erklären, dass zu DDR-Zeiten der Staat mit seinen Organen die Rede von Gott systematisch behinderte und dies auch in den Bereich der Familien hineinwirkte. Heute wissen wir, dass die Familie bei der Weitergabe religiöser Traditionen eine wichtige Rolle spielt.[77] Da es offensichtlich ist, dass dies in den Familien heute weniger als früher passiert, muss der Religionsunterricht ein Teil dieser Weitergabe übernehmen, ohne sie allerdings vollständig kompensieren zu können.

*2. Religionskritik im Religionsunterricht.* Die Jugendliche Petra antwortet auf die Frage, wer oder was Gott für sie sei: »Gott ist eine Idee von Menschen, ich glaube nur an einen, und das bin ich selbst.«[78] Religionskritik, wie sie z.B. von Feuerbach formuliert wurde, begegnet uns dem Kern nach auch aus Schülermund. Allein schon deswegen muss sie auch im Religionsunterricht Platz haben. Aber noch mehr: Wenn es theologisch richtig ist, dass Religion Religionskritik *braucht*, darf dieser Bereich im Religionsunterricht nicht ausgespart werden. Für Religionslehrer/innen ist es eine Aufgabe und ein Schritt zur eigenen Kompetenzerweiterung, sich bewusst zu machen, dass man keine Be-

---

75  J. Zinnecker u.a., null zoff & voll busy. Die erste Jugendgeneration des neuen Jahrhunderts, Opladen 2002, 98f. Die Shell-Studie von 2006 bestätigt dieses Verhältnis (30%, 41%, 64%) in etwa, vgl. Gensicke 2006, 210.

76  Vgl. zum Ganzen Nipkow 1990.

77  Vgl. U. Schwab, Familienreligiosität. Religiöse Traditionen im Prozess der Generationen, Stuttgart 1995.

78  Forschungsinterview aus Ziebertz 2003, 325.

fürchtungen davor haben muss, in den Schüler/innen kritische Fragen zu wecken. Im Gegenteil, ein Ausblenden oder Unterdrücken von (religions-)kritischen Aussagen im Religionsunterricht ist nicht nur theologisch, sondern auch didaktisch problematisch: »Bis heute gibt es gerade im Religionsunterricht der Grundschule [...] eine vermeintlich ›kindgemäße‹ Art des Umgangs mit Kindern, die sie unterschätzt, ihnen die ganze Wahrheit (noch) vorenthält und somit für die Kinder später sehr leicht Religion als ›Kinderkram‹ im negativen Sinn erscheinen lässt.«[79] Im positiven Sinne formuliert: Wenn das Ziel des Religionsunterricht darin besteht, dass die Schüler lernen, »als Christ leben zu können«[80] bedeutet das auch, mit den Fragen der Religionskritik umgehen und für sich eine begründete und persönliche Entscheidung treffen zu können.

*3. Die Theodizee im Horizont der Schüler/innen.* Die Frage nach Leid und Gott ist auch ein Problem für Kinder und Jugendliche. Deshalb bietet ein lebensnaher und -fördernder Religionsunterricht Raum dafür, den Zusammenhang von Leiderfahrungen und der christlichen Rede vom liebenden Gott zu bedenken. Betrachten wir zunächst die Sekundarstufe: Hier kann die Theodizee auch in Verbindung mit der Lektüre des Buches Hiob bearbeitet werden, in der Erinnerung daran, dass Streiten mit Gott eine besondere Form und ein biblisches Erbe ist, mit Leid im Angesicht Gottes umzugehen. Der Lehrplan für die bayerische Hauptschule sieht für die 10. Klasse die Themeneinheit »Und ob ich schon wanderte im finstern Tal – Umgang mit Leid« vor. Die Lernziele lauten u.a.:

Die Schüler sollen wissen, dass jeder von Leid persönlich betroffene Mensch sehr unterschiedlich reagiert, aber auch nach dem »Warum« des Leidens fragt. Durch die exemplarische Auseinandersetzung mit dem Streit zwischen Hiob, seinen Freunden und Gott können sie nachvollziehen, dass die biblisch-christliche Tradition keine fertigen Antworten auf die Frage nach dem Leid bereithält. Aber sie erfahren, was im Umgang

---

79   R. Oberthür, Kinder und die großen Fragen. Ein Praxisbuch für den Religionsunterricht, München 1995, 11.

80   C. Grethlein/C.Lück, Religion in der Grundschule. Ein Kompendium, Göttingen 2006, 120.

mit Leid helfen und Hoffnung aus der Sicht des Glaubens geben kann und lernen sensibel auf das Leid anderer zu reagieren.«[81]

Die Frage nach Leid und Gott ist jedoch auch ein Thema für die Grundschule! Oberthür machte 1995 unter Bezugnahme auf empirische Untersuchungen plausibel, dass für eine Mehrheit der 6- bis 12-jährigen Kinder die Bedeutung der Theodizee groß ist, dies aber in der Religionspädagogik noch nicht ausreichend erkannt wurde.[82] Mittlerweile ist dieses Desiderat auf Lehrplanseite aufgegriffen worden, so sieht etwa der Lehrplan für die Grundschule in Bayern für den Evangelischen Religionsunterricht der 4. Klasse eine Beschäftigung mit »den großen Fragen des Lebens« vor, mit Fragen nach »Glück und Unglück, Gut und Böse«.[83]

Oberthür selbst hat in einer 12-stündigen Lerneinheit eindrucksvoll gezeigt, wie man mit Grundschülern die Theodizeefrage im Zusammenhang mit dem Buch Hiob erschließen kann.[84] Nach einer Besinnung und einem Gespräch über den Wert von Fragen »im Leben und im Religionsunterricht« arbeiten die Schüler an der Aufgabe: »Stell dir vor, du kannst Gott Fragen stellen! Was fragst du ihn?« Die Klasse sichtet und wertet die gesammelten Fragen aus und jede/r Schüler/in formuliert dann eigene Gedanken, weiterführende Fragen und Antworten zu einer Frage. Der nächste Schritt besteht in der Begegnung mit Hiobs Klagen, Hiobs Worten zu den Freunden, Hiobs Fragen an Gott und Gottes Worten an Hiob in Form von Karteikarten – auf jeder Karte steht ein kurzer biblischer Vers wie z.B. »Mein Auge ist dunkel geworden vor Trauer ...« oder »Ich schreie, aber du antwortest nicht ...«. Noch kennen die Kinder weder Inhalt noch Verlauf des Hiobbuches! Zu je einer ausgewählten Karte gestalten die Kinder Bilder oder notierten eigene Gedanken bzw. eine Geschichte. In der folgenden Stunde werden die Ergebnisse in der Reihenfolge ihres Erscheinens im Hiobbuch vorgestellt. Im gelenkten Unterrichtsgespräch wird erarbeitet, dass es sich um

---

81    Lehrplan für die bayerische Hauptschule, hg. v. Bayerischen Staatsministerium für Unterricht und Kultus, München 2004, 627.

82    Oberthür 1998, 48.

83    Lehrplan für die Grundschule in Bayern, hg. v. Bayerischen Staatsministerium für Unterricht und Kultus, München 2000, 236.

84    Oberthür 1998, 83–131.

eine »Geschichte des Leidens« handelt, die nicht nur einen Einzelnen betrifft, sondern für jeden gelten kann. Erst dann wird den Kindern die Hiobgeschichte in gekürzter Form nahegebracht. Nach dem Kennenlernen der Geschichte verarbeiten die Schüler sie in Formen bildnerischen Ausdrucks oder kreativen Schreibens, bei dem auch Gott direkt angeklagt werden darf bzw. soll – das Klagen ist nach Oberthür eine »im Christentum leider [...] vernachlässigte oder gar untergegangene Form der Beziehung mit Gott«. So lauten die Arbeitsanweisungen: »Sich bei Gott beklagen – Gott anklagen: Hast du dich schon einmal bei Gott über etwas beklagt, als du dich über ihn geärgert hast? Versuch es doch einmal!«; alternativ: »Schreibe eine Hiob-Geschichte von heute!« Manche Kinder entscheiden sich für die Aufgabe, »Sätze über Gott mit doppeltem Sinn« zu schreiben. In den Schülerproduktionen wird deutlich, dass Grundschüler durch den Religionsunterricht in die Lage kommen können, paradoxes Reden von Gott zu praktizieren. Sie zeigen, wie viel sie von den Fragen und Anliegen des Hiobbuches begriffen haben: »Wenn man Gott sehen will, sieht man ihn nicht, aber wenn man ihn braucht, sieht man ihn.« Oder: »Gott ist nicht da, aber da. Gott ist still, aber spricht.«

Der vierte und letzte Block dieser Themeneinheit ist die Vergegenwärtigung der Theodizeefrage. Dabei werden die Gedanken des Philosophen Epikur (s.o. 2.2.1.1) in vier Sätze untergliedert, die die Schüler selbst weiterführen sollen, z.B. »Wenn Gott nun die Übel beseitigen will und nicht kann, so ist er ...« Die Schüler ergänzten: »... eine blinde Hilfe, nicht so mächtig, wie die Menschen glauben«. »Wenn Gott nun die Übel beseitigen kann und nicht will, so ist er ...« – »... ein mächtiger Nichtsnutz«. Nach dem Unterrichtsgespräch darüber erfahren die Kinder das Ende der Sätze Epikurs und kommentieren dann klassische Antwortversuche auf die Theodizeefrage, etwa: »Gott ist gut und allmächtig. Alles, was geschieht, will er auch so. Das Leiden ist eine Strafe für Böses, was Menschen getan haben ...« Am meisten stimmen sie dem Antwortversuch zu: »Gott ist gut, aber seine Stärke ist anders als die Macht von Menschen. Wenn die Menschen leiden, leidet er mit ihnen.«

Ist diese Art von Religionsunterricht eine intellektuelle Überforderung für Grundschüler? In der Auswertung zur ganzen

Einheit sagten die Kinder u.a., Religionsunterricht sei »das schwerste Fach in der Schule«, denn man müsse »selbst viel nachdenken«. Sie fänden es jedoch nicht gut, wenn die Religionslehrer mehr erklären würden, denn: »Dann hätten wir nicht mehr unsere eigenen Gedanken und Vorstellungen«, »es wäre dann langweilig wie in Mathe«, »dann hätten wir kein Vertrauen zu uns selbst.«

*4. Positivismus und Empirismus im RU.* Positivismus und Empirismus sind eine bleibende Anfrage an Religion. Wir können damit rechnen, dass sie uns in den Schüler/innen im Religionsunterricht explizit begegnen. Beispielhaft dafür ist die Äußerung des Jugendlichen Thomas in einem Forschungsinterview über Religion: »Ich habe vorhin schon gesagt, dass ich nur das glaube, was ich sehe ...«.[85]

Haltungen wie diese im Religionsunterricht »bekämpfen« zu wollen bzw. in ihrer naiven Ausprägung lächerlich zu machen, ist ein fruchtloser Weg – denn sie gehören zu unserer europäischen Kultur. Wer würde ernsthaft die positiven Folgen, die sich mit ihnen verbinden, wie etwa die (technischen) Errungenschaften im Alltag, diskreditieren wollen? Religionsunterricht kann und soll jedoch versuchen, eine ergänzende Sicht anzubieten und in die Wirklichkeiten jenseits von Positivismus und Empirismus einzuführen. Die Arbeit an Vorstellungskraft und Phantasie gehört hierzu, denn sie bereitet das Vorfeld des Glaubens. So kann die Phantasiereise die Erfahrung vermitteln, dass es Wirklichkeiten gibt, die ich nicht sehen kann, die aber trotzdem für meine Person von großer Bedeutung sind.[86]

Für die Herausforderungen des Religionsunterrichts durch die analytische Philosophie gilt Ähnliches: Christliches Reden von Gott soll möglichst verständlich und dabei widerspruchsfrei sein. Jedoch kommt man im christlichen Reden von Gott immer wieder an Punkte, wo dies nicht möglich ist. Im Religionsunterricht dürfen auch diese Grenzen gemeinsam mit den Schülern erkannt und benannt werden. Gleichzeitig sollen die Schüler produktive

85  Ziebertz u.a. 2003, 239.
86  Vgl. A.-K. Szagun, Phantasiereisen, in: G. Adam/R. Lachmann (Hg.), Methodisches Kompendium, Göttingen für den Religionsunterricht 2. Aufbaukurs, Göttingen 2002, 244–258.

Formen kennenlernen, die diesem Umstand Rechnung tragen. Hier kann das Wort Wittgensteins vom Schweigen über die Dinge, über die man nicht sprechen kann, erst recht Anlass sein, in Übungen zur Stille und Meditation neue, elementare und wegweisende Erfahrungen zu machen.[87]

---

87 Vgl. etwa W. Nugel, Alles in uns schweige. Erfahrungen der Stille, München 1999.

# 3. Grundzüge des biblisch-christlichen Redens von Gott

## 3.1 Vorüberlegungen

### 3.1.1 Gott »definieren«?

Lässt Gott sich »definieren«? Im *strengen* Sinn ist es nicht möglich, weil wir weder Äquivalent noch Oberbegriff zur Verfügung haben, die man für eine Definition üblicherweise benötigt.[1] Schon Thomas von Aquin sagte »Deus definiri non potest« (Gott kann nicht begrifflich bestimmt werden).[2]

Auf der anderen Seite ist es notwendig, sich und anderen darüber Rechenschaft zu geben, was man meint, wenn man den Begriff »Gott« verwendet. Definitionsarten im *weiteren* Sinn gibt es viele: Wir könnten »Gott« etwa religionsphänomenologisch fassen und dazu etwa untersuchen, was das Wort »Gott« in den Kulturen und Religionen der Welt bedeutet, oder religionsgeschichtlich, wie es in den Kulturen und Religionen der Welt jemals verstanden wurde. Wir grenzen das Ganze jedoch ein: Es geht in unserem Fall um eine *theologische* Antwort im Rahmen des christlichen Gottesbegriffs.

Wir werfen einen Blick in die christliche Tradition. Wir tun dies nicht deswegen, weil diese es grundsätzlich besser wüsste als wir heute, sondern weil es bestimmte Denkfiguren der Tradition gibt, die wir oft, ohne es zu wissen, auch benutzen. Ich stelle vier Denkfiguren vor:

Gott ist »etwas, worüber hinaus Größeres nicht gedacht werden kann«.[3] Anselm von Canterbury wollte im 11. Jahrhundert mit dieser »Defini-

---

1    Vgl. W. Härle, Dogmatik, Berlin/New York 1995, 208.
2    Thomas von Aquin, Summe gegen die Heiden. Bd. 1, cap 25, hg. und übers. von K. Albert u. P. Engelhardt, 3. unveränd. Aufl. Darmstadt 1994, 106f.
3    Anselm von Canterbury, Proslogion cap II, in: ders., Monologion. Proslogion. Die Vernunft und das Dasein Gottes, dt.-lat. Ausgabe, eingel., übers.

tion« zu einer Art Negativverfahren anleiten: Wir können etwas nur dann als »Gott« bezeichnen, wenn wir nichts anderes denken können, das größer als dieses Etwas ist. Alle Gottesbegriffe, die unzureichend waren, Gott zu beschreiben, sollten damit ausgesondert werden. Freilich hat diese Definition auch ihre Problematik: Ob ich mir gegenüber dem, das ich mir vorstelle, noch etwas anderes als größer denken kann oder nicht, ist letztlich eine subjektive Entscheidung. Und, was noch wichtiger ist: Es fehlt die wichtige Komponente der Beziehung.

Damit sind wir bei der zweiten Bestimmung: »Worauf du dein Herz hängest und verlässest, das ist eigentlich dein Gott«, so schreibt Martin Luther im Großen Katechismus.[4] Es geht um die existentielle Bedeutung Gottes für den Menschen. Paul Tillich verstand das ganz ähnlich, als er sagte, Gott »ist der Name für das, was den Menschen unbedingt angeht«.[5] Freilich kann man sein Herz auch an Menschen oder an Dinge hängen. Die Formel kann für einen Gott, aber auch für einen Abgott, einen Götzen gelten. Die existentielle Dimension ist eine notwendige, aber noch keine hinreichende Größe, um Gott angemessen zu bestimmen.

Theologen wie Friedrich Schleiermacher und Paul Tillich bringen Gott als diejenige Wirklichkeit zur Sprache, die zur Welt in einer für deren Dasein begründenden Beziehung steht. Damit wird Gott als Schöpfer gesehen, auch wenn der Begriff so nicht auftaucht. Schleiermacher formulierte, Gott sei das »Woher unseres empfänglichen und selbsttätigen Daseins«[6], und Tillich, Gott sei »der Grund des Seins«[7]. Gott wird also angemessen beschrieben, wenn er in eine Beziehung gebracht wird, die das Dasein der Welt begründet. Freilich haben auch diese Definitionen ihre Lücken oder Probleme: Ist das »Woher« räumlich oder zeitlich verstanden? Das kann nicht sein, da Gott in diesem Fall räumlich und zeitlich gedacht würde, und damit als endliches Wesen. Auch der Begriff »Grund« birgt diese Schwierigkeit – ist er symbolisch oder wörtlich gemeint?

Ein vierter Vorschlag ist, Gott als »Alles bestimmende Wirklichkeit«[8] zu verstehen. Diese Formulierung von Bultmann (u.a.) kann man auf

und erläut. von R. Allers, Köln 1966, 204 (»aliquid quo maius nihil cogitari potest«).

4    Die Bekenntnisschriften der evangelisch-lutherischen Kirche (BSLK), hg. im Gedenkjahr der Augsburgischen Konfession 1930, 11. Aufl. Göttingen 1992, 560.

5    P. Tillich, Systematische Theologie Bd. 1, 3., überarb. Aufl. Stuttgart 1956, 247.

6    F. Schleiermacher, Der christliche Glaube (§4), hg. v. M. Redeker, Berlin 1960, 28.

7    Tillich 1956, 273.

8    R. Bultmann, Welchen Sinn hat es, von Gott zu reden? (1925), in: Ders., Glauben und Verstehen. Gesammelte Aufsätze, Bd. 1, 7. Aufl. Tübingen 1972, 26.

mehreren Ebenen verstehen: als schlechthinnige Überlegenheit, als onto-logische Fundierung, als existentielle Bedeutung und im teleologischen Sinn, dass Gott die Wirklichkeit ist, die allem ein letztes Ziel gibt.[9] Problematisch ist hier, dass man »bestimmend« auch negativ mit »determinierend« übersetzen könnte, was den Menschen seinerseits in Untätigkeit und Unfreiheit versetzte.

Keine Umschreibung Gottes wird allen Ansprüchen genügen oder in jeder Hinsicht »passen«, trotzdem ist der Versuch als solcher sinnvoll und unverzichtbar. Denn wie wir durch die Auseinandersetzung mit der analytischen Philosophie gesehen haben, ist die Aufgabe der Theologie, verständlich zu reden. Eine Näherbestimmung des Begriffes »Gott« sollte folgende inhaltlichen Aspekte enthalten: Gott ist nicht als transzendierbar zu denken, »die unbedingte Bedeutung Gottes für das menschliche Dasein« ist zu betonen und die »daseinskonstitutive Beziehung Gottes zu allem welthaft Seienden« zu unterstreichen.[10]

### 3.1.2 In welcher Weise von Gott reden?

Wir können auf verschiedene Arten von Gott reden:

*konfessorisch* d.h. als betroffene Zeugen: Ich rede von meinem Glauben an Gott. Dies kann in einer ritualisierten Form als kirchliches Bekenntnis oder in einer existentiellen Form des persönlichen Bekenntnisses geschehen;[11]

*diskursiv*: Man kann rational über Gottes Eigenschaften und Handeln reden, ohne dass ein persönlicher Bezug unbedingt gefordert ist.

*narrativ* d.h. erzählend: In der Bibel ist dies die klassische Weise des Redens von Gott. Erzählt werden Gottes Geschichte(n) mit den Menschen bzw. die Geschichte(n) der Menschen mit Gott;

*non-verbal*, z.B. künstlerisch gestaltend, u.a. in Form eines Bildes.

---

9    Vgl. Härle 1995, 211f.
10   Härle 1995, 212.
11   Vgl. dazu auch die modernen Bekenntnisse unter 3.7.

Die berühmte Ikone »Heilige Dreifaltigkeit des Alten Testaments« von Andrej Rublew, (15. Jh.),[12] drückt sich ohne Worte aus, zunächst nur über die Farben, die Stimmung, die Ruhe, Gelassenheit und gleichzeitig die Bewegung in ihr, die Beziehungen, die eine Einheit und Welt für sich bilden. Drei Engelsgestalten (Boten), versehen mit Flügeln und Wanderstab, bilden mit ihren einander zugeneig-  ten Häuptern und ihrer Sitzhaltung, bei der die Füße des rechten und linken Engels einander fast berühren, einen Kreis. Der Künstler wollte offensichtlich keine Unterschiede zwischen ihnen aufzeigen, sondern ihre geistige Einheit und Unteilbarkeit betonen. Vordergründig wird der Besuch der drei Männer bei Abraham in Mamre (Gen 18,1–15) erzählt, Rublew versteht diesen Text mit der christlich-orthodoxen Tradition jedoch als Hinweis auf die Trinität (die selbst nicht darstellbar ist).

Die Dreieinigkeit lässt sich demnach als Einheit dreier Personen in der Liebe bezeichnen. Die Liebe ist nicht in sich abgeschlossen, sondern darauf gerichtet, die Welt mit einzubeziehen. Das zeigen die Anspielungen auf das Abendmahl. In der Mitte des Tisches steht ein Abendmahls-Kelch, auf dem ein Kalbskopf liegt, vgl. Gen 18,8: »Und Abraham trug Butter und Milch auf und von dem Kalbe, das er zubereitet hatte.« Der mittlere, Christus darstellende Engel vor dem Baum in Mamre neigt sein Haupt gehorsam zum Vater und segnet den Kelch. Die Handhaltungen der beiden anderen signalisieren Mitwirkung bei der Segnung. So wird das Alte Testament im Lichte des Neuen gelesen, Bekenntnis und Bibel greifen ineinander. Die Ikone führt uns auf die ihr ganz eigene Weise an den Kern des christlichen Glaubensverständnisses heran und eignet sich als Leitmotiv für

---

12 Abbildung aus: Vier Ikonen aus der Russischen Orthodoxen Kirche, hg. v. der Arbeitsgemeinschaft für Evangelische Erwachsenenbildung in Bayern, Verlag: Evangelischer Presseverband für Bayern, München 1988 (Foto: G. W. Drahn).

unsere weiteren Denkwege (s.u. 3.2–3.7). Doch wir haben zuvor noch eine andere Frage zu klären: Woher wissen wir etwas über Gott?

### 3.1.3 Quelle und Norm des christlichen Glaubens

Nach evangelischem Verständnis ist die Quelle des Glaubens die Offenbarung Gottes an die Menschen. Die Heilige Schrift ist Zeugnis dieser Offenbarung Gottes in Jesus Christus und damit die Ur-Kunde des christlichen Glaubens, Regel und Richtschnur, nach welcher alle Lehren geurteilt werden sollen (norma normans). Dagegen verstehen sich die altkirchlichen und lutherischen Bekenntnisse als Anleitung zum rechten Verständnis der Bibel und des Glaubens, haben aber nur abgeleitete Autorität (norma normata) von der Bibel, sind nicht Richter der Heiligen Schrift selbst, sondern Zeugnis, wie sie von den damals Lebenden ausgelegt worden ist.[13]

Schrift und Bekenntnis stehen also in einem wechselvollen Verhältnis miteinander und sind aufeinander angewiesen. Wer sagt: Ich erkenne nur die Bibel, aber kein Bekenntnis an, gerät leicht in die Falle des christlichen Individualismus, möglicherweise sogar des Fundamentalismus, der unreflektiert die eigene, vermeintlich wörtliche Lesart absolut setzt und vergisst, dass es einen Abstand von 2.000 Jahren zur Bibel gibt, der hermeneutisch zu überbrücken ist und schon seit dieser Zeit von Christen, die ihren Glauben bekannt haben, überbrückt wurde. Eine andere Falle ist die Haltung, die bestehenden Bekenntnisse als abgeschlossen zu betrachten und eine neue Bekenntnisbildung zu verhindern. Hier versucht man, das Wort Gottes in einer historischen Etappe des Bekenntnisses zu binden (Bekenntnisfundamentalismus). Ein trauriges Beispiel dafür ist der Umstand, dass die Barmer Theologische Erklärung der Bekennenden Kirche aus dem Jahr 1934, das klare und mutige Zeugnis gegen den totalitären Anspruch des NS-Regimes, in den lutherischen Kirchen zwar ins Gesangbuch, aber – anders als bei den evangelisch-

---

13 Vgl. Konkordienformel, Epitome. Von dem summarischen Begriff 7f., BSLK 769.

reformierten Kirchen – noch immer nicht in den Rang eines kirchlichen Bekenntnisses aufgenommen wurde. Und doch fordert die Barmer Erklärung ausdrücklich, dass die Lehre der Kirche sich (neu) am Wort Gottes auszurichten habe:

Jesus Christus, wie er uns in der Heiligen Schrift bezeugt wird, ist das eine Wort Gottes, das wir zu hören, dem wir im Leben und im Sterben zu vertrauen und zu gehorchen haben. Wir verwerfen die falsche Lehre, als könne und müsse die Kirche als Quelle ihrer Verkündigung außer und neben diesem einen Worte Gottes auch noch andere Ereignisse und Mächte, Gestalten und Wahrheiten als Gottes Offenbarung anerkennen.[14]

Was ist der Nutzen kirchlicher Bekenntnisse? Wir könnten die Bibel komplett von vorn bis hinten lesen, um etwas über Gott zu erfahren. Aber gibt es nicht auch Stellen, die man sich sparen kann, wenn man auf der Suche nach Aussagen über Gott ist? Vielleicht bräuchten wir nur bestimmte, nämlich die theologisch »wichtigen« Teile lesen? Und schon sind wir dabei, eine Auswahl zu treffen. Die Bekenntnisse tun nichts anderes, als dass sie für uns auswählen bzw. uns darin eine Anleitung sind. Wenn man – gerade im Kontext des Religionsunterrichts – von Gott redet, muss man eine Auswahl treffen und sich konzentrieren.

Auf der anderen Seite können die Bekenntnisse die Bibel nicht ersetzen, auch wenn sie in der Reformationszeit, z.B. der Kleine und Große Katechismus, »der Laien Bibel« genannt wurden.[15] Bekenntnisse verdichten, spitzen zu und grenzen sich dabei immer auch nach außen ab, weil sie festlegen, was der Inhalt des Glaubens sei. Sie verlieren in diesem Verdichtungs- und Abgrenzungsprozess jedoch auch Aspekte, die die Fülle der Überlieferung ausmachen. Deswegen heißt unser Abschnitt ganz bewusst: »Grundzüge des *biblisch*-christlichen Redens von Gott«. Wir werden neben den Aussagen der Glaubensbekenntnisse immer die biblische Tradition befragen und daraus Folgerungen für die Gegenwart ziehen.

Der Gesamtabschnitt orientiert sich an einer zweifachen Struktur: Zum einen folgen wir dem trinitarischen Bekenntnis mit den klassischen Zuordnungen Vater – Schöpfung, Sohn –

---

14  Evangelisches Gesangbuch. Ausgabe für die Evangelisch-Lutherischen Kirchen in Bayern und Thüringen, München 1994, Nr. 907, 1. These.

15  Konkordienformel, Epitome. Von dem summarischen Begriff 5, BSLK 769.

Versöhnung und Heiliger Geist – Erlösung/Vollendung. Zum anderen wählen wir das »heilsgeschichtliche« Modell, das neben Schöpfung, Versöhnung und Vollendung den Aspekt Sünde/Schuld (»Fall«) mitberücksichtigt. Der Begriff »heils*geschichtlich*« ist dabei nicht so zu verstehen, als handle es sich etwa bei »Schöpfung«, »Fall« und »Vollendung« um geschichtliche Etappen der Menschheit. Es geht eher um den Aufweis der verschiedenen Aspekte der Welt in ihrer Beziehung zu Gott.[16]

## 3.2 Gott der Schöpfer

»Wir glauben an den einen Gott, den Vater, den Allmächtigen, der alles geschaffen hat, Himmel und Erde, die sichtbare und die unsichtbare Welt«, so heißt es im ersten Artikel des altkirchlichen Glaubensbekenntnisses von Nizäa-Konstantinopel, des Nizänums (381). Wie steht es aber mit der Zustimmung zu einem solchen Bekenntnis in unserer Zeit? Immer häufiger könne man heute der Auffassung begegnen, »dass der Schöpfergott […] zusammen mit dem Osterhasen und dem Weihnachtsmann in die ›Requisitenkammer des Kindermärchens‹ gehöre«, notiert R. Lachmann.[17] In einer von mir durchgeführten empirisch-qualitativen Untersuchung äußerten sich Lehrkräfte, die in der Grundschule Religionsunterricht erteilen, zu den Schwierigkeiten beim Thema »Schöpfung« auf ähnliche Weise. Eine Katechetin sagt: »Die Kinder kennen die wissenschaftliche Erklärung und versuchen einen als Lügner hinzustellen. Es folgt eine lange Diskussion um die Glaubwürdigkeit der Bibel.«[18] Eine Lehrerin meint: »Schöpfungsgeschichte ist manchmal ›schwierig‹ zu behandeln, weil manche Kinder stark von den Medien und der in unseren deutschen Schulen herrschenden Meinung geprägt sind, die Menschen stammten vom Affen ab.« Ein Pfarrer benennt als Schwierigkeit den »Kontrast zum modernen Weltbild und den

---

16  Vgl. Härle 1995, 43.

17  R. Lachmann, Grundsymbole christlichen Glaubens. Eine Annäherung, Göttingen 1992, 57.

18  Alle Zitate aus: M. Fricke, ›Schwierige‹ Bibeltexte im Religionsunterricht. Theoretische und empirische Elemente einer alttestamentlichen Bibeldidaktik für die Primarstufe, Göttingen 2005, 341.

naturwissenschaftlichen Erkenntnissen – manchen Schülern in der Grundschule ist das schon bewusst: Sie denken dann: ›Früher haben die Menschen so gedacht wie im AT, heute sind wir klüger ...‹«.

Wenn Kinder und Jugendliche die biblische Schöpfungserzählung wörtlich und unter der Fragestellung »Ist das wirklich passiert?« lesen,[19] können sie nur zu dem Ergebnis kommen, dass Bibel und Wirklichkeit unüberbrückbar auseinanderklaffen. Dadurch wird die Schülersichtweise zum Problem für den Religionsunterricht: Die Lehrkraft erscheint als Lügner/in und die Glaubwürdigkeit der Bibel wird in Zweifel gezogen. Bevor wir uns dieser fachdidaktischen Problematik noch genauer zuwenden, machen wir uns mit dem vertraut, was aus exegetischer und theologischer Sicht über die »Schöpfung« zu sagen ist. Wesentlich sind hier Gen 1–2, Psalm 104 und Luthers Auslegung des 1. Glaubensartikels.

### 3.2.1 Fachwissenschaftliche Aspekte (Exegese und Theologie)

#### 3.2.1.1 Genesis 1,1–2,4a

Zeitgeschichtlicher Hintergrund: Gen 1 bildet den Auftakt der »Priesterschrift« (P), die im babylonischen Exil (587–539 v. Chr.) entstand. Die Zerstörung des Staates Judas und des Jerusalemer Tempels sowie die Wegführung und Umsiedlung der Oberschicht stellten eine Zäsur in der Geschichte Israels dar. Sie bedeuteten Verlust, Trauer, Unsicherheit, Bedrohung, waren aber auch Auslöser für neue Impulse in Frömmigkeit und Theologie sowie für die Verschriftlichung der religiösen Traditionen. Vielfach werden in Exegese und Bibeldidaktik bei der Beschreibung des Exils der Konflikt mit bzw. die Abgrenzung von der gesellschaftlichen und religiösen Umwelt sowie das Elend der Exilanten in den Vordergrund gestellt:

»Man sieht die Deportierten in elenden Verhältnissen, unter der Fuchtel peitschenschwingender Aufseher harte Sklavenarbeit verrichtend, als ein

---

19  Das Problem des wörtlichen Verstehens von Gen 1 tritt auch noch in höheren Jahrgängen auf, vgl. O. Kliss/R. Walter, »Das hat uns noch nie jemand gesagt!« Ein Unterrichtsversuch in Klasse 12, in: ZPT 55. Jg. (3/2003), 280–287.

Heer erbarmungswürdiger Gefangener. Nach des Tages Last und Mühe saßen sie, womöglich mit klirrenden Ketten, an den Wasserflüssen Babylons und weinten, wenn sie an Zion gedachten (Ps 137,1). Von alledem kann keine Rede sein«, schreibt H. Donner.[20] In Wahrheit führten die Verbannten »ein leidlich komfortables Leben«, verwalteten sich selbst, bauten Häuser, trieben Handel, legten Pflanzungen an und durften sogar Sklaven halten.[21]

Manche erarbeiteten sich dem jüdischen Geschichtsschreiber Josephus zufolge so großen Besitz, dass sie nicht mehr zur Rückwanderung bereit waren. Über das religiöse Leben und das Schicksal der Tempelangehörigen gibt es keine verlässlichen Informationen. Vermutlich begann sich im Exil der Synagogalgottesdienst herauszubilden. Daneben wurden zwei zuvor in der Heimat praktizierte Verhaltensweisen zunehmend wichtig und erhielten als Zeichen des Bundes Bekenntnis- und Abgrenzungsfunktion: die Sabbatruhe und die Beschneidung. Je nach dem, wie wir also die innere und äußere Situation der Exilanten bestimmen, ergibt sich eine Vorentscheidung für die Interpretation des Textes.

Zur Frage der literarischen Form von Gen 1 gibt es in der exegetischen Diskussion sehr verschiedene Ansätze, die je für sich genommen eine gewisse Plausibilität haben: 1. Gen 1 ist eine *liturgische Erzählung*. Als »Sitz im Leben« wäre eine feierliche Rezitation im Gottesdienst denkbar, in Analogie zu Festen anderer Religionen mit dem ihnen typischen Ziel der »Sicherung des Bestehenden und des Daseins«[22], wie z.B. das babylonische Neujahrsfest, das Marduk als Weltenschöpfer darstellt. Jedoch gibt es für eine solche Feier keine biblischen Belege. 2. Man könnte Gen 1 als *Gotteslob* in Form einer *Genealogie* d.h. Geschlechter- und Abstammungsliste bezeichnen, wie sie aus Göttererzählungen anderer Religionen bekannt ist.[23] Dafür sprechen die »feierliche Monotonie«, das »Wiederkehren immer gleicher Sätze« und die »strophische Gliederung«.[24] 3. Es handelt sich um

---

20    H. Donner, Geschichte des Volkes Israel und seiner Nachbarn in Grundzügen, Teil 2. Von der Königszeit bis zu Alexander dem Großen, 2., durchges. u. erg. Aufl. Göttingen 1995, 416.

21    Ebd.

22    C. Westermann, Genesis 1–11. Biblischer Kommentar zum Alten Testament I/1, 4. Aufl. Neukirchen-Vluyn 1999, 128.

23    Vgl. Westermann 1999, 112. Das legt Gen 2,4a mit dem hebr. Terminus *toledot* (Zeugungen, Geschlechter) nahe, der an ägyptische und babylonische Göttergenealogien erinnert. In der Lutherübersetzung wird *toledot* übergangen.

24    Westermann 1999, 112 und 126.

eine *Priesterlehre* bzw. eine *theologische Reflexion*, hinter der eine *Weltentstehungstheorie* steht, die »in ihrem Abstraktionsgrad an die vorsokratische Philosophie« heranreicht.[25]

Wichtige Einzelaspekte in Gen 1 sind:

1. Gott erschafft durch Ordnen und Zurückdrängen des Wassers einen Lebensraum für alle Lebewesen und einen Lebensrhythmus. Gen 1 hat damit die Funktion einer »Ouvertüre« im priesterschriftlichen Werk: Es leitet den weiten Geschehensbogen ein, der sich bis zur Sinai-Offenbarung und Errichtung des Heiligtums in der Wüste erstreckt: Das Gesetz, das schließlich den Gottesdienst der israelitischen Gemeinde regelt, stammt von demselben Gott, der Himmel, Erde und alle Kreatur geschaffen und alle Menschen gesegnet hat.[26]

2. Besonders auffällig ist das Nebeneinander von *Wortschöpfung* (z.B. Gen 1,3 »Gott sprach: Es werde Licht. Und es ward Licht«) und *Tatschöpfung* (z.B. 1,25 »Gott machte die Tiere« oder 1,26 »Gott schuf den Menschen«).[27] Daneben finden sich aber auch Spuren anderer, in der Antike verbreiteter Schöpfungstypen, etwa des *Chaoskampfes* (Gen 1,2) oder des selbstständigen *Entstehens* (1,24 »die Erde bringe Grünes hervor«)[28] bzw. *Zeugens* (2,4a hebr. »dies sind die Zeugungen des Himmels und der Erde«).

3. Das Bezeichnen von Sonne und Mond als »Lampen« (1,26) kann man als »Degradierung«[29] der babylonischen Astralgottheiten verstehen, oder, weniger konflikthaft, als Bewegung auf ein naturwissenschaftliches Denken hin, das die Gestirne entgöttlicht und auf ihre bloße Funktion reduziert. Vergleichbar dazu ist das Zusammenfassen von Tieren und Pflanzen in Gattungen und die Einteilung der Entstehung der Welt in Entstehungsphasen.[30]

4. Der Begriff der Gottesebenbildlichkeit[31] besagt, dass der Mensch ein *Gegenüber* zu Gott ist und in eine Beziehung zu ihm

---

25 C. Levin, Das Alte Testament, München 2001, 32.

26 Vgl. Westermann 1999, 129.

27 Auch für die Wortschöpfung gibt es außerisraelitische Parallelen (Westermann 1999, 55).

28 Westermann 1999, 122.

29 G. v. Rad, Das erste Buch Mose. Genesis Kapitel 1–12,9 (ATD 2), 5., durchges. Aufl. Göttingen 1958, 42.

30 Vgl. Westermann 1999, 243.

31 Hebr. *zäläm* bedeutet urspr. »Statue«; *dᵉmut* »Gleichheit«. Die Gestaltungsform des Parallelismus membrorum legt nahe, die beiden Begriffe nicht (wie es seit

treten kann. Der Mensch erhält eine innerweltliche Funktion (Beherrschen der anderen Lebewesen) und ist nicht – wie z.B. im babylonischen Mythos – dazu erschaffen, die Götter zu bedienen oder ihnen die schwere tägliche Arbeit abzunehmen.[32] Insofern können wir Gen 1 als »Proklamation menschlicher Freiheit« bezeichnen.[33] Die Gottesebenbildlichkeit, die anderen altorientalischen Kulturen nur dem König eignet,[34] gilt hier jedem Menschen.

5. Die Schöpfung als »Mann und Frau« drückt aus, dass es den Menschen nicht an sich bzw. abstrakt gibt. Er ist bestimmt durch die *Geschlechtlichkeit*. Der Mensch ist kein Zwitterwesen; er ist ein *Gemeinschaftswesen*.[35] Brisant ist hier die weiterführende Frage, was die Gottesebenbildlichkeit (Mann/Frau) im Rückschluss auf Gott bedeutet: Ist Gott auch als geschlechtsbezogenes Gemeinschaftswesen zu denken oder steht er/sie jenseits des Geschlechtlichen?

6. Während P mit dem »Ruhetag« Gottes eine Tradition aus anderen Religionen übernimmt,[36] stellt der *Rhythmus der sieben Tage* (-Woche) eine Systematisierung ohne Vorgänger dar.[37] Auch wenn die Vokabel »Sabbat« nicht auftaucht, ist offensichtlich, dass P den Ruhetag als wichtiges äußeres Zeichen der israelitischen Glaubenspraxis im Exil (Ersatz für den Tempel) hervorhebt.

### 3.2.1.2 Gen 2,4b–25

Zeitgeschichtlicher Hintergrund: Die zeitliche Einordnung von Gen 2 als Teil des »jahwistischen« Überlieferungsstrangs (bzw.

Irenäus kirchliche Tradition ist) einzeln für sich zu interpretieren, sondern als Hendiadyoin zu verstehen: Beide beschreiben in Variation den gleichen Sachverhalt.

32 Enuma elish, Tafel VI, 33f.: »Aus seinem Blut [des Gottes Kingu] formte [Marduks Vater] die Menschheit. Ihr legte er den Dienst für die Götter auf und befreite diese« (in: W. Beyerlin, Religionsgeschichtliches Textbuch zum AT, 2. Aufl. Göttingen 1985, 110).

33 F. Johannsen, Alttestamentliches Arbeitsbuch für Religionspädagogen 2. Aufl. Stuttgart 1998, 72.

34 Vgl. die Darstellung der Diskussion zu dieser Frage bei Westermann 1999, 210ff.

35 Vgl. Westermann 1999, 220f.

36 Außerisraelitische Parallelen zur *otiositas* des Schöpfergottes vgl. Westermann 1999, 57.

37 Vgl. Westermann 1999, 124.

»Geschichtswerks«) ist umstritten: Während der Text klassischerweise im 10. Jahrhundert (Königshof Salomos) angesiedelt wird, favorisiert die neueste Exegese das 8. Jahrhundert (Reflex auf den Untergang des Nordreichs)[38] bzw. das 6. Jahrhundert (Exil).[39]

Literarische Form: Einer der großen Unterschiede zu Gen 1 ist, dass hier eine Erzählung »im spezifischen Sinn« vorliegt, da in ihr ein »Geschehenszusammenhang in einem Spannungsbogen gedichtet ist«. Sie mündet in Gen 3. Es geht um den Zusammenhang von Erschaffung des Menschen, seiner Verfehlung und der Entstehung von Mühsal, Schmerz und Tod.[40] Dabei ist Gen 2–3 aus zwei Teilen zusammengesetzt: (1) der Erzählung von der Erschaffung des Menschen und (2) der Erzählung von der Begrenztheit des Menschen.

Wichtige Einzelaspekte in Gen 2 sind:

1. Im Kontext des Jahwistischen Geschichtswerkes hat Gen 2(f.) die Funktion einer programmatischen Eröffnung: Der Mensch mit seinen Möglichkeiten und Begrenzungen wird in den Blick genommen.

2. Im Mittelpunkt steht die bäuerliche Lebens- und Erfahrungswelt (vgl. 2,4b–5.7–9.15; 3,17ff.): Die Steppe bzw. Wüste bedarf der Befeuchtung, damit Leben gedeihen kann.[41] Ein lebensfreundlicher Ort ist der Garten in Eden, »ein fruchtbarer, schöner, gut bewässerter Baumgarten.«[42] Der 'adam kommt von der Erde ('adama), ist ein Teil von ihr. Er soll sie bebauen und bewahren. »Menschsein realisiert sich im Zusammenleben mit der Erde, dem Land. [...] Das ›Bewahren‹ bezieht sich [...] auf die Bedürfnisse und Nöte der Natur selbst, während ›bebauen‹ die Befriedigung der Bedürfnisse der Bauern im Blick hat.«[43]

3. Der Mensch ist als Beziehungswesen skizziert: Er bedarf der Hilfe von Tieren und gibt ihnen Namen. Auch die Beziehung von Mann und Frau ist wechselseitig: Sie sind einander

---

38    Vgl. M. Schwantes, Am Anfang war die Hoffnung. Die biblische Urgeschichte aus der Sicht der Armen, München 1992, 102f.

39    Vgl. E. Zenger u.a., Einleitung in das Alte Testament, 3., neu bearb. u. erweit. Aufl. Stuttgart, Berlin, Köln 1998, 119ff.; Levin 2001, 55.

40    Westermann 1999, 259.

41    Anders als in Gen 1,2ff. ist Wasser hier förderlich!

42    Westermann 1999, 287.

43    Schwantes 1992, 103f.

»Beistand« und »Gegenüber«[44], zur innigen Gemeinschaft bestimmt (2,23f.).

4. Gott ist zum einen als Urheber und Garant von Fruchtbarkeit und Gedeihen geschildert (2,5). Zum anderen erscheint er als handwerklicher Schöpfer: Er »töpfert« den Menschen (Adam) und alle Tiere aus Erde (2,7.19). Die Bildung einer Entsprechung Adams, die den Mangel des Alleinseins überwinden soll (2,18.21f.),[45] gelingt Gott erst beim zweiten Mal. Der Jahwist kann also von Gott erzählen als einem, der sich als *Lernender* an sein Ziel herantastet (2,20b)[46] – und nicht ›allwissend‹ ist.[47]

5. Gegen eine aufkommende Ideologie, die den König als Sohn Gottes und als Herrscher mit unbegrenzter Macht sieht (Ps 2,7; 89,27f.; 110), betont der Jahwist die Herkunft eines jeden Menschen und damit auch des Königs aus dem Staub. Gegen den wachsenden Militarismus, Nationalismus und Imperialismus (Angriffskriege auf Nachbarn) im davidischen Großreich entwirft der Jahwist das friedliche Bild des Gartens, den der Mensch bebauen soll. Die Bestimmung des Menschen ist es nicht, zu kämpfen, sondern in Eintracht und gedeihlicher Gemeinschaft zu leben.[48]

6. Der Ort des jahwistischen Erzählers ist geprägt von »ambivalenten Gegenwartserfahrungen«[49] (Gen 3,16f.: Ertrag – unter Mühsal, neues Leben – unter Schmerzen usw.). Von daher fragt er – in der literarischen Form der Ätiologie – nach den Ursachen und möglichen Alternativen in der »Urzeit«. Eine moderne Frauge, wie die nach der *Entstehungsgeschichte* der Welt, hat dieser Erzähler naturgemäß kaum im Blick.

44  So die genaue Übersetzung von *ezer* und *neged* (2,18; vgl. Westermann 1999, 309). *Ezer* meint dabei nicht – wie in der kirchlichen Tradition – eine untergeordnete Hilfskraft bei der Arbeit oder Erzeugung von Nachkommen; vielmehr steht die Vokabel für eine Unterstützung, die nicht nur ein Mensch, sondern auch Gott geben kann (Ps 121,1f; Ex 18,4).

45  Hier wird deutlich, dass die Übersetzung Luthers in v.18 (»Gehilfin«) die Pointe der Erzählsequenz verfehlt, da sie das Ergebnis v. 21f. vorwegnimmt.

46  Dieses Motiv hat reichhaltige außerbiblische Parallelen (vgl. Westermann 1999, 307f.).

47  Die omniscientia gilt (erst) in der Kirchengeschichte (z.B. in der Altprotestantischen Orthodoxie) als eine der »Eigenschaften« Gottes.

48  Vgl. H. K. Berg, Altes Testament unterrichten. Neunundzwanzig Unterrichtsvorschläge, München/Stuttgart 1999, 14f.

49  Johannsen 1998, 66.

### 3.2.1.3 Gen 1 und 2f. synchron gelesen

Beide Berichte gemeinsam gelesen eröffnen eine neue Betrachtungsweise: In Gen 1 ist alles »gut« bzw. alles »sehr gut«; der Mensch ist nach dem Bild Gottes gestaltet und damit gleichsam in der Nähe der göttlichen Sphäre. Gen 2f. dagegen betont die Herkunft des Menschen aus dem Staub und kommentiert damit Gen 1 in korrigierender Weise: »Erst durch beide gemeinsam entfaltet sich die Wahrheit über die Welt und den Menschen: Die optimistische Beherrschung der Welt *und* das Leben auf dem dornigen Acker. Der Mensch wird als Statthalter und Sachwalter Gottes geschildert *und* als der, der den Frieden mit Gott durch seinen Ungehorsam gebrochen hat. ›Macht euch die Erde untertan‹ (1,28) – ›Staub bist du, und zu Staub wirst du werden‹ (3,19).«[50]

### 3.2.1.4 Antwort-Modelle: Gen1–2 und unser heutiges Weltbild

Welche Möglichkeiten gibt es, Gen 1f. und unser heutiges Weltbild – eingeschlossen die Erkenntnisse der Naturwissenschaft über Urknall, Evolutionstheorie usw. – in Beziehung miteinander zu bringen und damit auch Antworten für den Religionsunterricht zu finden? Dazu betrachten wir verschiedene Modelle und Ansätze:

*Unabhängigkeitsmodell:*[51] Nach diesem Modell gehören Naturwissenschaft und biblisch-christlicher Glaube bzw. Theologie unabhängigen Bereichen an, die jeweils ihr Recht haben und in ihren *Aussageweisen* grundverschieden sind. Insofern kann die Naturwissenschaft nichts über Gen 1f. sagen und umgekehrt auch Gen 1f. nichts über die Erkenntnisse der Naturwissenschaft. Ein Vertreter dieser Position ist K. Barth: »Hat euch im Seminar niemand darüber aufgeklärt, dass man die biblische Schöpfungsgeschichte und eine naturwissenschaftliche Theorie wie die Abstammungslehre so wenig miteinander vergleichen kann wie, sagen wir, eine Orgel mit einem Staubsauger! – dass also von ›Einklang‹ ebenso wenig die Rede sein kann wie von Widerspruch?«[52] Im Einzelnen argumentiert Barth: Die Aussage erfolgt

---

50    Levin 2001, 84.

51    Terminologie nach M. Rothgangel, Naturwissenschaft und Theologie. Wissenschaftstheoretische Gesichtspunkte im Horizont religionspädagogischer Überlegungen, Göttingen 1999, 130.

52    K. Barth, Brief vom 18.2.1965, in: ders., Gesamtausgabe, hg. v. Jürgen Fangmeier u. Hinrich Stoevesandt, Band 5, 3: Briefe 1961–1968, Zürich 1975, 292.

hier in Form der Sage und Dichtung, dort in Form einer wissenschaftlichen Hypothese, Gen 1f. befasst sich mit dem Werden aller Dinge, die Naturwissenschaft mit dem Gewordenen, wie es sich der menschlichen Beobachtung und Nachforschung darstellt. Barths Ratschlag für die Lehrerbildung lautet: »Sag also der ›angehenden Lehrerin‹, dass sie unterscheiden solle, was zu unterscheiden ist, und dass sie sich dann nach keiner Seite gänzlich verschließen soll.«[53]

*Konfliktmodell*:[54] Der Konflikt kann von naturwissenschaftlicher, aber auch von christlicher Seite aus formuliert werden. Im ersten Fall ist die biblische Schöpfungsdarstellung durch die Naturwissenschaft überholt bzw. widerlegt und somit ein Zeugnis für die Unaufgeklärtheit religiöser Vorstellungen. In der Wissenschaftsgeschichte vertrat z.B. A. Comte diese Position. Die Aussagen der niedrigeren Stufe würden jeweils durch die höhere Stufe korrigiert bzw. ersetzt. Auf derselben Argumentationsstruktur basiert der Ansatz, die biblischen Aussagen als zeitbedingt zu relativieren: »Die Menschen damals dachten eben so, man darf das nicht wörtlich nehmen«[55]. Diese Sichtweise ist im Religionsunterricht sowohl auf Lehrer- als auch auf Schülerseite anzutreffen.

Im zweiten Fall wird der Konflikt vom Glauben her formuliert, indem etwa die Evolutionstheorie als wissenschaftlich ›unbewiesen‹ bezeichnet[56] bzw. kritische Anfragen der Naturwissenschaft an die Bibel als Begrenztheit gegenüber der Größe Gottes verstanden und damit abgewiesen werden.[57] In seiner extremen Form treffen wir das christliche Konfliktmodell im US-amerikanischen Kreationismus an, dessen Anhänger in einigen Bundesstaaten erreicht haben, dass die Evolutionstheorie in den Lehrplänen durch die wortwörtlich verstandene und zur Doktrin erhobene biblische Schöpfungsgeschichte ersetzt und ggf. mit der Lehre des »Intelligent Design« verknüpft wird.[58]

---

53   Ebd.

54   Terminologie nach Rothgangel 1999, 130.

55   Vgl. die Aussagen Erwachsener in der Befragung bei Rothgangel 1999, 89.

56   Ähnlich eine Lehrerin in meiner Untersuchung: »Ich erkläre, dass die Evolutionstheorie eine Meinung darstellt, die nicht völlig bewiesen ist.« (Fricke 2005, 342).

57   Vgl. die Aussagen Erwachsener bei Rothgangel 1999, 87.

58   Vgl. H. Huber, Geschichte des Kreationismus in den USA 2003 (http://www.gavagai.de/HHP29.htm).

*Dialog- bzw. Integrationsmodell:*[59] Zum einen werden partielle Übereinstimmungen zwischen biblischer Erzählung und Naturwissenschaft betont. So erklärt etwa Papst Pius XII 1951 die Urknalltheorie als vereinbar mit der Bibel,[60] da in Gen 1,4 die Zeit geschaffen werde;[61] entsprechend lehren manche heutige Physiker, dass die Zeit erst mit dem Urknall beginnt.[62] Insgesamt argumentiert dieses Modell biblizistisch-kreationistisch, da vorausgesetzt wird, dass bestimmte biblische Aussagen, ›richtig‹ verstanden, moderne naturwissenschaftliche Erkenntnisse ›bestätigen‹ (so auch »Intelligent Design«).

Auf einer anderen Ebene liegt der Mythos-Ansatz. Danach sollte man den biblischen »Mythos« nicht als niedrige Entwicklungsstufe des Denkens begreifen, sondern als »eine komplexe, aber einheitliche Bewusstseinsform [...], die die verschiedensten Funktionen zu erfüllen vermag«.[63] Der Mythos redet also religiös *und* naturwissenschaftlich, indem er den damaligen Kenntnisstand über die Natur einarbeitet.

Diese Sichtweise findet sich auch in der Exegese wieder: Westermann zufolge gibt es für P keinen Gegensatz zwischen naturwissenschaftlicher und theologischer Erklärung der Entstehung, vielmehr klinge eine Bewegung hin zum naturwissenschaftlichen Denken an.[64] Ähnlich G. v. Rad: »Für uns [...] ist bemerkenswert, dass sich hier ein Glaube völlig mit dem natürlichen Erkennen geeinigt hat. Glaube und Weltbild ruhen hier in einzigartiger Weise spannungslos ineinander.«[65] Allerdings seien es nicht die naturwissenschaftlichen Wissensaussagen, sondern die Glaubensaussagen, die dem Text eine dauernde Aktualität verleihen.

59   Rothgangel 1999, 131, unterscheidet »Dialog-« und »Integrationsmodell«.

60   Vgl. M. Chinigo (Hg.), Der Papst sagt. Lehren Pius` XII, 2., erw. Aufl. Frankfurt a. M.1956, 146.

61   Vgl. Westermann 1999, 157.

62   Vgl. S. Hawking, Die Illustrierte Kurze Geschichte der Zeit, 4., aktualis. u. erw. Aufl. Hamburg 2000, 62. Dem widerspricht G. Veneziano, Die Zeit vor dem Urknall, in: Spektrum der Wissenschaft (8/2004), 30–39: Die Zeit habe den Kosmos schon *vor* dem Urknall mitgeformt (32).

63   L. R. Fetz u.a., Weltbildentwicklung und Schöpfungsverständnis. Eine strukturgenetische Untersuchung bei Kindern und Jugendlichen, Stuttgart 2001, 338.

64   Westermann 1999, 243, verweist auf die Entgötttlichung der Gestirne und Reduktion auf ihre Funktion, die Darstellung von Pflanzen und Tieren in Gattungen und die Entstehung der Welt in Perioden.

65   G. v. Rad 1958, 36.

*Komplementäres Denken* im Sinne von »ergänzend, vervollständigend«: Die drei beschriebenen Modelle weisen im Hinblick auf die biblischen Schöpfungserzählungen Stärken und Grenzen auf. Ein wesentliches Argument für das Unabhängigkeits- und gegen das Dialogmodell ist, dass Gen 1f. in erster Linie *religiös* spricht, auch wenn naturwissenschaftliche Erkenntnisse der damaligen Zeit mitschwingen (die sogar partiell mit heutigen naturwissenschaftlichen Erkenntnissen koinzidieren mögen). Die Texte liegen von ihrer Gattung und Aussageabsicht nicht im Gegenstandsbereich des heutigen naturwissenschaftlichen Forscherinteresses.

Gen 1f. will keine Lehrsätze, wie etwa »Gott hat die Welt aus dem Nichts« bzw. »in sieben Tagen erschaffen« aufstellen, sondern ein der menschlichen Vorstellung nicht zugängliches Geheimnis ehrfürchtig wahren.[66] Gerade aus biblischer Sicht höchst problematisch ist daher der kreationistische Ansatz, der aus Erzählungen eine Doktrin macht und sie zum Kampf gegen die Naturwissenschaften einsetzt (christliches Konfliktmodell).

Dem Unabhängigkeitsmodell fehlt das Interesse an dem im Alltag überall gegenwärtigen modernen Weltbild. Wir brauchen hier ein Gespräch, das über das Dialog- bzw. Integrationsmodell hinausgehend[67] die Etablierung des *komplementären* Denkens anstrebt.[68] Es geht um eine Ergänzung, um eine Vervollständigung. Im Idealfall weiß die biblisch-christliche Theologie um ihren eigenen Geltungsbereich, setzt sich aber gleichzeitig mit den Anfragen des modernen Menschen und der Naturwissenschaft auseinander. Der erste Schritt ist dabei das ausdrückliche Anerkennen moderner naturwissenschaftlicher Erkenntnisse (gegen das kreationistische Konkurrieren). Der zweite Schritt besteht darin, darauf hinzuweisen, dass die biblischen Texte aus einer Haltung des Gotteslobes und der Freude über das Beste-

---

66  Vgl. Westermann 1999, 238.

67  Diese Modelle tendieren dazu, den Text biblizistisch-kreationistisch zu lesen (etwa »ein Tag in Gen 1 entspricht einer Evolutionsepoche«, vgl. Kliss/Walter 2003, 282), oder operieren in erkenntnistheoretischen *Grenz*bereichen (Rothgangel 1999, 131).

68  Vgl. Fetz u.a. 2001, 321 und H. Reich /A. Schröder, Komplementäres Denken im Religionsunterricht. Ein Werkstattbericht über ein Unterrichtsprojekt zum Thema »Schöpfung« und »Jesus Christus«, in: Loccumer Pelikan Sonderheft Nr. 3 1995.

hende (Gen 1) bzw. aus dem Wunsch, Einsichten über das Wesen des Menschen auszudrücken (Gen 2), verfasst und überliefert sind und auf diesen Ebenen zu uns sprechen können.

Im Rahmen des komplementären Modells ließe sich darüber hinaus die Position vertreten, dass die biblischen Erzählungen aus naturwissenschaftlicher Sicht zwar überholt sind, aber im Sinne eines Programms der »Wiederverzauberung«[69] der Welt eine alternative Sichtweise für die moderne und aufgeklärte Gesellschaft bereithalten. Schließlich können sie wichtige Impulse auf anthropologischer und ethischer Ebene geben, z.B. im Hinblick auf die unbedingte Würde jedes Menschen, die Fähigkeit zum moralischen Handeln oder den Auftrag zur Bewahrung der Mitgeschöpfe und der Natur.[70]

### 3.2.1.5 Psalm 104

Soweit die intensive Diskussion um die biblischen Schöpfungstexte aus Genesis. Dass sich diese Texte nicht als historische Tatsachenberichte verstehen, sondern als Lob und Bekenntnis zu Gott, als ein Kompliment für die Schönheit Gottes, aller Dinge und Lebewesen, verstehen wir besser, wenn wir uns Psalm 104 in Auszügen ansehen und die Genesis-Texte auch von daher lesen:

1 Lobe den HERRN, meine Seele! HERR, mein Gott, du bist sehr herrlich; du bist schön und prächtig geschmückt.
2 Licht ist dein Kleid, das du anhast. Du breitest den Himmel aus wie einen Teppich [...],
5 der du das Erdreich gegründet hast auf festen Boden, dass es bleibt immer und ewiglich [...].
10 Du lässest Wasser in den Tälern quellen, dass sie zwischen den Bergen dahinfließen,
11 dass alle Tiere des Feldes trinken und das Wild seinen Durst lösche.
12 Darüber sitzen die Vögel des Himmels und singen unter den Zweigen.
13 Du feuchtest die Berge von oben her, du machst das Land voll Früchte, die du schaffest.
14 Du lässest Gras wachsen für das Vieh und Saat zu Nutz den Menschen, dass du Brot aus der Erde hervorbringst,

---

69    Rothgangel 1999, 199.
70    Zu den Schwierigkeiten, das ambitionierte (Lern-)Ziel des komplementären Denkens zu erreichen, vgl. das selbstkritische Resümee aus dem Versuch mit einer 12. Klasse von Kliss/Walter 2003, 286.

15 dass der Wein erfreue des Menschen Herz und sein Antlitz schön
werde vom Öl [...].
27 Es warten alle auf dich, dass du ihnen Speise gebest zur rechten Zeit.
28 Wenn du ihnen gibst, so sammeln sie; wenn du deine Hand auftust,
so werden sie mit Gutem gesättigt.
29 Verbirgst du dein Angesicht, so erschrecken sie; nimmst du weg ihren
Odem, so vergehen sie und werden wieder Staub.
30 Du sendest aus deinen Odem, so werden sie geschaffen, und du
machst neu die Gestalt der Erde.

Gott wird mit Komplimenten geradezu überhäuft. Er ist schön.
Er ist machtvoll, er gründet und belebt die Welt. Der Mensch
steht dabei nicht, wie in Gen 1, nahe der göttlichen Sphäre und
der Mitwelt gegenüber, sondern ist (auch literarisch) in seine
Mitwelt eingeordnet und wird in einem Atemzug mit ihr aufge-
listet. Er hat seinen Platz unter Pflanzen und Tieren, ist nicht
herausgehoben, wird sogar als Empfangender und nicht als »Ma-
cher« geschildert. Gott ist der Aktive, der Leben gibt und wieder
nimmt. Er sorgt dafür, dass der Mensch neben der Arbeit auch
genießen darf – Öl und Wein sind sinnenbezogene, ja sogar
sinnliche Beispiele. Uns wird ein persönlich-fürsorgender Gott
vorgestellt.

### 3.2.1.6 Luthers Auslegung des ersten Glaubensartikels

Ich glaube, dass mich Gott geschaffen hat samt allen Kreaturen,
mir Leib und Seele, Augen, Ohren und alle Glieder,
Vernunft und alle Sinne gegeben hat und noch erhält;
dazu Kleider und Schuh, Essen und Trinken,
Haus und Hof, Weib und Kind,
Acker, Vieh und alle Güter;
mit allem, was not tut für Leib und Leben,
mich reichlich und täglich versorgt,
in allen Gefahren beschirmt
und vor allem Übel behütet und bewahrt;
und das alles aus lauter väterlicher, göttlicher Güte und Barmherzigkeit,
ohn all mein Verdienst und Würdigkeit:
für all das ich ihm zu danken und zu loben
und dafür zu dienen und gehorsam zu sein schuldig bin.

Den Gedanken von Ps 104, dass Gott den Menschen versorgt,
intensiviert Luther mit seiner Auslegung zum ersten Artikel des
Apostolischen Glaubensbekenntnisses. Es geht nicht darum, dass

Gott die Welt und den Menschen im *Allgemeinen* erschaffen hat, sondern darum, dass er *dich* mit deinen und *mich* mit meinen körperlichen und geistigen Merkmalen und Gaben gewollt hat – unter all den anderen Lebewesen; nicht gegen sie, sondern mit ihnen. Wie schon zuvor beim Gottesbegriff, stellt Luther einen existentiellen Bezug her.

Der zweite Aspekt des göttlichen Schöpfungshandeln ist das Erhalten. Gott schenkt mir täglich das zum Leben, was ich brauche: Materielle Güter, aber auch lebensnotwendige Beziehungen und Arbeit. Das Schöpfungshandeln Gottes geht also weiter. Es begann »damals« im Anfang der Welt und setzt sich bis heute fort, auch in der Weise, dass ich von Gott beschützt und bewahrt werde.

Ich bin Gott zu danken »schuldig«. Welches Kind hat es nicht gestört, wenn die Eltern es ermahnten, »Danke« zu sagen, nachdem es etwas geschenkt bekommen hatte? Dank lässt sich nicht erzwingen, doch man kann eine Haltung von Dankbarkeit anbahnen und einüben. Dankbarkeit kann – im Sinne des Modelllernens – auch anstecken. Wer nie vorgemacht bekommt, »Danke« zu sagen, wird es von sich aus auch nicht tun. In diesem Sinn verstehe ich die Worte Luthers über den Dank gegenüber Gott.

Fassen wir zusammen: In der biblisch-christlichen Tradition und Lehre wird Gott als freier, unableitbarer, unverfügbarer Ursprung des Weltganzen gepriesen, Mensch und Welt sind Schöpfung und damit von Gott unterschieden. Die Welt ist als »gut« geschaffen, der Mensch Ebenbild Gottes und gleichzeitig eingeordnet in seine Mitwelt, einzig in seiner Art und doch angewiesen und hinfällig.[71] Für all das gilt: Es geht um Glaubensaussagen, -überzeugungen und -erfahrungen, die zwar nicht objektiv feststellbar und beweisbar sind, die aber Anhalt an der von uns erfahrbaren Lebenswirklichkeit haben und deshalb von uns in gewisser Weise verifizierbar sind, in dem Sinne, dass sie sich in unserer Lebenswirklichkeit bewahrheitet haben oder bewahrheiten können.

---

71   Vgl. Lachmann 1992, 61f.

### 3.2.2 Didaktische Folgerungen

Auf diesen theologischen »Höhen« begeben wir uns in die Realität der Schule. In meinen empirischen Untersuchungen zu den biblischen Schöpfungserzählungen (Gen 1–2) habe ich mit zwei Kindergruppen, einer Mädchengruppe und einer Jungengruppe, aus der 4. Klasse mit der Methode der Gruppendiskussion gearbeitet. Die Kinder regen einander zu freimütigen, offenherzigen Beiträgen an und streifen dabei viele Aspekte. Zunächst bat ich die Kinder, mir ihre Sicht und Kenntnisse über die Entstehung der Welt ausführlich und in Form von Bildern mitzuteilen. Hier zeigten sich naturwissenschaftliche, religiöse und entsprechend gemischte (»hybride«) Weltbilder. Erst dann beschäftigten wir uns mit der Bibel.

### 3.2.2.1 Kinderfragen und -gespräche zur biblischen Schöpfungserzählung

Die Erzählung von Gen 1 trage ich in einer vereinfachten Fassung von D. Steinwede vor,[72] danach lesen die Kinder sie selbst. Anschließend sollen sie Fragen notieren, die sie zu der Erzählung haben. Jedes Kind setzt einen anderen Schwerpunkt bei der Aneignung des Textes. Die Schülerfragen geben uns darüber Auskunft (s.u. 4.1.2.1.1). Gleichzeitig leisten sie einen unverzichtbaren Beitrag zur Erschließung des Bibeltextes und bereichern die Lerngruppe. Sie sind bereits Ausdruck von Wissen und stellen die alten Antworten möglicherweise in Frage: »Wer fragt, weiß schon etwas.«[73] Ein dritter Gesichtspunkt, den man als Lehrkraft deutlich machen sollte, ist, dass es keine »falschen« Fragen gibt. Dies kann gerade eine Ermunterung für diejenigen Schüler sein, die aus Angst davor, falsche Antworten zu geben, im Unterricht stumm bleiben. Einige von den Kinderfragen lauten:

Warum war alles durcheinander?
Wann hat Gott die Kontinente erfunden?
Warum hat er keine Kinder erschaffen?

72  D. Steinwede, Von der Schöpfung. Ein Sachbilderbuch, Lahr/Düsseldorf 1972, 23f.

73  R. Oberthür, Kinder fragen nach Leid und Gott. Lernen mit der Bibel im Religionsunterricht, München 1998, 9 und 22.

Warum gab es keine Dinosaurier in der Geschichte?
Warum gibt es nur 7 Tage?
Warum wurde es immer so, wenn Gott es sagte?
Wie ist Gott gekommen?[74]

Die Frage, warum Gott keine Kinder erschaffen hat, zeigt zweierlei: Das Kind, das diese Frage gestellt hat, fühlt sich offenbar nicht durch die Begriffe »Mann« und »Frau« repräsentiert. Dem Bedürfnis nach Identifikationsmöglichkeiten wird nicht entsprochen. Hier sehen wir, dass die Perspektive der Kinder eine wichtige Ergänzung zur Erwachsenenperspektive sein kann, denn es stellt sich ja zu Recht die Frage, warum Kinder nicht vorkommen – sind sie nicht nach dem Ebenbild Gottes geschaffen? Oder hat der priesterliche Erzähler sie kulturbedingt nicht im Blick?

Ein langes und intensives Gespräch ergab sich zur Frage der Schülerin Sa.: »Warum wurde es immer so, wenn Gott es sagte?«

LL: Wie meinst du das?

Sa: Gott ist doch kein, kein [überlegt], kein Gott, kein Herrscher über die Welt. So ist es.

Mi: Doch.

[verschiedene]: Doch. Doch.

Sa: Nei-hein!

Js: Du denkst nicht an Gott.

Wie sich auf mein Nachfragen hin zeigt, verbirgt sich hinter Sa.'s Frage die Überzeugung, dass Gott nicht auf einen Befehl hin etwas erschaffen kann, weil er »kein Herrscher über die Welt« ist. Die klare Position von Sa. ruft Gegenreden von Mi. und auch Js. hervor.

LL: Jetzt müsst ihr noch erklären, wie ihr das meint.

Mi: Also, ich würd sagen, Gott *ist* der Herrscher, weil wer könnte sonst noch auf der Welt hier alles erschaffen, und also ist er der Herrscher über der ganzen Welt.

Sa: [verneinend] A-aa. Jeder Mensch kann doch für sich selber bestimmen. Da muss er doch nicht auf den doofen Macker da oben hören.

---

74    Fricke 2005, 363.

Mi: Einerseits hat sie recht, aber andererseits ... [unverständlich, weil Co. gleichzeitig spricht].

Co: Aber Gott hat uns doch geschaffen und der hält des oben wie ein Elektroauto und drückt drauf ...

Das Gespräch nimmt eine neue Richtung. Sa. bezieht den Herrschaftsgedanken auf eine ganz andere Ebene, nämlich die der Selbstbestimmung des Menschen – ein Aspekt, der in der »Exegese der Erwachsenen«, zumindest in den einschlägigen Kommentaren, nicht vorkommt, aber für Kinder Wichtiges ausdrückt: Wie viel darf ich selbst bestimmen und wer bestimmt über mich im Alltagsleben? – so im nachfolgenden Schülergespräch.[75]

In der Jungengruppe wird die Geschichte des Priesters in doppelter Hinsicht als »unlogisch« bezeichnet:

To: Ich finde die irgendwie ein bisschen unlogisch.

LL: Was denn?

To: Dass das mit den Dinosauriern nicht vorkommt.

LL: Das haben wir vorhin schon gesagt, und dass die damals keine Beweise für Dinosaurier hatten.

Ti: Unlogisch ist das nicht. Er hat es nicht erwähnt.

To: Ich finde es irgendwie unlogisch, weil der kann nicht einfach sagen, ich wünsch mir des, ich wünsch mir des, ich wünsch mir des, z.B. der Ti macht jetzt einen achtfachen Rückwärtssalto, das geht ja auch nicht. Deswegen finde ich es eben unlogisch, dass immer alles wurde; z.B. »Und es wurde das Himmelsgewölbe mit Wasser darüber«, das finde ich unlogisch, man kann ja nicht sagen, der Ma nimmt in einer Sekunde 80 Kilo ab, dann geht das ja auch nicht.[76]

Ich breche die Sequenz hier ab und schneide eine andere Frage an, nämlich inwieweit historische Erläuterungen Kindern eine Verständnishilfe bzw. einen einfacheren Zugang zum Text bieten können. Ausgangspunkt ist das gemeinsame Lesen einer entsprechenden historischen Hintergrunderzählung für Kinder, die über das Alte Israel im 6. Jahrhundert erzählt, d.h. über die Eroberung Jerusalems und die Gefangenschaft und Götter in Babylon.[77]

---

75  Siehe Fricke 2005, 373ff.
76  Fricke 2005, 377.
77  Überarbeitete Vorlage von Steinwede 1972, 26–30.

Die Mädchen stolpern beim gemeinsamen Lesen des Textes über das Wort »Babylon« und lesen »Baby«, was großes Gelächter auslöst. Ansonsten zeigen die Mädchen keinerlei Motivation oder Interesse, sich mit dem historischen Hintergrund zu befassen. In der Jungengruppe äußert sich die Ablehnung auf andere Weise: »LL [fasst zusammen]: Und der Priester hat sich die Erde nicht als Kugel, sondern als Scheibe vorgestellt. – To [Schüler]: Ist der doof!«

Auch hier breche ich ab und bündele einige Aspekte zum Verständnis und der Rezeption des Textes durch die Kinder:

### 3.2.2.2 Auswertung und Reflexion

(1) Die Kinderäußerungen zeigen ein widersprüchliches Bild: Zum einen ist ein physikalisch-biologisches Wissen über die Weltentstehung vorhanden, das eine explizit nicht-religiöse Tendenz hat – damit werden Ergebnisse anderer Untersuchungen bestätigt.[78] Gerade das kindliche Wissen um die Evolution stellt die religionspädagogische These in Frage, nach der Kinder aufgrund ihres mythischen Weltbildes den biblischen Schöpfungsmythos generell mit »Leichtigkeit« aufnehmen würden.[79] Zum anderen vertritt ein Teil der Kinder ein »hybrides« Weltbild, in dem naturwissenschaftliche und christlich-religiöse Vorstellungen vermischt vorliegen.[80]

(2) Bei den meisten Kindern bestätigt sich die Theorie Fowlers vom anthropomorphen Gottesbild und dem »mythisch-wörtlichen« Glauben (s.o. 1.1.2). Jedoch ist auch zu beobachten, wie sich manche Kinder von diesen anthropomorphen Vorstellungen im weiteren Gesprächsverlauf distanzieren, so lehnen z.B. die Mädchen ihre erste Idee von der manuellen Fernsteuerung der Menschen durch Gott später ab. Das Üben des Nachdenkens bewirkt einen Erkenntnisfortschritt, der zur Relativierung be-

---

78 Vgl. Kunkel, Biblische Schöpfungserzählungen in der Grundschule, in: Kat Bl 128 (2003), 55: Heute erklären Grundschüler die Weltentstehung »zumeist rein physikalisch und nicht theologisch«. Kunkel verweist auf eine Befragung unter 1238 Kindern und Jugendlichen (veröff. in der Zeitschrift »Eltern« 2/2002, 97f.).

79 So behaupten Fetz u.a. 2001, 341, es gebe »ein ursprüngliches Weltbild des Kindes, das in Form und Funktion dem ursprünglich mythischen Bewusstsein der Menschheit vergleichbar ist«.

80 Fetz, Die Entwicklung der Himmelssymbolik. Ein Beispiel genetischer Semiologie, in: JRP 2 (1985), Neukirchen-Vluyn 1986, 208ff.

stimmter Vorstellungen führt. Die klassischen religiösen Stufen-theorien, die diese Veränderungsmöglichkeiten innerhalb einer Alterstufe nicht vorsehen, kommen hier an die Grenze ihrer Gültigkeit.

(3) Die Mädchengruppe illustriert, dass keineswegs alle Kinder, die interessiert an der Gruppe (und am Religionsunterricht) teilnehmen, auch an Gott glauben bzw. die Aussagen des Bibeltextes unkritisch rezipieren. Manche zeigen einen »Atheismus im Kindesalter«,[81] den sie argumentativ vertreten können – dabei sind einige Positionen inhaltlich begründet, andere erwachsen aus der Dynamik von Bündnissen in der Gruppe (»Wer hält zu wem?«). Die Pluralität der Überzeugungen, d.h. Glaube bzw. Unglaube in der Gruppe ist ein Spiegelbild unserer gesellschaftlichen Wirklichkeit, in der beide Haltungen zu finden sind, oft sogar in einer einzigen Person. So könnte man das Gespräch im Sinne der gruppenanalytischen Theorie als den inneren Diskurs eines modernen Individuums verstehen.[82]

### 3.2.2.3 Folgerungen für den Religionsunterricht

(1) Ziel im Religionsunterricht sollte es sein, den Schülern einen Zugang zu den Aussagen und Formen der biblischen Schöpfungserzählungen zu ermöglichen und damit z.B. das »Vertrauen in den planvollen Schöpfer dieser Welt zu wecken« und das »Staunen über die Schönheit der Schöpfung« zu fördern.[83]

(2) Dies ist nicht möglich, ohne das Verhältnis der Schöpfungserzählungen zum modernen Weltbild zu thematisieren, über das die Kinder bereits in der Grundschule verfügen. Das Weltwissen der Kinder sollte nicht – z.B. aus Ängsten vor Konfliktsituationen – übergangen, sondern schon aus Gründen der Subjektorientierung in einem eigenen Schritt abgerufen und in Form einer »elementaren wissenschaftlichen Grundlegung« integriert werden.[84] Allerdings ist zu beachten, dass die naturwissen-

---

81  Fetz u.a. 2001, 238.

82  Vgl. S. Foulkes Gruppenanalytische Psychotherapie, München 1992, 29.

83  C. Kalloch, Das Alte Testament im Religionsunterricht der Grundschule. Chancen und Grenzen alttestamentlicher Fachdidaktik im Primarbereich, Münster 2001, 246.

84  Kunkel 2003, 52 und 55, wo er in seinem Unterrichtsentwurf einen entsprechenden Weg vorstellt.

schaftlichen Kenntnisse von Kindern oft nur in Form des »verwirrenden Wissens« vorliegen, so etwa über den Urknall: »Das hat vielleicht geknallt! Da sind alle Leute in der ganzen Welt davon wach geworden. Sie fingen sofort an zu arbeiten. Einige haben Fernrohre gebastelt und nachgeschaut, warum es so geknallt hat.«[85]

(3) Beide Schöpfungserzählungen sind für die Grundschule denkbar, ebenso wie entsprechende Psalmen (z.B. 104). Bei Gen 1 bietet sich an, das Loben und Danken gegenüber dem Schöpfer bzw. das Staunen über alles, was lebt, besonders spürbar zu machen. Dass Loben und Danken einer besonderen sprachlichen Form bedarf, lässt sich etwa durch eine geeignete Textfassung und die Möglichkeit des gemeinschaftlichen Rezitierens erschließen. Darüber hinaus können die Schüler angeregt werden, ein Dankgebet oder auch eine eigene Schöpfungsgeschichte zu verfassen. Bei Gen 2 kann mit dem ansprechenden Bild des Gartens (und mit den Kindererfahrungen) gearbeitet werden[86] oder mit der Erzählung über die ersten Menschen Adam und Eva und die Tiere sowie deren Beziehung zueinander, da hier das Interesse der Kinder groß ist. Die Texte wecken Fragen und deren Beantwortung das Interesse, weiter nachzudenken. Sie greifen das Bedürfnis der Kinder auf, über die »großen« Dinge zu sprechen.

Gleichzeitig ist mit dem wortwörtlichen Verständnis und der rationalistisch motivierten Ablehnung der Texte zu rechnen; eine Zustimmung ist auf keinen Fall als selbstverständlich vorauszusetzen. Kritische Anfragen sollten nicht aus einer Verteidigungshaltung heraus übergangen, sondern als wichtige Beiträge für die Klasse erkannt und aufgegriffen werden. Eine didaktische Möglichkeit, die persönliche Dimension zu erschließen, ist etwa der Weg über den eigenen Geburtstag. Die Feier des Geburtstags hat jeder als »Geschenk« zum Leben hinzubekommen, sie drückt aus, dass niemand sich selbst erschaffen kann. Das kann dazu anleiten, den Geschenkcharakter des Lebens bewusst zu machen.[87]

85  Ein 9-jähriges Kind spricht über den Urknall, zit. bei Kunkel 2003, 55.

86  Vgl. Lehrplan Bayern 2000, 158: Gen 2, 8.9a.16: Gott pflanzt einen Garten und setzt den Menschen hinein.

87  Vgl. den Unterrichtsentwurf bei Lachmann 1992, 68f.

In der Mittelstufe sind unterschiedliche Lernwege denkbar: Zum einen der kognitiv orientierte Ansatz, bei dem Jugendliche »ein Bild von der Welt gewinnen« sollen und dabei ihre Weltbilder, die Erkenntnisse der modernen Naturwissenschaft und die biblischen Schöpfungsaussagen reflektieren,[88] zum anderen der handlungs- und erlebnisorientierte Weg, der versucht, das biblische Bild vom gemeinschaftlichen und naturnahen Leben im »Garten« (Gen 2) praktisch (Gestaltung des Schulhofs, Schullandheim) und über Identifikation (Rahmenerzählung über drei Jugendliche auf Boots- und Campingurlaub) zu erschließen.[89]

(4) Im Religionsunterricht und besonders bei der Schöpfungsthematik dürfen wir nicht hinter die Erkenntnis zurück, dass es bei religiöser Erziehung um Lernziele und -verfahren geht, »sich Werte zu eigen zu machen« und »Werte in Frage zu stellen.«[90] Schüler sollten im Religionsunterricht lernen, dass Zustimmung ebenso wie Abgrenzung sein dürfen. Auch auf diese Weise erwerben sie sich Entscheidungskompetenz in Sachen Glauben.

(5) Obwohl historische Hintergrundinformationen für die Erschließung von Gen 1 oder 2 in der religionspädagogischen Literatur immer wieder eine wichtige Rolle spielen, zeigen die Kindergruppen, dass aus entwicklungspsychologischen Gründen der Einsatz solcher Erklärungen in der Grundschule nur begrenzt hilft, da sich die Kinder neben der fremden Textwelt (Bibel) auch noch mit der Welt bzw. Zeit hinter dem Text (z.B. Exil, Marduk usw.) auseinandersetzen sollen. Diese komplexen formal-operatorischen Aufgaben überfordern Kinder.[91] I. Baldermann lehnt diesen Weg kategorisch ab: »So bin ich es leid, die Kinder erst nach Babylon zu führen, wenn sie die Schöpfungsgeschichte [...]

---

88  So das Religionsbuch 7/8. Schülerbuch, von U. Baumann u. M. Wermke, Frankfurt a. M. 2001, 48–65.

89  Da Sein. Wege ins Leben 8, ein Unterrichtswerk für den Evangelischen Religionsunterricht an der Hauptschule, von W. Haussmann (Red.), Frankfurt a. M. 2002, 105–126

90  D. Zilleßen, Doppelte Religion. Aufräumen nach dem 11. September?, in: ZPT 54. Jg. (3/2002), 234.

91  Vgl. F. Harz, Die Bibel verstehen lernen – Anregungen zu einer religionspädagogisch verantworteten Rezeption historisch-kritischer Forschung, in: W. Ritter/M. Rothgangel (Hg.): Religionspädagogik und Theologie. Enzyklopädische Aspekte, FS für Wilhelm Sturm, Stuttgart 1998, 324.

verstehen sollen.«[92] In der Sekundarstufe hat der religionsge-schichtliche Ansatz jedoch seine Berechtigung.

(6) Das Ziel, nicht nur im Religionsunterricht, sondern auch in anderen Fächern das komplementäre Denken aufzubauen, ist fundamental,[93] sollte aber für den Bereich der Grundschule mit realistischen Maßstäben gesehen werden. So ist die Formulie-rung Kunkels, die Schüler »sollen erfahren, dass Evolution und Schöpfung keine Gegensätze sind, sondern zwei unterschiedliche Betrachtungsweisen der einen Wirklichkeit«,[94] zwar wohlklin-gend, aber aufgrund der entwicklungspsychologischen Gegeben-heiten zu optimistisch.

Komplementäres Denken ist ein komplexes Zusammenspiel von Kenntnissen und Haltungen. Es gilt zu prüfen, welcher Lern-begriff hier sinnvoll ist. Wenn wir den der klassischen Curricu-lum- und Lerntheorie – Lernen als Veränderung eines Verhaltens oder als Informationsverarbeitung – zugrunde legen, stellt sich beim Ausbleiben der Fähigkeit des komplementären Denkens zwangsläufig die Frage, ob der entsprechende Religionsunter-richt nicht gescheitert ist. M.E. ist es sinnvoller, mit einer Defi-nition zu arbeiten, die Lernen weiter fasst, d.h. die Eigenaktivität und Motivation der Schüler mehr ins Zentrum rückt und der Tatsache Rechnung trägt, dass die Frage der Rezeption der Schöpfungserzählung zum großen Teil »Haltungen« betrifft, die nicht innerhalb einer einzigen Unterrichtseinheit verändert wer-den können. Komplementäres Denken ist ein Habitus und nur als Frucht eines wiederholten Übens zu erreichen. Realistische Teil-ziele dorthin sind das Wahrnehmen von Meinungsdifferenzen, das Einüben der Nachdenklichkeit und des Formulierens der eigenen Gedanken sowie das Herausbilden einer Sensibilität und Offen-heit gegenüber christlich-religiösen Haltungen und Aussagen angesichts eigener naturwissenschaftlicher Kenntnisse über die Welt.

---

92  I. Baldermann, Didaktischer und »kanonischer« Zugang. Der Unterricht vor dem Problem des biblischen Kanons, in: JBTh Bd. 3, Neukirchen-Vluyn 1988, 102f.

93  Für den Sachunterricht fordert U. Gebhard (Symbolisierung und Sinnkons-titution in einem Kindergespräch über Bäume, in: Giest, Hartmut u.a. (Hg.): Jahrbuch Grundschulforschung, Bd. 2, Weinheim 1999, 191) ein komplementäres Denken und kritisiert, dass Kinder in der Grundschule oft dazu angehalten werden, subjekti-vierendes und objektivierendes Denken voneinander zu trennen bzw. getrennt zu halten.

94  Kunkel 2003, 55.

## 3.3 Biblisch-christliches Reden von Sünde und Schuld

### 3.3.1 »Sünde« in Alltagssprache und Außenwahrnehmung

Wo uns der Begriff »Sünde« in der Alltagssprache begegnet, ist sein ursprünglicher theologischer Sinn, nämlich die Störung und Verfehlung des Verhältnisses von Mensch zu Gott und Mitmensch, meist in den Hintergrund getreten. Es wird von »Sünde« im *uneigentlichen* Sinn gesprochen. Wer sich genussvoll und

über das vernünftige Maß hinaus Kalorien einverleibt, »sündigt«.[95] Oft wird das in Form einer Selbstbezichtigung geäußert: »*Ich* habe heute wieder gesündigt.« Ein Kleidungsstück ist »sündhaft teuer«. Neben dieser ironisch-scherzhaften Konnotation lässt sich ein zweiter Bedeutungshof ausmachen: Liebe, Sexualität und Erotik. »Kann denn Liebe Sünde sein?«, fragte Marlene Dietrich, die Reeperbahn gilt als die »sündigste Meile der Welt« und eine Erotik-Sendung der Neunziger Jahre hieß »Liebe Sünde« – in diesen Fällen wird mit der Jahrhunderte langen Leib- und Sexualitätsfeindlichkeit der christlichen Kirche gespielt. Schließlich trägt der Begriff Sünde die Bedeutung »Verstoß gegen Gesetze und öffentliche Normen«.[96] Im Sport kennen wir »Dopingsünder«, wer die Geschwindigkeitsbegrenzung übertritt, ist ein »Verkehrssünder« und wer Müll und Schadstoffe nicht angemessen entsorgt, ein »Umweltsünder«. Hier ist der Begriff auf moralische Vergehen reduziert.

95 Hägar-Karikatur: D. Browne © Kind Feature Syndicate/Bull 1986, zit. in: H.K. Berg/G. Hilger, Von der Sünde zum Leben umkehren – Zu diesem Heft, in: ru 16 (1986), 121.

96 U. Schmoll, Sünde und Entfremdung als Thema des Religionsunterrichts, Vortrages auf der 34. Theologischen Studienwoche in Josefstal: »Der Glaube an Gott angesichts des Bösen – Theologische Reflexionen zum Begriff Sünde«, 2006 (http://www.pt2.evtheol.uni-muenchen.de/personen/schmoll/vortraege/index.html).

Wie ist dieser Befund zu deuten? Er ist sicherlich ein Ausdruck für die Schwierigkeit und (eigene) Unsicherheit, heute noch von Sünde zu reden. In einer Zeit, die von der Säkularisierung und dem Autonomiestreben des Einzelnen geprägt ist,[97] erscheint die Rede von der Sünde als unpassendes und unzeitgemäßes Programm der Fremdbestimmung und Lebensfeindlichkeit.

Diesen Gedanken vertieft der Soziologe G. Schulze in seinem Buch »Die Sünde. Das schöne Leben und seine Feinde«. Ausgehend von dem Thriller »Seven«,[98] in dem Menschen bestialisch ermordet werden, weil sie »ihren Bedürfnissen, ihrer Gier, ihren Phantasien nachgehen«,[99] untersucht Schulze die mittelalterliche Lehre der »sieben Todsünden«: Völlerei, Unkeuschheit, Habsucht, Trägheit, Zorn, Hoffart und Neid. Er ist der Ansicht, dass die Moral der sieben Todsünden die Privatsphäre, das eigene Leben, das Streben nach guten Gefühlen, den Ärger über das Misslingen eigener Glücksprojekte und den Neid auf den Glückserfolg des Nächsten bekämpft habe.[100] Das Reden von der Sünde sei nichts anderes als eine religiöse »Kampfansage an den normalen Menschen«.[101] Alles Lebenswerte werde von der Religion verboten. Obwohl Schulze mit seinem konstruierten »Gegensatz zwischen einem Leben für Gott und dem eigenen Leben«[102] ein Zerrbild entwirft, weist er zu Recht auf eine nicht zu verleugnende Tendenz in der christlichen Tradition hin, lebensfeindliche Dogmen und übersteigerte Ge- und Verbote aufzustellen, die auch heutigen Christen zu schaffen machen kann. Und: Das Buch kann als Spiegel dafür verstanden werden, wie Nicht-Christen die Rede von der Sünde wahrnehmen.

Wenn also in der Außenwahrnehmung die Rede von der Sünde als Lebensfeindlichkeit dargestellt, in der Alltagssprache wiederum die »Sünde« bagatellisiert, trivialisiert und ironisiert wird, stellt sich die Frage an christliche Theologie und Religi-

---

97   Vgl. M. Sievernich, Art. Sünde, Erbsünde, Sündenvergebung, in: Lex RP Bd. 2, 2072.
98   D. Fincher, Seven, USA 1995, mit Morgan Freeman und Brad Pitt.
99   G. Schulze, Die Sünde. Das schöne Leben und seine Feinde, München 2006, 10.
100   Vgl. Schulze 2006, 13.
101   Ebd.
102   Ebd.

onspädagogik, wie mit diesem Phänomen umzugehen ist. Nahe-
liegend wären ein theologisches Kopfschütteln über so viel Un-
verständnis und eine klare Zurückweisung. Bei näherem Hinse-
hen jedoch macht die beschriebene Weise, den Begriff »Sünde«
zu verwenden, etwas sehr Wichtiges deutlich: Es gehört zum
Wesen des autonomen und freien Menschen, die Deutungshoheit
über das eigene Leben für sich zu beanspruchen und auszuüben.

Im Begriff der Sünde bzw. des Sünders schwingt jedoch ein
von außen kommendes, massives Urteil über die Qualität des
Menschen mit. Die Rede von Sünde an sich selbst heranzulassen,
bedeutet nicht nur eine Verletzung der Autonomie, sondern eine
Kränkung und Demütigung der eigenen Person. Insofern ist die
Ambivalenz gegenüber dem Reden von der Sünde eine »gesun-
de« Reaktion. Das ist jedoch nur die eine Seite. Gerade die
scherzhaft-ironisierenden Redeweisen über »Sünde« aus der Alltagssprache zeigen, dass das Bewusstsein für Grenzen und die
Problematik ihrer Überschreitung auch in der Moderne nicht
verloren gegangen ist: »Es ist nicht alles okay, was ich tue.«

Mit dieser Dialektik lässt sich religionspädagogisch arbeiten.
Mit W. Gräb können wir das Problem zusammenfassen und im
Hinblick auf unsere Aufgabe formulieren: »Theologische Rede
von der Sünde steht […] vor gravierenden Kommunikations-
problemen. Sie darf deshalb das verbreitete, umgangssprachliche
Verständnis der Rede von der Sünde nicht abstrakt negieren. Sie
muss an das moralische Verständnis […] kritisch-konstruktiv
[…] anschließen, um es religiös – auf die Auslegung des Gottes-
verhältnisses hin – zu transzendieren.«[103]


3.3.2 »Sünde« in der Wahrnehmung von Schüler/innen


M. Zimmermann ist der Frage nachgegangen, wie Kinder die
Rede von der Sünde verstehen bzw. selbst füllen. Dazu äußern
sich Grundschüler/innen der 2. bis 5. Klasse in Einzelinterviews
zu einer Dilemmageschichte. Die fünfjährige Anna zerstört aus
Wut den Glitzerfüller ihrer älteren Schwester. Später bittet sie

---

103  W. Gräb, Art. Sünde VIII. Praktisch-Theologisch, in: TRE 32 (Berlin/ New
York 2001), 437f.

Gott um Verzeihung, will sich aber nicht bei der Schwester entschuldigen oder den Schaden gut machen.[104] Die Kinder füllen den Begriff ethisch und im Sinne der Tatsünde: »[...] wenn man einem anderen irgendetwas tut, irgendetwas Schlechtes«[105]. Auch wenn das »Sein im Bösen« nicht im Blick ist, findet sich die Meinung, dass alle Menschen Sünder sind: »Jeder hat Dreck am Stecken«; ein Schüler sagt: »[...] ich denk, des is` einem so angeboren«.[106] Schließlich vertritt ein Kind die Ansicht, dass die horizontale Dimension der Sünde mit der vertikalen zu tun habe: »[...] was man jemand anders tut, tut man auch Gott«[107]. Insofern müsse sich Anna aus der Dilemmageschichte bei Gott und ihrer Schwester entschuldigen: »Das eine und das andere müssen zusammen kommen. [...] Man muss sich bei beiden entschuldigen, wenn`s wirklich wieder ganz gut werden soll«.[108]

Aus Befragungen und Unterrichtsgesprächen an einem Münchener Gymnasium hat U. Schmoll Aussagen zum Thema »Sünde« zusammengestellt. Ein Schüler aus der 5. Jahrgangsstufe sagt: »Wenn man nicht das tut, was Gott von einem erwartet« (Jona). Schüler aus der 9. Klasse meinen: »Sünde ist, wenn man Gebote bricht, die von Gott in der Bibel aufgestellt wurden.« – »Etwas tun, das nicht nach Gottes Willen ist, wofür man büßen muss. Etwas, das nicht vorbildlich für das Verhalten der Menschheit und den Weltfrieden ist.« Aus der 12. Jahrgangstufe schließlich kommen die Äußerungen: »Man sündigt, wenn man etwas tut, das man vor sich selbst nicht verantworten kann.« – »Sünde bedeutet für mich mutwillig etwas Unrechtes tun«.[109]

Mit Zurückhaltung – wir kennen den Unterrichtskontext dieser Erhebung nicht – können wir diese Schlaglichter deuten: Sünde wird bei diesen Schülern offensichtlich als ethische, aber auch theologische Größe gesehen. Sie steht in Verbindung bzw. in Widerspruch zu dem, was Gottes Wille ist. Damit ist ein weites Bedeutungsspektrum aus dem biblischen Bereich bereits erfasst.

---

104  M. Zimmermann, Sünde in der Kindertheologie, in: Glaube und Lernen 20. Jg. (1/2005), 144.
105  Tobias (10), zit. in Zimmermann 2005, 145.
106  Rahel (9) und Fabian (12), zit. in Zimmermann 2005, 148.
107  Paula (7), zit. in Zimmermann 2005, 147.
108  Rahel (9), zit. ebd.
109  Alle Zitate bei Schmoll 2006 o.S.

Allerdings wird Sünde vorrangig als Tat (Aktualsünde) verstanden, nicht als Wirklichkeit, in der sich jeder Mensch schicksalhaft befindet (vgl. die theologische Rede von der »Ursünde«, peccatum originale 3.3.3.2).

Beide Befragungen zusammengenommen zeigen, dass Schüler/innen »Sünde« in einem weiteren Bedeutungsspektrum verstehen bzw. zu einer Erweiterung ihres Horizontes kommen können, als dies in und durch die heutige Alltagssprache vorgegeben ist. Sicherlich hängen die dargestellten Antworten vom Ort ihrer Herkunft ab, dem Religionsunterricht selbst, insofern sind sie reaktiv. Wie sich Kinder und Jugendlichen zum Thema »Sünde« spontan oder außerhalb des Kontexts »Religionsunterricht« äußern, wissen wir nicht.[110]

### 3.3.3 Biblisch-christliches Reden von Sünde und Schuld

*3.3.3.1 Bibel*

Im biblischen Sprachgebrauch finden sich für Sünde und Schuld mehrere Begriffe. Der wichtigste im Alten Testament ist *chata* (Substantiv *chatat*) und bedeutet »sich verfehlen« – im konkreten Sinn die Verfehlung des (Schuss-)Zieles und im abstrakteren Sinn, dem Gemeinschaftsverhältnis mit Gott oder den Menschen nicht gerecht zu werden.[111] Daneben steht *'awon*, »Unheil« von Bedeutung. Es meint nicht nur das unheilvolle Vergehen, sondern auch Schuld und/oder Strafe (z.B. Gen 4,13).

Für das Christentum besonders wirkmächtig war die »Sündenfallgeschichte« in Gen 3, obwohl weder »Sünde« noch »Fall« auftauchen! Diese Interpretation hat sich im Spätjudentum herausgebildet[112] und wurde dann in der christlichen Tradition etwa bei Paulus (Röm 5,12) und später bei Augustinus im Sinne eines

---

110 So kommt das Thema »Sünde« in der Shell-Jugendstudie 2006 nicht vor, vgl. T. Gensicke, Jugend und Religiosität, in: Jugend 2006. Eine pragmatische Generation unter Druck, v. K. Hurrelmann/M. Albert (15. Shell-Jugendstudie), Frankfurt a. M. 2006, 203–239.

111 R. Knierim, Art. חטא, in: THAT, Bd. 1, München/Zürich 1984, 545.

112 Vgl. 4. Esr 7, 118 (apokryph): »Ach, Adam, was hast du getan! Als du sündigtest, kam dein Fall nicht nur auf dich, sondern auch auf uns, deine Nachkommen!«, zit. nach C. Westermann, Genesis 1–11. Biblischer Kommentar zum Alten Testament I/1, 4. Aufl. Neukirchen-Vluyn 1999, 375.

heilsgeschichtlichen Schemas – Urstand des Menschen, Fall, Erbsünde, Erlösung durch Jesus Christus – dogmatisch verfestigt.[113] In Gen 3 wird lediglich erzählt, wie die Schlange Eva in Versuchung bringt und Eva und Adam dann von der verbotenen Frucht essen. Sie erlangen die Erkenntnis von Gut und Böse, was sich zunächst darin ausdrückt, dass sie sich ihrer Nacktheit bewusst werden und vor Gott »verstecken«. Als Gott sie zur Rede stellt, wälzen sie die Verantwortung ab. Am Ende müssen Adam und Eva den Garten verlassen und die Mühen des Lebens auf sich nehmen.

Die Erzählung ist von der existentiellen Frage her motiviert: »Warum ist der von Gott geschaffene Mensch ein von Tod, Leid, Mühe und Sünde begrenzter Mensch?«[114] Direkte Antworten erhalten wir jedoch nicht. Wesen und Herkunft der Sünde bleiben im Dunkeln. Klar ist nur, dass Gen 3 einen Zusammenhang zwischen dem Übertreten von Gottes Gebot und der Veränderung der Gottesbeziehung und der Beziehungen der Menschen untereinander herstellt. Dass die Kinder von Adam und Kain erst »außerhalb« des Paradieses gezeugt und geboren werden, kann man vielleicht so verstehen, dass die Erzähler eine Aussage über den Menschen schlechthin machen wollten: Jeder Mensch ist »außerhalb« des Paradieses und mit einer »Vorgeschichte« geboren, die ihm mitgegeben ist.

Die eigentliche »Sündenfallgeschichte« des Alten Testaments ist in Gen 4 (Kain und Abel) zu sehen.[115] Die Vorstellung, dass der Mensch der »Sünde« (Gen 4,7 *chatat*) ausgesetzt ist, taucht hier zum ersten Mal in der Bibel auf: Weil Kain sich von Gott übergangen fühlt, brodeln Frustration und Neid in ihm. Die Botschaft Gottes an Kain ist: Die Sünde lauert vor der Tür, du aber sollst sie kontrollieren. Kain hat die Möglichkeit zu wählen. Entweder sich von der Sünde beherrschen zu lassen oder sie zu beherrschen. Er lässt sich hinreißen und tötet seinen Bruder. Gott verflucht und verbannt ihn. Dennoch bleibt Kain Mensch, er wird zum Ahnherrn aller anderen Menschen (Gen 4,17)!

113  Vgl. Westermann 1999, 375.
114  Westermann 1999, 377.
115  Ähnlich E. Zenger, »Das Blut deines Bruders schreit zu mir« (Gen 4,10). Gestalt und Aussageabsicht der Erzählung von Kain und Abel, in: D. Bader (Hg.), Kain und Abel – Rivalität und Brudermord in der Geschichte des Menschen, München/Zürich 1983, 22.

Gott bewahrt Kain vor dem Tod und damit auch die menschliche Gesellschaft vor einer unendlichen Kette von Gewalt. Er legt ihr die Verantwortung auf, mit dem Mörder bzw. der Tatsache zu leben, dass Menschen zu solchen Taten fähig sind. Kain und Abel sind nicht als historische Gestalten zu verstehen, trotzdem sind sie »durch und durch geschichtlich, weil jeder an ihnen teilhat«.[116] Der erzählte Vorgang benennt einerseits »die verborgenen und meist verdrängten Anfänge und Ursachen eines menschlichen Verhaltens« und deckt andererseits auf, was »immer wieder geschieht bzw. nicht geschehen sollte« – »was jeder weiß und doch nicht weiß«.[117]

So eröffnet sich uns als Lesern die wichtige Selbsterkenntnis, dass wir als Menschen auch das Potenzial Kains in uns tragen und darüber hinaus die kritische Erinnerung, dass der Mensch seine Geschichte und Kultur auch auf Unrecht und Gewalttat aufgebaut hat und es noch tut. Damit verbunden ist die Mahnung, nicht so zu handeln wie Kain, sondern vielmehr für die Gefahren aufmerksam zu sein, die von Neid und Frustration ausgehen, und zu lernen, auf Misserfolg nicht in zerstörerischer Weise zu reagieren, sondern auch diese Erfahrung als menschlich und daher unabwendbar anzunehmen.

Im Alten Testament begegnet uns das Selbstbild des Menschen, schuldlos zu sein, wie etwa Hiob: »... wo du doch weißt, dass ich nicht schuldig bin« (Hiob 10,7), und auch die Schwierigkeit des Menschen, sich selbst als Sünder zu sehen. Ein prominentes Beispiel ist König David, der erst nach der Intervention des Propheten Nathan seine Sünde im Batseba- und Uria-Fall anerkennt (2 Sam 12,13). Andererseits finden wir institutionalisierte Sündenbekenntnisse im Sinne einer Beichte, an deren Ende die Bitte um Vergebung steht: »Gott, sei mir gnädig nach deiner Güte und tilge meine Sünden nach deiner großen Barmherzigkeit« (Ps 51,3).

Die Botschaft der Schriftpropheten wie Jesaja, Amos, Hosea und Jeremia kennzeichnet »Sünde« als Abfall von Gott und Hinwendung zu anderen Göttern und *zugleich* als Struktur, die in der Gesellschaft Unrecht und Ungerechtigkeit hervorruft und

---

116  Zenger 1983, 11.
117  Ebd.

zementiert: »Denn ich kenne eure Freveltaten, die so viel sind, und eure Sünden, die so groß sind, wie ihr die Gerechten bedrängt und Bestechungsgeld nehmt und die Armen im Tor unterdrückt.« (Am 5,12).[118]

Im Neuen Testament ist der wichtigste Begriff für Sünde *hamartia* und bedeutet ebenfalls zunächst das irrtümliche oder/ und schuldhafte Verfehlen eines Zieles, und im weiteren Sinn das »Schuldigwerden/-sein vor Gott und den Mitmenschen«.[119] In den Evangelien und der Apostelgeschichte kann man die erstaunliche Entdeckung machen, dass »Sünde« fast ausschließlich im Kontext ihrer Vergebung bzw. Überwindung vorkommt.[120] Das Bewusstsein für eigenes sündiges Verhalten wird in den Bekenntnissen des Verlorenen Sohnes (»Vater, ich habe gesündigt gegen den Himmel und vor dir.« Lk 15,21) und des Zöllners zum Ausdruck gebracht (»Gott, sei mir Sünder gnädig!« Lk 18,13). Ähnlich leitet Jesus im Vaterunser die Jünger an, die Vergebung der eigenen Schuld(en) von Gott zu erbitten (Mt 6,12). Den Gedanken einer »Erbsünde« findet man in Jesu Verkündigung nicht. Über Herkunft und Wesen der Sünde wird nicht spekuliert, im Zentrum steht die Befreiung von ihr. Auffällig ist auch, dass »Sünden« bei den Synoptikern überwiegend nur im Plural, im Sinn von Tatsünden erwähnt werden: »Und siehe, da brachten sie zu ihm einen Gelähmten, der lag auf einem Bett. Als nun Jesus ihren Glauben sah, sprach er zu dem Gelähmten: Sei getrost, mein Sohn, deine Sünden sind dir vergeben.« (Mt 9,2). Das Johannesevangelium, für seine theologische Hintergründigkeit bekannt, verwendet dagegen den Singular, um Jesu Heilshandeln in absoluter Weise hervorzuheben: »Siehe, das Lamm Gottes, das die Sünde der Welt aufhebt« (Joh 1,29). Über Jesus selbst findet sich in den Evangelien die spannungsvolle Sicht, dass er mit Sündern Gemeinschaft hat (Mk 2,17), aber selbst als sündlos gilt (Joh 8,46).

Paulus spricht von der Sünde in einer viel radikaleren und umfassenderen Dimension. In seiner Theologie haben nicht nur alle

---

118 Vgl. auch Jes 1,4–18, wo Abfall von Gott und Gewalt- und Unrechttaten als Sünde gebrandmarkt werden.

119 P. Fiedler, Art. ἁμαρτία, in: EWNT, Bd. 1, 2., verbess. Aufl. Stuttgart, Berlin, Köln 1992, 158.

120 Vgl. R. Lachmann, Sünde, in: Ders./G. Adam/W. Ritter, Theologische Schlüsselbegriffe. Biblisch – systematisch – didaktisch, Göttingen 1999, 355.

Menschen Sünden begangen (Röm 3,23), sondern sie stehen unter der Herrschaft der Sünde (Röm 3,9). Er sieht die Sünde als dämonische Macht, die durch Adam in die Welt gekommen ist und bis Jesus Christus herrscht (Röm 5,12–21). Der Mensch ist in der Sünde gefangen: »Denn das Gute, das ich will, das tue ich nicht; sondern das Böse, das ich nicht will, das tue ich. Wenn ich aber tue, was ich nicht will, so tue nicht ich es, sondern die Sünde, die in mir wohnt.« (Röm 7, 19f.). Hier zeichnet sich die Unterscheidung von »Sünde als Tat« und »Sein in der Sünde« ab, die in der weiteren Geschichte des Christentums fundamental wurde.

### 3.3.3.2 Bekenntnisse

In der Alten Kirche wurde Sünde nicht überall so radikal verstanden wie bei Paulus. Kyrill von Alexandrien (†444), ein wichtiger Vertreter der oströmischen Kirche, sagte: »Wir kommen sündlos in die Welt und sündigen jetzt auf Grund freier Wahl.«[121] In der weströmischen Kirche prägte Augustinus (†430) unter Bezugnahme auf Röm 5,12 dagegen die Auffassung, dass die Erbsünde (peccatum originale) physisch übertragen werde.[122]

In den altkirchlichen Bekenntnissen, im Apostolikum und im Nizänum, taucht der Begriff »Sünde« jeweils nur einmal auf, und zwar im Zusammenhang mit der Vergebung der Sünde im 3. Artikel: »Ich glaube an den Heiligen Geist, die heilige christliche Kirche, Gemeinschaft der Heiligen, Vergebung der Sünden« (Apostolikum) und: »Wir bekennen die eine Taufe zur Vergebung der Sünden« (Nizänum). Eine »Lehre« über die Sünde ist kein Glaubensgegenstand. Sünde kommt nicht absolut, sondern nur, wie auch in den Evangelien, im Zusammenhang mit ihrer Überwindung vor. Durch den Plural »Sünden« wird Sünde als Tatsünde verstanden, nicht als Macht, in der der Mensch gefangen ist, wie etwa bei Paulus. Auch der Gedanke einer »Erbsünde« ist hier nicht enthalten.

Gut 1000 Jahre später heißt es im Bekenntnis der Evangelisch-Lutherischen Kirche, der Confessio Augustana von 1530,

121 Cat. IV, 19, zit. in: W. Koehler, Dogmengeschichte als Geschichte des christlichen Bewusstseins, Zürich, Leipzig 1938, 119.

122 Vgl. H. G. Pöhlmann, Abriss der Dogmatik. Ein Kompendium, 5., verbess. u. erw. Aufl. Gütersloh 1990, 196.

in Artikel 2 »Von der Erbsünde«: »Weiter wird bei uns gelehrt, dass nach Adams Fall alle natürlich geborenen Menschen in Sünde empfangen und geboren werden, das heißt, dass sie alle von Mutterleib an voll böser Lust und Neigung sind und von Natur keine wahre Gottesfurcht, keinen wahren Glauben an Gott haben können, ferner dass auch diese angeborene Seuche und Erbsünde wirklich Sünde ist und daher alle die unter den ewigen Gotteszorn verdammt, die nicht durch die Taufe und den Heiligen Geist wieder neu geboren werden. Damit werden die verworfen, die die Erbsünde nicht für eine Sünde halten ...«[123]

Die Reformatoren haben an der traditionellen Erbsündenlehre festgehalten, weil sie ausdrücken wollten, dass der Mensch die Gnade Gottes braucht. Er könne Gott nicht aus eigener Kraft lieben und Gemeinschaft mit ihm haben, weil er von Selbstsucht und Gier getrieben sei.[124] Freilich sei das nicht die eigene Schuld des Menschen, sondern wie eine ansteckende Krankheit, die über den Menschen kommt, eine »Seuche«. Die Erbsündenlehre hatte eine sehr folgenreiche und negative Wirkungsgeschichte. Für heutige Christen ist sie mehrfach problematisch:

— Ihr fehlt der Schriftgrund. Die Bibel bezeugt an einigen Stellen die allgemeine Sündhaftigkeit des Menschen, aber von einer »Vererbung« ist nirgendwo die Rede.
— Sie sieht den Menschen in einer unangemessenen Negativität und lässt das biblische Gebot, Gott »von ganzem Herzen, von ganzer Seele, von ganzem Gemüt und von allen Kräften« zu lieben (Mk 12, 28), absurd erscheinen.
— Sie legt nahe, dass die Schlechtigkeit des Menschen mit der Zeugung weitergegeben werde und diskreditiert damit die Sexualität.
— Sie verschiebt die Verantwortlichkeit auf »Adam« bzw. »Eva« und steht im Widerspruch dazu, dass »ich vor Gott je nach meiner Schuld gefragt bin«.[125]

123 Evangelisches Gesangbuch, Ausgabe für die Evangelisch-Lutherische Kirchen in Bayern und Thüringen, München 1994, Nr. 906 (S. 1565f.).
124 Vgl. Härle 1995, 462.
125 W. Joest, Dogmatik, Bd. 2: Der Weg Gottes mit dem Menschen, Göttingen 1986, 420.

Aus diesen Gründen – und auch im Hinblick auf das Verhältnis von Schrift und Bekenntnis – müssen und dürfen wir den Begriff »Erbsünde« in aller Freiheit und Eigenverantwortung im Lichte unserer heutigen Erkenntnisse neu verstehen, etwa mit R. Lachmann als Ausdruck der »Allgemeinheit und Unentrinnbarkeit der Sünde«.[126] Jeder Mensch ist der Sünde ausgesetzt und wird in sündige Strukturen hineingeboren. Das Sündigsein und -werden bildet den Rahmen, in dem sich menschliches Leben vollzieht. Dies ist besonders evident im Blick auf die Abgründe des 20. Jahrhunderts und nicht weniger brisant, wenn wir uns etwa die weltweite Klimaveränderung vor Augen führen, an der wir alle mitwirken und der wir und unsere Kinder nicht entrinnen können. Der Sündenfall bezeichnet »nicht ein vorzeitig vergangenes Ereignis, sondern den jederzeit gegenwärtigen Bruch und Widerspruch zwischen dem, wozu Gott uns das Leben gibt und dem, wie wir es leben.«[127]

### 3.3.3.3 Heute von Sünde reden

Wie können wir heute theologisch verantwortet von »Sünde« reden? Ich stelle zwei Versuche vor und formuliere im Anschluss meine eigene Position.

*Paul Tillich* geht davon aus, dass das Wort »Sünde« uns Heutigen fremd wie kaum ein anderes ist. Trotzdem dürfen wir es nicht wie ein »nutzloses Gerät« wegwerfen: Alle Versuche, dieses Wort zu ersetzen, vermögen nicht, die Wirklichkeit dessen, was es meint, zum Ausdruck zu bringen.[128] Wie lässt sich sein Sinn wieder entdecken? Tillich wählt den Weg über die »Tiefe unserer menschlichen Existenz«: Sünde beschreibt keinen moralischen Akt, sondern »das große, alles durchdringende Problem unseres Lebens«,[129] deswegen sollte der Begriff nie im Plural, sondern nur im Singular verwendet werden. Tillich schlägt als Hilfsmittel zur Deutung das Wort »Trennung« vor, das etwas Ähnliches wie die Wortwurzel von Sünde, »abgesondert«, aus-

---

126 R. Lachmann, Grundsymbole christlichen Glaubens. Eine Annäherung, Göttingen 1992, 82.

127 Joest 1986, 420.

128 P. Tillich, In der Tiefe ist Wahrheit. Religiöse Reden, 1. Folge, 9. Aufl. Frankfurt a. M. 1985, 144.

129 Tillich 145.

sagt. »Im Zustand der Sünde sein heißt: Im Zustand der Trennung sein.«[130] Die Trennung ist dreifach: zwischen den Menschen, von sich selbst – und vom Urgrund des Seins. »Wir wissen, dass wir entfremdet sind von etwas, zu dem wir eigentlich gehören und mit dem wir vereint sein sollten. Wir wissen, dass das Schicksal der Trennung kein Naturereignis ist, sondern eine Wirklichkeit, an der wir handelnd teilnehmen, in die unsere ganze Existenz einbezogen ist und die nicht nur Schicksal, sondern auch ›Schuld‹ ist.«[131] Damit greift Tillich die traditionelle Begrifflichkeit auf: Sünde als Trennung ist Schicksal und Schuld, ist Sein in der Sünde und Tatsünde zugleich.

Tillich bringt mit den Worten »Trennung« bzw. »Entfremdung« einen wichtigen Gedanken ein, der einen modernen Weg bietet, das alte Wort »Sünde« neu zu verstehen. Freilich stellen sich auch Fragen: Ist es wirklich so, dass jeder um diese Entfremdung weiß? Und: Warum sollten wir nicht von »den Sünden« (im Plural) sprechen, wo die Bibel das gerade tut?

*Wilfried Härle* beschreibt Bedeutung und Inhalt der Sünde im Zusammenhang mit der Bestimmung des Menschen. Gen 1,26f. zufolge ist es die Bestimmung des Menschen, Ebenbild Gottes zu sein: »Und Gott schuf den Menschen zu seinem Bilde, zum Bilde Gottes schuf er ihn.« Gottesebenbildlichkeit meint – unter Beachtung des kategorialen Unterschieds zwischen Gott und Mensch – »eine Verwirklichungsform des Wesens Gottes«.[132] Der Mensch ist darin Ebenbild, dass er in einer Beziehung zu Gott und seinem Mitmenschen existiert und dabei ein liebendes Wesen ist. Gottesebenbildlichkeit ist also nicht anderes als »die dem Menschen zugesagte, zugedachte und zugemutete Bestimmung zur Liebe, die […] als solche unverbrüchlich für ihn gilt.«[133] Sünde nun ist die Verfehlung der Bestimmung menschlichen Lebens, sie ist »ihrem Wesen nach stets Verfehlung der Liebe.«[134]

Die Zusammenschau von »Bestimmung« und »Verfehlung« des Menschen ist eine nachvollziehbare und einprägsame Weise,

130 Tillich 145.
131 Tillich 146.
132 Härle 1995, 436.
133 Härle 1995, 436f.
134 Härle 1995, 466.

das Wesen der Sünde zu verstehen. Dennoch drängen sich auch hier Fragen auf: Was ist, wenn die Liebe eines Menschen zum anderen aufhört – oder die eines Menschen zu Gott? Ist eine Veränderung im Lebenslauf immer mit »Sünde« gleichzusetzen? Lässt sich das von »außen« so einfach beurteilen?

Das Reden von der Sünde ist nicht leicht. Aber wir können darauf nicht verzichten, wenn wir christlich reden wollen. Folgende Aspekte sind m.E. festzuhalten:

1. Christliche Rede von der Sünde macht auf die »Erfahrungstatbestände der Negativität in uns und unserer Welt« aufmerksam.[135]

2. Sünde ist Verlorenheit, Scheitern, Misslingen, Herrschaft und Gewalt auf individueller Ebene ebenso wie Unrecht und Ungerechtigkeit auf strukturell-gesellschaftlicher Ebene.[136]

3. Die Rede von der Sünde bietet Deutungen an, indem sie die Negativerfahrungen als Trennung von Gott, den Mitmenschen und sich selbst versteht, die schicksalhaft vorgegeben und zugleich als schuldhaftes Verhalten erlebt wird und die sich z.B. als Verfehlung der Liebe konkretisiert.

4. Die Rede von der Sünde bildet eine »kritische Instanz unserer Lebenspraxis und Weltwirklichkeit«,[137] die zu Umkehr und Veränderung aufruft. Es gehört zum prophetischen Amt von Christen und Kirche, Sünde zu benennen. Das kann im zwischenmenschlichen Bereich sein wie im gesellschaftspolitischen, so etwa das Brandmarken des Krieges als »Sünde wider Gott« durch den ÖRK im Jahr 1948. Freilich gilt es im Einzelnen zu prüfen, ob und inwiefern solche massiven Zuschreibungen notwendig und sinnvoll sind. Vielleicht sollten wir bescheidener formulieren, dass es Aufgabe von Christen, von Kirche und von christlicher Bildung (Religionsunterricht) ist, die Sensibilität für Erscheinungsformen und Folgen der Sünde zu erhöhen. Es wäre ein großer Verlust, wenn in gottesdienstlichen, gemeinde- und religionspädagogischen Kontexten der Begriff wegen seiner enthaltenen Zumutungen verschwiegen würde.

---

135 Lachmann 1992, 78.
136 Diese Erkenntnis ist u.a. ein Verdienst der lateinamerikanischen Theologie der Befreiung.
137 Lachmann 1992, 78.

5. Der Komplementärbegriff zu »Sünde« ist die Gnade Gottes, die – in diesem Leben zwar vorläufig, aber dann auch letztlich – die Überwindung und Befreiung von aller Negativität ermöglicht.
6. Der letzte Punkt ist zugleich die Voraussetzung der vorangegangenen: Christlich von Sünde reden heißt konfessorisch und existentiell reden, von sich *selbst* und der *eigenen* Sünde. Theologische Denksysteme und Begriffsbestimmungen bleiben leblos und ohne Relevanz, wenn sie versuchen, »Sünde« in einer verallgemeinernden Weise zu erklären. Die Kraft und die Wahrheit der christlichen Rede von der Sünde können sich erst dann entfalten, wenn ein Mensch von sich selbst aussagt: »Ich habe gesündigt«, so wie wir es in der Bibel modellhaft lesen können. Dabei füllt der Sprechende jeweils selbst aus, was er mit Sünde meint – so wie auch der verlorene Sohn in seinem Bekenntnis (Lk 15,21) offen lässt, worin er seine Sünde sieht. Letztlich bilden existentielle Erkenntnis und das dazugehörige Bekenntnis einen Glaubensakt, der voraussetzt, dass ich meine Freiheit und mein Recht auf Selbstbestimmung und -deutung zumindest partiell zur Disposition stelle.

### 3.3.4 Didaktische Folgerungen

Dass »Sünde« kein leichtes Thema ist, wird offenkundig, wenn wir danach fragen, welchen Platz es in den Lehrplänen des Religionsunterrichts einnimmt. Auf den ersten Blick scheint das Ergebnis eindeutig zu sein: »Sünde« kommt in den Lehrplänen der Grundschule, Hauptschule und Realschule so gut wie gar nicht vor bzw. wird durch den Schuldbegriff ersetzt.[138] Dies zeigt sich etwa in den bayerischen Lehrplänen: In der Grundschule wird »Schuld und Vergebung« (3. Jg.) behandelt, in der Realschule »Umgang mit Schuld« (10. Jg.),[139] in der Hauptschule

---

138 Vgl. H. Rupp, Sünde – ein verschwiegenes Thema. Ein Blick in Bildungspläne und Unterrichtsmaterialien, in: Glaube und Lernen 20. Jg. (1/2005), 178, sowie Lachmann 1999, 360.
139 Lehrplan für die Grundschule in Bayern, hg. v. Bayerischen Staatsministerium für Unterricht und Kultus, München 2000, 160f.; Lehrplan für die sechsstufige Realschule, hg. v. Bayerischen Staatsministerium für Unterricht und Kultus, München 2001, 499, Einheit »Ich übernehme Verantwortung für mein Leben«.

fehlt eine entsprechende Lerneinheit. Nur vereinzelt thematisieren die Lehrpläne das »christliche Verständnis des Menschen als [...] geliebtes Geschöpf und als Sünder«, so etwa der baden-württembergische Lehrplan für die Realschule (8. Jg.).[140] Dieser Befund kann verschiedene Erklärungen haben. Die Autor/innen der Lehrpläne haben selbst Widerstände oder meinen den Begriff heutigen Schüler/innen oder eigenen Kolleg/innen nicht mehr zumuten zu können, weil er nicht plausibel zu machen ist. Auf den zweiten Blick stellt sich die Sache differenzierter dar. Auch wenn nominell kaum eine Themeneinheit »Sünde« im Titel trägt, lassen sich folgende Unterscheidungen vornehmen. Sünde begegnet H. Rupp zufolge:

»explizit« in der Auseinandersetzung mit biblischen Texten (z.b. Kain und Abel, Jona, Jesus und die Ehebrecherin),

»komplementär« bei zentralen theologischen Themen, insofern, dass Sünde vorausgesetzt wird (z.B. Opfertod Jesu, »für uns gestorben«, Gerechtigkeit Gottes),

»implizit« in historischen, ethischen und lebensweltlichen Themen (z.B. Kreuzzüge, Krieg, Umweltzerstörung, Nord-Süd-Konflikt, Grenzen der Humangenetik),

»provozierend« in jugendkulturellen Zusammenhängen (Alltagssprache, Musik, Werbung).[141]

Somit ist »die Sünde ein Hintergrundsthema aller Lehrpläne des Religionsunterrichtes«.[142] Anders gewendet: Die Lehrpläne bieten eine Fülle von Anschlussmöglichkeiten, den Begriff und das Phänomen der Sünde zu behandeln. Wie sollen und können wir das tun?

1. Wir können und sollen die Denk- und Sprachformen der Schüler kennen, ernstnehmen und im Religionsunterricht aufgreifen, sie aber dann ggf. korrigieren und weiterführen. Dies kann nur gelingen, wenn die Schülerassoziationen und -meinungen zu »Sünde« für den Unterrichtsverlauf genutzt werden.

2. Sünde ist als ethischer und theologischer Begriff zur Sprache zu bringen. Beide Aspekte, Sünde als Trennung von Gott und

---

140  Zit. in Rupp 2005, 178.
141  Rupp 2005, 179.
142  Rupp 2005, 178.

das sich Verfehlen gegenüber dem Anderen, müssen bewahrt werden. Dass Kinder und Jugendliche für diese Komplexität empfänglich sind, zeigen die dargestellten Schülerbeiträge (s.o. 3.3.3.2). Ein möglicher Weg, Schüler/innen zu dieser Komplexität anzuregen, sind Dilemmageschichten oder Fallbeispiele.

3. Es gilt die Sensibilität für Erscheinungsformen und Folgen der Sünde zu erhöhen. Die Schüler sollen versuchen, die Kategorie »Sünde« auch in ihrer Lebenswelt zu entdecken. Damit ist nicht gemeint, dass in ihnen Schuldgefühle erzeugt werden sollen oder dürfen, sondern dass sie Einblick darüber erhalten, dass Reden von Sünde nicht neutral-distanziert, sondern konfessorisch-existentiell ist, und die Haltung der Selbstkritik und -relativierung voraussetzt. Diese Einsicht lässt sich durch die Begegnung mit biblischen Texten hervorrufen. In einem Klassengespräch der gymnasialen Oberstufe zur Erzählung »Jesus und die Ehebrecherin« (Joh 8) bahnen sich die Schüler einen Weg zu dieser Erkenntnis:

»S1: […] ich würd dazu jetzt sagen, so irgendwie Aufruf zur Selbstkritik […]

L: Ja schön: Aufruf zur Selbstkritik […]

S1: Ich find Kritik ist so, passt nicht so ganz […] ich mein, dass man auf sich selber schauen soll. Nicht auf die anderen […]

L: Und was finden Sie bei Kritik so störend? […] Ist es zu scharf oder nicht treffend genug?

S1: Ist zu scharf.

L: Ist zu scharf, mhm. Wie könnt mer des denn besser fassen?

S2: Selbsterkenntnis […].

S3: Ich wollte nur noch zu der Selbsterkenntnis, ich find, da ist Selbstkritik schon besser, das ist ja nicht Selbsterkenntnis […] es ist schon halt dann eher was mit Kritik zu tun […].

S4: Also, ich kann das immer schlecht ausformulieren, aber ich hätte halt irgendwie so was gesagt wie mit Projektion, dass man halt des, was passiert, auf sich selber projiziert und über sich selber eben nachdenkt […].«[143]

---

143 I. Grill (Hg.), Unerwartet bei der Sache. Dem theologischen Nachdenken von OberstufenschülerInnen auf der Spur, Arbeitshilfe für den ev. Religionsunter-

4. Die Realität der Sünde ist im Zusammenhang mit den Komplementärbegriffen »Gnade« und »Sündenvergebung« als Möglichkeit für Annahme und Neuanfang darzustellen. Ziel des Religionsunterrichts ist die Identitätsentwicklung und Ich-Stärkung der Schüler. Das schließt ein wohldosiertes Herausfordern und Konfrontieren ein. Religionsunterricht kann gerade durch ein sensibles Arbeiten am Phänomen »Sünde« der Gewissensbildung dienen.

5. Das Reden von Sünde in der Religionsdidaktik kann schließlich »das Erziehungsdenken vor einseitig optimistischem Fehlschluss« bewahren und dazu dienen, mit einem realistischen Blick auf den Menschen und somit auch den Schüler und die Schülerin zu sehen.[144]

Wir begannen dieses Kapitel mit der Welt des Alltags bzw. der Schüler/innen. Es ist noch viel zu wenig bewusst, dass diese Alltags- und Jugendkultur das Thema »Sünde« *selbst* auf tiefgründige, ernsthafte und anregende Weise zur Sprache bringt und damit einen religionsdidaktischen Ansatz bietet, so etwa das Lied »Vielleicht« von den Söhnen Mannheims:

Ich versuche zu verstehn, / was andere in Dir sehn.
Warum sie Kriege anfangen / und in deinem Namen Morde begehen.
Warum sie Menschen dazu zwingen, / an einem Virus zu sterben.
2000 Jahre nach Dir, / liegt hier alles in Scherben.
[…]

Vergib mir meine Schuld, / dann wenn ich Dich seh.
Solange trag ich meine Sünden, / wenn ich schlaf und wenn ich geh.
Ich will keine Versprechen, / die mir Menschen geben,
die sie dann wieder brechen, / so sind Menschen eben!
Alles was zählt, / ist die Verbindung zu Dir
und es wäre mein Ende, / wenn ich diese Verbindung verlier![145]

richt an Gymnasien (RU-Werkstatt Oberstufe 4), hg. v. d. Gymnasialpädagogischen Materialstelle der Ev.-Luth. Kirche in Bayern, Erlangen 2005, 166f.
144 Lachmann 1992, 85.
145 Söhne Mannheims, Audio CD »Vielleicht«, Söhne Mann (Universal) 2004.

## 3.4 Jesus Christus: Gott und Mensch

### 3.4.1 Kinder und Jugendliche sehen Jesus Christus (Empirische Christologie)

*In den altkirchlichen Glaubenssymbolen (Apostolikum, Nizänum) wird Jesus Christus als Mensch und als Gott bekannt. Wie aber sehen ihn Kinder und Jugendliche? Welche Aspekte von Jesus Christus sind ihnen wichtig oder nahe, welche fern oder problematisch?*

#### 3.4.1.1 Kinder sehen Jesus Christus

In einem Beitrag zur empirischen Christologie hat Heide Liebold das Jesusbild von Leipziger Schülern untersucht.[146] Vier Fünftklässler einer Mittelschule, die den Religionsunterricht besuchen, aber von denen keiner in einem christlich geprägten Elternhaus aufwächst, sollen sich zunächst zu einer Dilemmageschichte äußern: Die am Ufer spielenden Kinder Maria und David beobachten, wie die Fischer Petrus und Jakobus mitten auf dem See Genezareth durch einen plötzlichen Sturm in Seenot geraten. Zufällig kommt Jesus vorbei. Die Kinder alarmieren ihn, dass seine Freunde da draußen in Lebensgefahr sind.

Der Lehrer fragt: »Was denkt ihr, wie die Geschichte weitergeht?

Marcel: Die stellen vielleicht eine Truppe aus Männern zusammen, und die retten die dann. Und dann ziehen die die an Land […].

Thomi: Jesus lässt ein Wunder geschehen […] da sagt er was und dann geht das so weg oder so.

L: Was sagt er da?

Sascha: ›Sonne husch, husch, husch, komm her!‹ Oder sowas (lacht).

L: Was meinst du, Micha, wie es weitergeht?

Micha: Vielleicht betet der Jesus. Und dann wird alles besser.

---

146  H. Liebold, Das Jesusbild Leipziger Schüler im Religionsunterricht und zu Hause. Ein Beitrag zur empirischen Christologie und zum Religionsunterricht in gemischt zusammengesetzten Gruppen, in: G. Büttner/J. Thierfelder (Hg.), Trug Jesus Sandalen? Kinder und Jugendliche sehen Jesus Christus, Göttingen 2001, 72–105.

L: Warum denkst du, dass Jesus da was machen kann?

Sascha: Weil es Gottes Sohn ist. […]

L: Was bedeutet das denn, Jesus ist Gottes Sohn?

Sascha: Na ja, der wird so mächtig sein wie der und die zurückholen.

L: Und wie macht er das?

Sascha: Er betet. [auf Nachfrage von L.:] Dann gehen die Wolken weg und das Wasser wird ruhig. Dass die nicht ertrinken. Und dass die Sonne wiederkommt.«[147]

Für drei der vier Gesprächsteilnehmer ist klar, dass *Jesus* helfend eingreifen wird – dies ist freilich durch die Dilemmageschichte schon angelegt. Ein Schüler lässt ein Team von Männern (mit Jesus?) die Ertrinkenden von der Mitte (!) des Sees an Land ziehen. In der Diskussion über das »Wie« des Eingreifens Jesu werden zwei Bilder von Jesus deutlich: Jesus, der *direkt* göttliche Macht über die Natur hat (vgl. die biblische Sturmstillung Mk 4,35–41), und Jesus, der durch das *Gebet* Wunder bewirken kann und dem »normalen« Gläubigen näher steht.

Um herauszufinden, wie die Schüler über die Person Jesu denken, lässt Liebold einen fiktiven Reporter auftreten, der für Leute schreibt, die noch nie etwas von Jesus gehört haben.

Stellt euch vor, der Reporter […] bittet jeden von euch zu sagen, was denn das Wichtigste an Jesus ist […].

Thomi: Er ist der Sohn Gottes. Macht nur gute Sachen.

L: Da würde der Reporter bestimmt sagen: […] was heißt denn das, der Sohn Gottes?

Thomi: Hm.

Marcel: Der ist eben in einem Stall geboren. [erzählt Lebensstationen Jesu]

Micha: Dass Jesus ein heiliger Mann war. Dass er denen geholfen hat, die in Not waren.

Sascha: Auf jeden Fall war er der Sohn Gottes und war halt der Herr der Christen. Und man soll, also man kann jedem überlassen, ob er nun an den glaubt oder nicht.[148]

---

147  Liebold 2001, 77f.

Die Gottessohnschaft ist in den Augen der Schüler offenbar ein wesentliches Merkmal Jesu. Sie wird zum einen im vorbildlichen sozialen Verhalten erklärt, und zum anderen durch das Erzählen der *Geschichte* Jesu (Geburt, Wirken bis zum Tod, Auferstehung) – eine Auffassung, die der biblischen Redeweise sehr nahe kommt. Die Reflexion darüber, dass es sich beim Glauben an Jesus Christus um eine Entscheidung handelt, die jeder für sich selbst treffen darf, ist für Fünftklässler bemerkenswert – vielleicht aber auch vor dem Hintergrund ostdeutscher Realitäten, wo Christen in einer Minderheitensituation sind, in gewisser Weise nahe liegend.

Ist aber der Gottessohn wirklich »Gott«? Im Einzelgespräch sagt Micha von sich selbst, er glaube an Gott und bete abends regelmäßig zu ihm.

L: Und was glaubst du von Jesus?

Micha: (längere Pause) Dass der vielleicht immer noch den Armen hilft.

L: Glaubst du, dass er dir auch helfen könnte?

Micha: Ja, vielleicht auch. Aber ich bin mir nicht so sicher.

L: Und was glaubst du von Gott?

Micha: Der könnte eigentlich alles, doch.[149]

In den Gesprächen zeigt sich also, wie zwischen Jesus und Gott unterschieden wird. Jesu Macht ist geringer als die von Gott. Diese Vorstellung, die sich auch bei erwachsenen Christen findet, berührt die christologischen Grundfragen: »Ist« Jesus Gott, und wenn ja, hat er genau die gleichen Eigenschaften wie Gott? (s.u. 3.4.2).

### 3.4.1.2 Jugendliche sehen Jesus Christus

Tobias Ziegler führte eine empirische Untersuchung mit 100 evangelischen Jugendlichen der 11. Klasse an Gymnasien im Stuttgarter Raum durch. Er ließ die Schüler/innen zu folgenden Fragen Aufsätze schreiben: »Wer war Jesus? Was wollte er? Warum glauben Menschen an Jesus Christus? […] Was bedeutet

---

148  Liebold 2001, 87.
149  Liebold 2001, 97.

Jesus für mich?«[150] Im Hinblick auf unsere Fragestellung, inwiefern Jesus Christus als Mensch *und* als Gott im Blick der Jugendlichen ist, zeigt sich, dass nur eine kleine Gruppe der Befragten von einer »Beziehung zu Jesus« spricht.

Es gibt viele Jugendliche, für die Jesus etwas bedeutet, die es aber nur selten zugeben, da sie dann oft ausgelacht werden […] Ich denke, dass Jesus möchte, dass unser Leben Spaß macht, natürlich nicht auf Kosten anderer, sondern mit ihnen zusammen [...] Ich glaube an Jesus, wenn ich auch nicht an alles glaube, was in der Bibel steht, sondern die Sachen auf heute zu übertragen versuche. (Nina, 17 J.)[151]

Für mich selber bedeutet Jesus schon viel. Ich weiß, dass er immer bei mir ist […]; in schlechten Zeiten habe ich doch manchmal meine Zweifel. Dann denk` ich zum Beispiel: Wie konnte er das zulassen? […] Doch dann denke ich, dass man gerade vielleicht in schweren Zeiten auf eine Art Vertrauensprobe gestellt wird. (Susanne, 17 J.)[152]

Für die Entwicklung einer Jesus-Beziehung spielt die frühe christliche Sozialisation in Familie und Umfeld eine wesentliche Rolle:

Ich lernte Jesus schon früh kennen […]. Jungscharen, die ich jahrelang besuchte und später leitete, begleiteten mich auf dem Weg mit Jesus. Die Sicherheit, mit der mein Vater von Jesus spricht und von einem erfüllten Leben bei Gott spricht, übertrug sich auf mich. (Sara 17 J.)[153]

Eine zweite Gruppe glaubt an Gott, aber nicht an Jesus und sieht ihn auch nicht als Gottes Sohn:

Außerdem war er meiner Meinung nach ein Mensch aus Fleisch und Blut – und nicht Gottes Sohn! […] Ich persönlich brauche Jesus nicht, um glücklich zu sein. Und wenn ich bete oder glaube, dann nur zu oder an Gott und niemals zu/an Jesus. Weshalb kann ich jedoch nicht sagen. (Petra, 16 J.)[154]

Wenn ich bete, bete ich zu Gott und nicht zu Jesus. Ich kann mir Jesus schwerer vorstellen. Gott ist mir näher als Jesus. (Uwe, 17 J.)[155]

---

150  T. Ziegler, Abschied von Jesus, dem Gottessohn? Christologische Fragen Jugendlicher als religionspädagogische Herausforderung, in: G. Büttner/J. Thierfelder (Hg.): Trug Jesus Sandalen? Kinder und Jugendliche sehen Jesus Christus, Göttingen 2001, 110.
151  Ziegler 2001, 125.
152  Ziegler 2001, 117.
153  Ziegler 2001, 131.
154  Ziegler 2001, 120.
155  Ziegler 2001, 129.

Hier gibt es jedoch auch die Ansicht, dass Jesus kein wahrer Mensch war:

Jesus bedeutet für mich nicht so viel. Ich weiß zwar, dass es Gott gibt, aber mit Jesus kann ich nicht so viel anfangen [...] Ich glaube, er ist mir zu perfekt. So fehlerlos kann doch niemand sein. Er ist doch zum Mensch geworden. Ein Mensch ohne Makel ist aber unmenschlich.« (Christine, 17 J.)[156]

Etwa die Hälfte der Antworten lassen sich einer »kritisch-zweifelnden Grundhaltung« zuordnen, die sich in verschiedene Spielarten untergliedert:[157]

1. Jesus Christus bzw. die biblischen Erzählungen über ihn sind eine Fiktion:

Im Grunde halte ich Jesus für eine von Menschen erdachte Person, die es den Menschen einfacher macht, an etwas zu glauben (Gott). Es ist nur allzu menschlich, den Gottesglauben auf diese Weise zu personifizieren. (Julian, 17 J.)[158]

Für mich persönlich bedeutet Jesus nicht mehr so viel wie früher. Ich glaube, das hängt damit zusammen, dass man für den Glauben an Jesus etwas Naivität benötigt. Ich bin überhaupt nicht davon überzeugt, dass die erzählten Geschichten in der Bibel so waren, wie wir sie heute nachlesen können. Viele würden jetzt sagen, das sei doch egal, Hauptsache wäre doch, jeder kann sich durch die Aussagen der Erzählungen Hilfe holen. Ich dagegen bin der Meinung, dass ich dann ja auch die Aussagen von Gesprächen mit verschiedenen Personen, anderer Bücher oder sonstigem als Hilfeleistung annehmen könnte. (Tabea, 17 J.)[159]

2. Die Bibel macht widersprüchliche Aussagen über Jesus:

Jesus war der Sohn von Maria und Josef, jedoch gleichzeitig Gottes Sohn (wie geht das?) (Marcus, 16J.)[160]

3. Jesu Leben und Taten sind zwar beeindruckend, dennoch zweifelhaft und auf dem Hintergrund von Krieg und Leid in ihrer Bedeutung nicht sicher.

---

156 Ziegler 2001, 120.
157 Ziegler 2001, 111f.
158 Ziegler 2001, 130.
159 Ziegler 2001, 128.
160 Ziegler 2001, 119.

Ich finde es beachtlich von Jesus, dass er Menschen »mit seinen Händen heilen konnte« [...] Mit den Geschichten in der Bibel, die von Wundern erzählen, habe ich Probleme, dies zu glauben. (Thomas, 17 J.)[161]

Jesus war der Sohn Gottes. Er wollte Frieden schaffen [...] Durch Jesus hat man erfahren, dass Gott wirklich existiert, da er ihn wieder auferstehen lassen hat, und da Jesus während seines Lebens viele »Wunder« vollbracht hat, die nur durch Gottes Hilfe geschehen konnten. Aber ich frage mich, wenn Gott Frieden auf der Welt schaffen wollte, warum es auf der ganzen Welt dann immer wieder zu Kriegen kommen kann. (Martina, 17 J.)[162]

Mit dieser wichtigen Bestandsaufnahme und den darin enthaltenen – auch für uns Erwachsene interessanten – Fragen nach Distanz und Nähe zu Jesus, nach der historischen Zuverlässigkeit und inneren Stimmigkeit der biblischen Überlieferung, danach, ob der Jesus des Kinderglaubens obsolet geworden ist, und inwiefern Jesus nicht nur ein guter Mensch ist, sondern als Sohn Gottes bzw. als Gott selbst gesehen werden kann, wenden wir uns Bibel und Theologie zu.

### 3.4.2 Biblisch-christliches Reden von Jesus Christus

The Search for Jesus
Some scholars are debunking the Gospels. Now traditionalists are fighting back. What are Christians to believe?

Wie das Titelblatt des Time Magazine (vom 8.4.1996) zeigt, spielen bei unserer »Suche nach Jesus« immer verschiedene Gesichtspunkte eine Rolle, hier dargestellt durch Fotografie und gemaltes Bild. Wie verhalten sich der historisch greifbare Mensch Jesus von Nazareth und der Christus des Glaubens zueinander?

161  Ziegler 2001, 115.
162  Ziegler 2001, 116.

### 3.4.2.1 Neues Testament

Das Neue Testament ist als Quelle über Jesus in zweifacher Hinsicht singulär: Wir haben keine anderen historischen Quellen über Jesus, etwa »neutrale Augenzeugen« oder »Gegner«, die das Beobachtete aufgeschrieben hätten. Die biblischen Zeugnisse sind zugleich die ältesten Zeugnisse über Jesus. Die bekannten nicht-christlichen Dokumente über Jesus, etwa von Plinius oder Sueton, sind späteren Datums.

Die biblischen Zeugnisse sind selbst keine neutralen Berichte, sondern Glaubenszeugnisse. Das bedeutet zum einen: Sie sind Dokumente von Menschen, die von der Botschaft Jesu Christi *angesteckt* wurden. Zu guten Teilen sind diese mündlichen Zeugnisse erst Jahre später von Menschen aufgeschrieben worden, die Jesus von Nazareth persönlich gar nicht kennen lernten, wie die Einleitung des Lukasevangeliums uns deutlich macht: »Schon viele haben es unternommen, einen Bericht über all das abzufassen, was sich unter uns ereignet und erfüllt hat. Dabei hielten sie sich an die Überlieferung derer, die von Anfang an Augenzeugen und Diener des Wortes waren. Nun habe auch ich mich entschlossen, allem von Grund auf sorgfältig nachzugehen, um es für dich, hochverehrter Theophilus, der Reihe nach aufzuschreiben. So kannst du dich von der Zuverlässigkeit der Lehre überzeugen, in der du unterwiesen wurdest.« (Lk 1,1–4 nach der Einheitsübersetzung).

Zum anderen sind es Zeugnisse, die Glauben *wecken* wollen. Dass die neutestamentlichen Schriften Glaubenszeugnisse sind, heißt aber nicht, dass sie nur deswegen nicht verlässlich sein können, weil sie von Menschen stammen, die sich zu Christus bekennen. Das Wort »Glaubens-Zeugnis« enthält den Anspruch der Zuverlässigkeit und der Vertrauenswürdigkeit.[163]

Was wissen wir über Jesus von Nazareth? Seine Geburt fällt in die Zeit des römischen Kaisers Augustus und die des judäischen König Herodes, ca. 7–4 v. Chr. Er stammt aus Nazareth in Galiläa. Seine Familie ist die von Josef und Maria und mehreren Geschwistern. Josef, vielleicht auch Jesus selbst, war Zimmermann. Die Muttersprache ist Aramäisch, auch die Sprache seiner Verkündigung. Vermutlich konnte er auch etwas Griechisch

---

163 Vgl. Härle 1995, 308.

(sonst hätte er sich kaum mit Pilatus unterhalten können). Jesus ist Jude. Er ist beschnitten und nimmt teil am religiösen Leben, so besucht er regelmäßig die Synagoge (Lk 4). Über seine Erziehung und Bildung ist uns in den vier Evangelien nichts überliefert. Es gab auch andere Evangelien, z.B. das sog. Kindheitsevangelium des Thomas (2. Jh.), das allerlei Wundersames über den kleinen Jesus zu berichten weiß, etwa wie der 5-jährige Jesus am Sabbat Lehmvögel töpfert und sie zum Leben erweckt. Aber dieses Evangelium konnte sich in den Gemeinden nicht genügend Achtung und Anerkennung verschaffen und fand keinen Eingang in den Kanon.

Jesus tritt in die Öffentlichkeit, als er etwa 30 Jahre alt ist. Er lässt sich von Johannes, einem Bußprediger, im Jordan taufen, als Zeichen der Buße und Umkehr und Vergebung der Sünden – was die Frage aufwirft, ob Jesus sich selbst als Sünder sah. Aber dazu gibt es keine abschließende Antwort.

Im Zentrum der Verkündigung Jesu steht die nahende Herrschaft Gottes, vgl. Mk 1,15: »Die Zeit ist erfüllt, das Reich Gottes ist nahe. Kehrt um, und glaubt an das Evangelium!« Mit dem Reich Gottes ist nicht ein Herrschafts*gebiet* gemeint, sondern ein Geschehen, durch das und in dem Gott seine Herrschaft über die Erde sichtbar antritt.

Die Verkündigung Jesu hatte verschiedene Facetten, zu allererst die Botschaft von Gottes Liebe zu den Sündern: »Ich bin gekommen, um die Sünder zu rufen, nicht die Gerechten.« (Mk 2,17). Mit Jesus beginnt die Heilszeit. Ein Zeichen dafür sind die Heilungen, die sich unter seinen Händen ereignen: Blinde sehen, Aussätzige werden gesund. Jesus holt die Menschen am Rande wieder ins Leben der Gemeinschaft. So zitiert er den Propheten Jesaja in seiner Antrittspredigt in Nazareth: »Der Geist des Herrn ist auf mir, weil er mich gesalbt hat, zu verkündigen das Evangelium den Armen; er hat mich gesandt, zu predigen den Gefangenen, dass sie frei sein sollen, und den Blinden, dass sie sehen sollen, und den Zerschlagenen, dass sie frei und ledig sein sollen, zu verkündigen das Gnadenjahr des Herrn.«(Lk 4,18f.).

»Gnade« ist eine zentrale Vokabel. Jesus spricht vom Heil für die Verlorenen, ohne dass der von Johannes dem Täufer ins Spiel gebrachte Gerichtsgedanke (Lk 3) aufgegeben wird. Nirgendwo kommt dies deutlicher zum Ausdruck als in den Gleichnissen, mit denen Jesus das Reich Gottes in Bildern malt. Denken wir an das Gleichnis vom Verlorenen Sohn (Lk 15), von den Arbeitern im Weinberg (Mt 20) oder vom Senfkorn (Mk 4). In ihnen wird greifbar, was Herrschaft Gottes meint. Da wird ein Sohn, der das ganze Erbe verprasst hat, vorbehaltlos vom Vater wiederaufgenommen (allerdings geht dies mit der freiwilligen Umkehr des Sohnes und einem Sündenbekenntnis einher). Da wird einem armen Arbeitslosen Arbeit und der notwendige Lohn zum Leben geschenkt, da wird aus einem kleinen Samen ein Baum, in dem die Vögel nisten, Lebensraum und Schutz finden. Bilder des Heils!

Doch neben diesen einladenden Bildern finden wir auch das Sperrige und Unbequeme. Es geht um Nachfolge, eine Entscheidung, ein sich Öffnen und Bereitsein für Gott. So erzählt das Gleichnis von den zehn Jungfrauen, von denen fünf kein Öl in ihren Lampen haben und erst welches kaufen müssen, dann aber zu spät kommen und nicht mehr eingelassen werden (Mt 25,1–13). Jesu Liebe ist uns geschenkt, aber seine Gnade ist, wie D. Bonhoeffer betonte, keine »billige Gnade«.[164] Es geht um konsequentes Leben. Das »Gleichnis vom Weltgericht« (Mt 25,31–46) zeigt, dass das Verhalten gegenüber dem Schwachen und Bedürftigen das entscheidende Kriterium für Glaube ist: »Was ihr meinen geringsten Brüdern getan habt, das habt ihr mir getan.« Wir dürfen nicht vergessen, auch nicht im Kontext der Schule, dass Jesus nicht nur eine Einladung ausspricht, sondern auch zu einer Entscheidung aufruft.

Das Kommen des Reiches Gottes ist ersehnt von den Menschen, die seit Jahrhunderten unter Fremdherrschaft, seit einigen Jahrzehnten unter der brutalen Besatzung der Römer leben müssen. Deshalb wird Jesu Botschaft nicht nur religiös, sondern auch gesellschaftlich und politisch verstanden, wobei wir uns klar machen müssen, dass die heutige Trennung von Religion und Politik erst eine Frucht der Aufklärung ist. Die Zeiten vorher und natürlich die Zeit Jesu sind gekennzeichnet durch ein selbstverständliches Ineinander von Religion und Politik, so dass weltliche Herrscher, Könige und Kaiser gleichzeitig Gegenstand der religiösen Verehrung sein können.

---

164  Vgl. D. Bonhoeffer, Nachfolge, 15. Aufl. München 1985, 14f.

Jesus kam nach Jerusalem, nicht nur als Prediger und Heiler, sondern auch als von den Menschen erwarteter Messias, als Nachfolger des Königs Davids (Mk 11,9).

Was hat den Tod Jesu bewirkt? »Die Bedingungslosigkeit der Heilszusage, die Jesu Verkündigung und Wirken konsequent bestimmte, war wohl auch der Grund dafür, dass er in Konflikt mit den religiösen, sozialen und politischen Ordnungsmächten seiner Zeit gerät.«[165] Einer, der mit Zöllnern und Huren, Sündern und Unreinen an einem Tisch saß und ihnen die Teilhabe an der Gottesherrschaft zusprach, untergrub die religiöse und gesellschaftliche Ordnung. Für die politischen Herrscher war er ein Aufrührer, für die religiösen ein Gotteslästerer. Auch wenn die äußeren Umstände und Gründe der Verhaftung, Verurteilung und Hinrichtung Jesu für uns weitgehend im Dunkeln liegen, so sind doch die inneren Gründe für seinen Kreuzestod in seinem Wirken und seiner Verkündigung zu sehen. Jesus hat diesen Tod nicht gesucht, aber er ist ihm auch nicht ausgewichen. Er hat sich in der Tradition der Propheten gesehen, die auch einen gewaltsamen Tod in Jerusalem erlitten haben (Lk 13,34). Dass er seine Auferstehung vorhergesagt habe, ist kaum wahrscheinlich – es wäre völlig unverständlich, warum seine Anhänger ihn bei der Verhaftung fluchtartig verließen (Mk 14,50). Sie glaubten, Gott habe ihn verlassen (Mk 15,29–37).

Kurze Zeit später verkünden dieselben Leute unerschrocken und gewiss: Gott hat den Gekreuzigten auferweckt und erhöht. Dem liegt eine Erfahrung zu Grunde, die immer wieder mit Formeln wie »er wurde gesehen« oder »er ist erschienen« (1 Kor 15,5–8, Mk 16,9ff.) beschrieben wird. Inwiefern es ein inneres, subjektives oder äußeres, objektives Geschehen war, das das Bekenntnis »Gott hat ihn auferweckt« begründete, ist eine brennende Frage, aber wir können sie nicht beantworten. Alles, was wir haben, ist das Zeugnis der Glaubenden, mit dem wir uns auseinandersetzen müssen. Das ist für Christen immer wieder ein Problem gewesen. Wie könnten wir das lösen?

Machen wir ein Gedankenexperiment, liebe/r Leser/in: Angenommen, wir hätten einen Videofilm, gesendet von der seriösen »Tagesschau«, der die Auferweckung zeigt und belegt, dass Jesu

---

165  Härle 1995, 312.

Grab leer war – würden Sie dann leichter glauben? Bedenken wir: Einen Videofilm könnte man immer fälschen! Selbst wenn Sie eine Zeitreise machten und Augenzeuge wären – so wie es der spannende und anregende Science-Fiction-Roman »Das Jesus Video« durchspielt,[166] woher wüssten Sie, wenn Sie wieder hier sind, dass Sie das wirklich gesehen haben? Wir merken: Das Bekenntnis von der Auferweckung ist ein Glaubenszeugnis – mit dem man sich auseinandersetzen muss.

Was aber bedeutet die Auferweckung theologisch? Gott hat den Gekreuzigten nicht der Macht des Todes überlassen. Gott hat ihn nicht verlassen. Er hat sich zu ihm bekannt, er hat seine Person und sein Wirken bestätigt und das heißt, ihn erhöht. Jesus Christus ist daher von Gott her legitimiert. Er hat Anteil an der Hoheit und Herrlichkeit Gottes. Die frühen Christen haben das in einem Lied, dem Philipper-Hymnus, so ausgedrückt:

Er war Gott gleich, / hielt aber nicht daran fest, wie Gott zu sein, sondern er entäußerte sich / und wurde wie ein Sklave / und den Menschen gleich. / Sein Leben war das eines Menschen;
er erniedrigte sich / und war gehorsam bis zum Tod, / bis zum Tod am Kreuz.
Darum hat ihn Gott über alle erhöht / und ihm den Namen verliehen, / der größer ist als alle Namen,
damit alle im Himmel, auf der Erde und unter der Erde / ihre Knie beugen vor dem Namen Jesu
und jeder Mund bekennt: / ›Jesus Christus ist der Herr‹ – / zur Ehre Gottes, des Vaters. (Phil 2,6–11).

### 3.4.2.2 Systematische Reflexionen

Mit diesem biblischen Bekenntnis schlagen wir die Brücke zu den altkirchlichen Bekenntnissen und fragen noch einmal: Wie verhalten sich Jesus von Nazareth und der Christus des Glaubens zueinander? Ich entfalte die Frage in zwei Thesen: 1. Den historischen (Menschen) Jesus kann man nicht ohne den Christus des Glaubens haben. 2. Den Christus des Glaubens kann man nicht ohne den Menschen Jesus haben.

Erläuterung zu 1.: Wenn wir das Bekenntnis zu Jesus Christus als Gott und Herrn nicht hätten, wäre der Mensch Jesus nicht überliefert worden, es gäbe kein Neues Testament, und das,

---

166  A. Eschbach, Das Jesus Video. Roman, Bergisch Gladbach 1998.

was von ihm überliefert wäre, die Nachricht von seiner Existenz oder seinem Tod, hätte keine besondere Bedeutung in der Gegenwart.

Erläuterung zu 2.: Wenn wir an Jesus Christus glauben, können wir nicht umhin zu fragen, was es mit dem historischen Jesus auf sich hat, denn sonst würde man verlangen, an ein ungreifbares Phantom zu glauben.

Nun beinhaltet das Glaubensbekenntnis, hier das Nizänum (381 n. Chr.), eine Reihe von Aussagen über Jesus Christus:

Ich glaube [...] an den einen Herrn Jesus Christus,
Gottes eingeborenen Sohn,
aus dem Vater geboren vor aller Zeit:
Gott von Gott, Licht vom Licht,
wahrer Gott vom wahren Gott,
gezeugt, nicht geschaffen,
eines Wesens mit dem Vater;
durch ihn ist alles geschaffen.
Für uns Menschen und zu unserm Heil
ist er vom Himmel gekommen,
hat Fleisch angenommen
durch den Heiligen Geist
von der Jungfrau Maria
und ist Mensch geworden.
Er wurde für uns gekreuzigt unter Pontius Pilatus,
hat gelitten und ist begraben worden,
ist am dritten Tage auferstanden nach der Schrift
und aufgefahren in den Himmel.
Er sitzt zur Rechten des Vaters
und wird wiederkommen in Herrlichkeit,
zu richten die Lebenden und die Toten;
seiner Herrschaft wird kein Ende sein.«

Wir konzentrieren uns zunächst auf den Aspekt, Jesus ist »zu unserem Heil« gekommen und wurde »für uns gekreuzigt«. Dahinter steht der Gedanke der Versöhnung und Erlösung.

*Versöhnung*: Gegen die Vorstellung, dass Jesus Christus »für uns gestorben« sei, lassen sich vier gewichtige Einwände vorbringen:[167]

---

167  Vgl. zu 1., 3., und 4. Härle 1995, 321ff.

- Theologisch (1): Wenn Schuld zwischen zwei Parteien besteht, muss sie ausgeräumt werden, und zwar von dem, der sie verursacht oder zu verantworten hat. Wenn ich mit dem Auto einen anderen schädige, muss ich für den Schaden aufkommen. In der Bibel aber wird die Schuld allein von Gott ausgeräumt und vergeben, und nicht vom Menschen. Dann aber fragen wir uns: Wozu braucht Gott das Opfer seines Sohnes – wenn er ein vergebender Gott ist?
- Theologisch (2): Wenn Jesus Christus die Sünde der Welt auf sich genommen hat bzw. für unsere Sünden gestorben ist, warum gibt es die Sünde immer noch? Oder ist damit nur gemeint, dass sie uns wegen Christus nicht mehr »angerechnet« wird?
- Anthropologisch: Jesus Christus ist stellvertretend für unsere Schuld gestorben. Gegen diesen Satz spricht, dass Schuld zur eigenen Person gehört und damit auch zur unaufgebbaren Freiheit und Würde – der Mensch ist prinzipiell unvertretbar (I. Kant).
- Ethisch: Das Neue Testament (z.B. Mt 18,21ff.) fordert immer wieder auf, zu vergeben – ohne auf Ausgleich zu bestehen. Wie aber sollte uns das möglich sein, wenn Gott selbst nicht ohne Gegenleistung vergeben kann?

Diese Anfragen können wir nicht restlos ausräumen. Das hat damit zu tun, dass die Bibel keine in sich *logische Lehre* darstellt, sondern die Erfahrungen der Menschen mit Gott in einer erzählerischen und argumentativen Bandbreite widerspiegelt. Nun muss man unterscheiden: Dass Jesus starb, ist ein Sachverhalt, an dem kaum historische Zweifel bestehen können. Der Satz »für uns gestorben« jedoch ist eine *Deutung* dieses Sachverhalts durch die Jünger. War mit Jesu Tod alles aus und was er gesagt und getan hatte, sinnlos und leer? Sie kamen zu dem Schluss, dass der Tod Jesu notwendig war (vgl. Lk 24,26) und Heilsbedeutung hatte.

Diese Deutung darf nicht verabsolutiert werden und dazu führen, das Gesamtbild aus den Augen zu verlieren. Denn schon die Menschwerdung Gottes hat *Heils*bedeutung: »Für uns Menschen und zu unserm Heil ist er vom Himmel gekommen.« (Nizänum). Der Gottessohn hat unter uns und für uns *gelebt*! Er hat uns das liebende Wesen Gottes erschlossen, mit seinen Taten und Reden das Reich Gottes aufscheinen lassen und uns den Weg zu Gott gezeigt. In diesem Gesamtbild ist das »für uns gestorben« *ein* Mosaikstein. Wie können wir die Aussage positiv verstehen? W. Härle nennt zwei Aspekte. Es ist eine partiell gemachte und erhoffte Erfahrung, dass wir nicht alles abbüßen müssen, was wir angerichtet haben,[168] vielleicht dadurch, dass jemand für uns eintritt. Liebe schließt Bereitschaft ein, Stellvertretung zu praktizieren: »Niemand hat größere Liebe als der sein Leben lässt für seine Freunde.« (Joh 15,13). Zum anderen wissen oder ahnen wir, dass wir Dinge anrichten, deren Folgen wir oft nicht im Griff haben, die nicht mehr zu reparieren sind. Die Versöhnungslehre weist auf die Notwendigkeit und Möglichkeit einer Verarbeitung und Lösung hin: Christus – er trägt die Sünde der Welt und nimmt sie auf sich.

*Erlösung*: Im NT kann »Erlösung« Verschiedenes meinen: Loskauf, Freikauf, Befreiung aus Gefangenschaft, Rettung oder Bewahrung. All diesen Bedeutungsnuancen liegt die Überzeugung zu Grunde, dass sich der Mensch in einer Not befindet, aus der er sich selbst nicht retten kann, und dass er wirksame Hilfe in Jesus Christus erfährt. Das NT spricht davon, dass Christus die Macht der Sünde, des Bösen und des Todes durchleidet und dadurch den Menschen erlöst. Dies ist jetzt im Anbruch verwirklicht, die Vollendung steht noch aus. Befreiung wird durch Christus eingeläutet und ist verbunden mit einem Herrschaftswechsel. Christen kommen aus der Herrschaft der Sünde bzw. der Welt in die Herrschaft der Liebe. »Seiner Herrschaft wird kein Ende sein«, bekennt das Nizänum.

Diese Vorstellung mag uns heute, im Deutschland des 21. Jahrhunderts, fremd und lebensfern anmuten. Aber blicken wir 70 Jahre zurück. Die Bekennende Kirche baute ihre Argumentation in der Barmer Theologischen Erklärung, in der sie sich gegen den totalitären Anspruch der Nationalsozialisten wehrte, genau darauf auf, dass die Christen der Herrschaft Christi unterstehen, und nicht einer anderen Macht: »Wir verwerfen die falsche Lehre, als gebe es Bereiche unseres Lebens, in denen wir nicht Jesus Christus, sondern anderen Herren zu eigen wären«.[169]

168  Vgl. Härle 1995, 324.
169  Vgl. 2. These, zit. in: Evangelisches Gesangbuch 1994, Nr. 907 (S. 1579).

Eine zentrale traditionelle Position des Protestantismus ist schließlich das Verknüpfen des Erlösungsgedanken mit der *Rechtfertigung*. Nach Artikel 4 der Confessio Augustana erfahren wir Vergebung der Sünde und Gerechtigkeit vor Gott »aus Gnade um Christi willen durch den Glauben, nämlich wenn wir glauben, dass Christus für uns gelitten hat und dass uns um seinetwillen die Sünde vergeben, Gerechtigkeit und ewiges Leben geschenkt wird.«[170] Wie lässt sich diese Aussage heute verstehen und zur Sprache bringen? R. Lachmann zufolge leben wir in einer Gesellschaft, die nach dem Motto »Leistest du was, so bist du was!« organisiert und in der jeder dem »Leistungsgott« unterworfen sei.[171] Der Zuspruch der Rechtfertigungslehre dagegen lautet: »Als mein geliebtes Geschöpf, das sein Vertrauen auf mich setzt, bist du mir – sagt Gott – recht, so wie du bist, unabhängig von allen Leistungen und von dem, was du dir schon geleistet hast.«[172]

Kommen wir zum letzten wesentlichen Aspekt im Glaubensbekenntnis: Jesus ist Gott und Mensch. So heißt es im Nizänum und in anderen wichtigen altkirchlichen Bekenntnissen. Im Chalcedonense (451) wird sogar zur Betonung jeweils das Wort »wahrhaft« vorangestellt. Wir erinnern uns: Bekenntnisse zeigen, wie die Bibel verstanden wurde und zu verstehen ist. Ihr Inhalt und ihre Autorität sind aber abgeleitet aus der Bibel selbst. Diese Aussage »Jesus – Gott und Mensch« ist letztlich eine Folgerung aus der biblischen Heilsgeschichte. In Jesus begegnet uns das göttliche Heil. Wenn wir es in Jesus nicht mit Gott selbst zu tun hätten, dann würde dieser Satz keinen Sinn ergeben.

Gleichzeitig ist es aber wichtig zu wissen, dass das NT auf die Frage des göttlichen Ursprungs Jesu verschiedene Aussagen macht, die sich nicht so einfach zur Deckung bringen lassen. Im Markusevangelium wird Jesus zum Sohn Gottes durch die Taufe *erklärt* und *berufen* (Mk 1,11). Bei Paulus (Röm 1,4) wird Jesus durch die Auferstehung in die Gottessohnschaft *eingesetzt*. Im Lukas- und Matthäusevangelium wird es noch vielschichtiger, da finden wir einen Stammbaum, der auf Josef hinausläuft (Mt 1,16 und Lk 3,23). Gleichzeitig begründen die Evangelien mit ihren

---

170 Evangelisches Gesangbuch 1994, Nr. 906 (S. 1566f.).
171 Lachmann 1992, 95
172 Lachmann 1992, 97.

Erzählungen von der Jungfrauengeburt (Mt 1,18ff. und Lk 1,34ff.), warum Jesus zu Recht Gottes Sohn genannt wird.

Diese Erzählungen sind weder die ältesten noch eine unumstrittene Antwort auf die Frage nach dem göttlichen Ursprung Jesu. Sie werfen ein Problem auf: Wenn wir den Heiligen Geist als den Ersatz für den männlichen Teil sehen, haben wir dann etwas wie einen Halbgott, der vom Geist die göttliche und von Maria die menschliche Natur hat, aber weder wahrhaft Mensch noch wahrhaft Gott ist.[173] Und: die menschliche Sexualität muss ausgeschlossen werden, um den göttlichen und damit sündlosen Ursprung Jesu darzustellen. Diese Leibfeindlichkeit gipfelt in der katholischen Feststellung der unbefleckten Empfängnis Marias (d.h. im Bauch ihrer Mutter) im Jahr 1854.

Warum reden wir dennoch von der Jungfrauengeburt? Wir verstehen sie als metaphorische Rede: Maria ist offen und empfänglich für das Wirken Gottes. In der Jungfrauengeburt ist das menschliche Wirken nicht ausgeklammert. Es ist das Geschehen-Lassen: »Mir geschehe, wie du gesagt hast.« (Lk 1,38). Der Franziskanerpater R. Rohr drückt es so aus: »Es handelt sich um ein Symbol für geistliche Leere. Wenn der Herr nicht seinen Samen in uns legt, können wir keine Frucht hervorbringen. Wenn wir Gott nicht erlauben, in uns hineinzukommen und uns den Geist zu schenken, sind wir spirituell unfruchtbar.«[174]

Schließlich redet die Bibel noch von der Präexistenz Jesu (Logos-Christologie). Die Annahme der Präexistenz Jesu ist »diejenige Antwort auf die Frage nach dem göttlichen Ursprung Jesu Christi, die diesen Ursprung am engsten mit dem Wesen Gottes verbindet.«[175] So heißt es im berühmten Prolog des Johannesevangeliums: »Im Anfang war das Wort (gr. logos), und das Wort war bei Gott, und Gott war das Wort [...] Alle Dinge sind durch dasselbe gemacht [...] Und das Wort ward Fleisch.« (Joh 1,1.3.14). Das bedeutet: Jesus Christus ist als Logos eines Wesens mit dem ewigen Vater und war an der Schöpfung beteiligt. Die liebende Zuwendung zur Welt gehört zu Gottes Wesen.

---

173  Vgl. Härle 1995, 349.

174  R. Rohr, Das auferstandene Buch. Die Lebenskraft des Neuen Testaments, Freiburg, Basel, Wien 1991, 140.

175  Härle 1995, 354.

Wie verhält es sich mit den zwei Naturen in Jesus Christus? Im Bekenntnis heißt es, Jesus war wahrhaft Mensch und wahrhaft Gott. Auch diese Aussage ist eine abgeleitete. Sie wurde historisch gesehen von der Kirche getroffen, um andere Aussagen abzuwehren. Es gab christliche Strömungen, die sagten: Gott war in Jesus, aber dieser Jesus war nur eine Art Hülle, eine Erscheinung, nicht richtig Mensch aus Fleisch und Blut (Modalismus). Andere meinten: Jesus war ein Prophet und Heiliger Mann, aber nicht wirklich Gott. Er wurde nur von Gott zu seinem Sohn erklärt (Adoptianismus). Beide Gedanken wehrt die Formulierung »wahrhaft Mensch und wahrhaft Gott« ab.

Wie aber ist das zu denken? Die traditionelle Antwort ist: In seinem irdischen Wirken übt Jesus Christus, obwohl er ganz Gott ist, keine göttliche Macht aus, er enthält sich vielmehr ihrer Ausübung; nach seiner Auferstehung und Erhöhung hat er Teil an den Eigenschaften Gottes. Ist das nicht ein unauflöslicher Widerspruch? »Zerbricht dieses zentrale Geheimnis des christlichen Glaubens am Denken« und bleibt nur die Zumutung, das »Undenkbare zu glauben«?[176] Wir halten einen Moment inne und fragen uns: Was *können* wir wissen?

Vielleicht hilft es sich zu vergegenwärtigen, dass biblische Aussagen an entscheidenden theologischen Stellen in der Form einer *Erzählung* oder sogar eines *Lobliedes* von Gott und Jesus sprechen. So wie Gottes Schöpfungshandeln im Lied besungen wird (Gen 1, Ps 104), so auch der Weg Jesu und Gottes Handeln an ihm (Phil 2, Joh 1). Diese Lieder rufen zum Erwidern des Lobes auf, zum existentiellen Wahrnehmen der Heilstaten. Sie sind in eine Glaubens*beziehung* eingebettet. Wenn wir über ihre Inhalte so reden, als ob sie einer in sich abgeschlossenen Lehre entstammten, geraten wir in Aporien. Erinnern wir uns an Wittgenstein: Worüber man nicht sprechen kann, muss man schweigen.

---

176 Härle 1995, 343.

### 3.4.3 Didaktische Folgerungen

Wie können wir das Thema »Jesus Christus« für die Schüler erschließen? Und wie können wir die Schüler für das Thema interessieren?

Von der Fachseite her halten wir fest, dass wir beides brauchen, den historischen Menschen Jesus und den Christus des Glaubens. Vielleicht verwischen sich in der Praxis des Religionsunterrichts die Konturen zwischen dem Menschen Jesus von Nazareth und dem Christus des Glaubens. Für uns aber ist es eine wichtige Unterscheidung. Wir haben ja schon bei den Äußerungen von Kindern und Jugendlichen über Jesus gesehen, dass er als historische Person bzw. als besonderer Mensch gesehen werden kann, aber auch als Gott, zu dem man eine Beziehung aufbauen kann. Für (angehende) Religionslehrkräfte ist diese Unterscheidung in doppelter Hinsicht bedeutsam, denn auch sie müssen wissen, wie Schüler/innen Jesus sehen und sich selbst fragen und für sich klären, welchen »Jesus« sie unterrichten werden.

Von der didaktischen Seite her interessieren wir uns für die Frage, wo es Anknüpfungspunkte für die Schüler/innen gibt, sich mit dem Thema »Jesus« zu beschäftigen. Wir haben schon gesehen, dass die Begeisterung bzw. das Interesse für Jesus in der Grundschule höher ist als in der Sekundarstufe (3.4.1). Das liegt natürlich auch daran, dass die Schüler in der Sekundarstufe mit der Jesus-Thematik schon bekannt sind und meinen, alles Wesentliche zu wissen. Wir treffen auf eine höhere Bereitschaft und die entsprechende Intellektualität, die biblischen Zeugnisse über Jesus kritisch zu hinterfragen. Dazu kommt die in der Pubertät ohnehin anzutreffende Infragestellung von Autoritäten. Dennoch sollten wir uns nicht zu der Meinung hinreißen lassen, »Jesus« zu unterrichten sei in der Sekundarstufe »schwieriger« als in der Grundschule. Nach meiner Erfahrung ist es *anders* und die thematischen Schwerpunkte verschieben sich, auch in Abhängigkeit vom Vermögen und der Interessenslage der Schüler/innen.

In der Grundschule werden die Schüler auf elementare Weise mit der Jesus-Thematik bekannt gemacht. Die Sekundarstufe baut darauf auf und vertieft die Auseinandersetzung. Schauen wir uns exemplarisch die bayerischen Lehrpläne der Grundschule und Hauptschule an. Schon in der 1. Jahrgangsstufe beschäftigen sich die Schüler mit Jesus: »Von Jesus hören – auf Jesus hören«.[177] In dieser Überschrift ist die Unterscheidung zwischen dem historischen Jesu und dem Jesus Christus des Glaubens (s.o. 3.4.2) aufgenommen. Die Schüler sollen etwas über die geographischen und historischen Umstände erfahren und darüber hinaus, wie Jesus mit den Menschen umgegangen ist, dass er manche von ihnen geheilt oder gerettet hat und dass er ihnen von Gott erzählt hat, hier in Form des Gleichnisses vom Hirten und dem verlorenen Schaf. Gleichzeitig ist die Glaubensebene im Blick. Die Schüler sollen »nachvollziehen, wie es Menschen ergeht, die auf Jesus vertrauen, und spüren, wie deren Erfahrungen auch für ihr eigenes Leben wichtig sein können«.[178] Allerdings bleibt offen, ob die Schüler Vertrauen zu *Gott* oder zu *Jesus* aufbauen sollen.

Passion und Ostern sollen von den Schülern der 1. Klasse durch Erfahrungen von Freude, Leid und Trauer im eigenen Umfeld nachvollzogen werden. Die biblischen Inhalte werden also mit existentiellen Gefühlen in Zusammenhang gebracht. »Die Kinder sollen nacherleben, wie durch das Ostergeschehen die Trauer der Jünger schwindet und Freude ihr Leben erfüllt. [...] Im Nachempfinden der persönlichen Beziehung eines Jüngers zu Jesus sollen sie die Osterfreude der Jünger kennen lernen und bereit werden, etwas von dieser Freude zum Ausdruck zu bringen.«[179] Die Schüler sollen innerlich mitgehen (Lk 22–23) und den Umschwung anhand der Erzählung über die Emmausjünger (Lk 24) mitvollziehen. Dies lässt sich beispielsweise mit Hilfe eines Kippbildes unterstützen.[180]

177 Lehrplan für die Grundschule in Bayern, hg. v. Bayerischen Staatsministerium für Unterricht und Kultus, München 2000, 61f.

178 Lehrplan 2000, 61.

179 Lehrplan 2000, 62.

180 Quelle: Gottesdienstinstitut Nürnberg, Onlinekatalog: https://www.Gottesdienstinstitut.org/katalog/images/kippbild.jpg?osCsid=b1e9bce7a45771e0cc1c13793865df00.

Begrüßenswert ist, dass den Schülern der Tod Jesu schon in der 1. Klasse zugemutet wird. Auch wenn das nicht einfach ist, wäre die Alternative in jedem Fall schlechter. Wir würden die Nachricht über den Tod Jesu herauszögern und in jeder Klassenstufe neu überlegen müssen: »Können wir es den Kindern jetzt sagen oder müssen wir noch warten ...?« Das ist eine Sackgasse, denn das Symbol des Kreuzes trägt ja die Nachricht vom Tod Jesu in sich.

Die Idee, Jesu Tod über die Verlustgefühle der Jünger nachzuvollziehen, ist ein gangbarer Weg, der sachlich von Lk 24 her möglich ist. Freilich dürfen wir nicht zu viel erwarten. Wer selbst weiß, wie schwer es ist, sich in die Trauer eines anderen »hineinzuversetzen«, wird ahnen, dass dies bei der Jesus-Thematik um ein Vielfaches komplizierter ist. Es wäre darüber hinaus auch fatal, von Schülern eine Trauerstimmung zu »verlangen«. Es ist schon viel damit erreicht, die Nachricht vom Tod Jesu mitzuteilen, die Reaktion der Jünger darzustellen und dann Gelegenheit zu geben, diese Reaktion zu verstehen oder auszudrücken.

Theologisch differenziert ist im Lehrplan die Abfolge der Formulierungen »Jesus leidet und stirbt« hin zu »Jesus Christus lebt«.[181] Durch die Namensänderung wird deutlich, dass etwas Neues geschieht, eine neue Wirklichkeit entsteht. Inwiefern Erstklässler diese Intention begreifen können, muss sich freilich in der Praxis erweisen.

In der 3. Klasse sollen die Schüler »durch Jesus Gottes Nähe erfahren«,[182] und zwar anhand von Gleichnissen (Senfkorn Mk 4 oder Gastmahl Lk 14). Der Lehrplan greift das zentrale Moment der Botschaft Jesu auf, die Verkündigung des Reiches Gottes. Was bedeutet es, die Botschaft Jesu zu elementarisieren? Der Lehrplan folgt hier einer für die Grundschule typischen Tendenz, Gleichnisse zu verkürzen, so etwa, dass im Gleichnis vom Gastmahl »niemand von Gottes Einladung und Festfreude ausgeschlossen ist«.[183] Das ist jedoch nur die halbe Wahrheit. Die andere ist: Es gibt eine Entscheidung, es gibt auch ein »zu spät«.

181  Lehrplan 2000, 62.
182  Lehrplan 2000, 159.
183  Lehrplan 2000, 160.

Dass Schüler in der Lage sind, diesen Aspekt des Gleichnisses auch wahrzunehmen, habe ich mit Studierenden in ihren Unterrichtspraktika selbst erlebt. Wir dürfen die Botschaft Jesu von der Liebe nicht in der Weise verabsolutieren, dass der Ruf zur Umkehr, dass das Herausfordernde für »später« aufgehoben wird. Dies ist, wie der katholische Religionspädagoge Rainer Oberthür es formuliert, »eine vermeintlich kindgemäße Art des Umgangs mit Kindern, die sie unterschätzt, ihnen die ganze Wahrheit (noch) vorenthält und somit für die Kinder später sehr leicht Religion als Kinderkram im negativen Sinn erscheinen lässt.«[184]

Dies gilt auch in einer anderen Sache, dem altkirchlichen Konflikt über die zwei Naturen Jesu Christi. P. Freudenberger-Lötz hat gezeigt, dass sich dieses schwierige Thema auch für und mit Schüler(n) der 3. und 4. Klasse fruchtbar erschließen lässt.[185] Ausgehend von dem Gesicht Jesu, das aus Mosaiken zusammengesetzt ist,[186] wird erarbeitet, dass Menschen sich unterschiedliche Bilder von Jesus machen.

Sie wählt dann das interessante Arrangement einer »Konzilsdiskussion«, auf der zwei Bischöfe entgegengesetzter Positionen, Logos-Christologie (nach Joh 1) und adoptianischer Christologie (nach Mk 1) auftreten. Die Kinder erhalten Gelegenheit, sich in »Eckengesprächen« zu der Meinung zu gesellen, die sie für überzeugender halten, um dort weitere Begründungen für ihre Wahl zu entwickeln. Die Kinder argumentieren: »Für mich ist es einleuchten-der, dass er getauft wurde und dann Gottes Sohn wurde, weil Jesus von Maria und Josef geboren ist.« (Marlon) – »Ich glaube,

184 Oberthür, Kinder und die großen Fragen 1995, 11.
185 P. Freudenberger-Lötz, Theologische Gespräche mit Kindern. Untersuchungen zur Professionalisierung Studierender und Anstöße zu forschendem Lernen im Religionsunterricht, Stuttgart 2007, 198–214.
186 Titelseite des Time Magazine vom 15.8.1988.

dass Jesus schon immer Gottes Sohn war, weil er ein Teil Gottes ist. Er hat Gottes Macht schon immer. Bei seiner Geburt haben ja Gottes Engel gesungen.« (Sebastian).[187] Schließlich hören die Schüler die Formel des Chalcedonense (451 n. Chr.) und formulieren ihre eigene Sicht dazu: »Ich glaube, dass Jesus Gott und Mensch ist, denn er litt und fühlte wie ein Mensch, doch er handelte (heilen, helfen etc.) wie ein Gott.« (Gregor).[188]

Wenden wir uns der Sekundarstufe zu. Wie kann man mit Schülern der 9. Klasse (hier: Hauptschule) am Jesus-Thema arbeiten? Das für Bayern zugelassene Schulbuch »Da sein. Wege zum Leben 9«, beschreitet einen originellen Weg: Der Beginn ist eine Frage – »Wer ist dieser Jesus?«. Die kurze Episode aus Mk 8,27–30, in der Jesus seine Jünger fragt: »Für wen halten mich die Leute?«, wird nach- bzw. neu erzählt. Die Jünger antworten:

Nach den aktuellen Meinungsumfragen halten dich 42 % für einen großen Philosophen und Religionsstifter, 35 % für rückständig oder belanglos und 23 % bekennen dich als den Sohn Gottes.« Jesus stutzt ein wenig und fragt dann: »Und ihr, für wen haltet ihr mich?« Petrus sagt: »Meister, lange Zeit folgen wir dir schon, aber nimm es mir nicht übel, auch ich frage mich immer noch, wer du eigentlich bist. Ich weiß darauf noch keine Antwort.[189]

Diese Erzählung wird als Impuls eingesetzt, damit sich die Jugendlichen selbst diese Frage stellen. Die Antwort einer 16-jährigen Schülerin ist im Schulbuch dokumentiert: »Jetzt habe ich gemerkt, dass er ein richtig interessanter Typ ist voller Überraschungen. Immer wieder kann man neue Seiten an ihm entdecken.«[190]

Nach diesem Beginn folgen Lehrplan und Schulbuch, wie wir es zuvor im theologischen Abschnitt 3.4.2 getan haben, dem Weg vom historischen Jesus zum Christus des Glaubens. Die Schüler sollen in den Evangelien Stationen des Lebens Jesu erforschen und sich mit der Frage auseinandersetzen, ob es wissenschaftliche »Beweise« für die Existenz Jesu, für sein Leben, Sterben und seine Auferstehung geben kann. Daneben sollen sie

187  Freudenberger-Lötz 2007, 201 und 202.
188  Freudenberger-Lötz 2007, 211.
189  Da Sein. Wege ins Leben 9, ein Unterrichtswerk für den Evangelischen Religionsunterricht an der Hauptschule, von W. Haussmann (Red.), Frankfurt a. M. 2000, 46 (Text leicht gekürzt und bearbeitet).
190  Da sein 2000, 47.

die »Ich-bin-Worte« aus dem Johannes-Evangelium kennenlernen, z.B.: »Ich bin der Weinstock, ihr seid die Reben. Wer in mir bleibt und ich in ihm, bringt viel Frucht.« (Joh 15,5). Auf der Schulbuchseite zieht ein Konfirmationskreuz mit diesem Jesuswort die Aufmerksamkeit auf sich. Dazu wird eine Geschichte von einem Jungen erzählt, der nach einer Schlägerei zu  gemeinnütziger Arbeit verurteilt wird, und im Altenheim eine Pflegeschülerin kennenlernt, die er nett findet. Auf ihrem Schreibtisch liegt das besagte Konfirmationskreuz. Das Mädchen erzählt von der Teestube, und von einer Kraft, die sie spürt, von einem Freund, der für sie da ist. Dem Jungen geht viel durch den Kopf und er fasst einen Entschluss ...[191]

Schüler/innen im Alter von 15–16 Jahren beginnen – und in besonderem Maße trifft dies auf Hauptschüler der Abschluss-klasse zu – immer mehr eigene Entscheidungen zu treffen, was ihren Lebensstil, ihren Berufswunsch, den Freundeskreis usw. angeht. Insofern ist es didaktisch konsequent, den Aspekt »Entscheidung« in die Jesus-Thematik hineinzubringen, etwas, das in der Primarstufe völlig undenkbar wäre. Die Schüler sollen nicht nur Wissen und Kenntnisse erwerben, sondern auch darüber nachdenken, was diese Herausforderung »Jesus« für ihr eigenes Leben bedeuten kann. Eine Ergänzung dazu wäre ein intellektuell anspruchvoller und zugleich handlungsorientierter Lernweg, der in die Produktion eines Jesus-Buches mündet.[192] Die Klasse erstellt über mehrere Monate hinweg – arbeitsteilig – ein Buch über Jesus, in dem sie ihre Auseinandersetzung mit dem Thema dokumentiert. Möglich sind hier innere Monologe, das Verfassen von Briefen handelnder Personen, Schreiben von Gegentexten, Verfremdungen (Volxbibel[193]) oder Aktualisierungen, Interviews, Gedichte, Phantasietexte.

191 Da sein 2000, 50; Foto © M. Erben, Schweinfurt.

192 G. Adam, Jesus Christus, in: R. Lachmann/ders./W. Ritter, Theologische Schlüsselbegriffe. Biblisch – systematisch – didaktisch, Göttingen 1999, 184.

193 Vgl. dazu M. Fricke, »So schlau sein wie Albert Einstein und so liebevoll wie Mutter Teresa« – Unterrichten mit der »Volxbibel«, in: ARBEITSHILFE für

Fassen wir zusammen: Aus theologischer Sicht müssen beide Pole, der Mensch Jesus und der Christus des Glaubens, zur Sprache kommen. Aus religionspädagogischer und -didaktischer Sicht sollen die Schüler die Möglichkeit erhalten, die Sache »Jesus« kognitiv und emotional zu erschließen. Im Bereich Grundschule geht es um eine Begegnung mit den elementaren Grundlagen, in der Sekundarstufe um eine Vertiefung und Auseinandersetzung auf intellektueller und existentieller Ebene.

## 3.5 Heiliger Geist

### 3.5.1 Einleitung und Schülerstimmen

»Die Beschäftigung mit dem Heiligen Geist [...] liegt für die meisten (westlichen) Christen, sofern sie nicht einer Pfingstkirche angehören oder der charismatischen Bewegung nahestehen, eher am Rande als im Zentrum ihres Interesses«, notiert Härle in seiner Dogmatik.[194] Diese Einschätzung spiegelt sich auch in Lehrplänen und Schulbüchern wider, wenn wir jenseits von »Pfingsten« nach dem Vorkommen des Heiligen Geistes fragen.

Woran mag das liegen? Vielleicht daran, dass schon das Wort »Geist« vieldeutig und unbestimmt ist? Es gibt einen alten Witz: Ein englischer Übersetzungscomputer sollte Mk 14,38 (»Der Geist ist willig; aber das Fleisch ist schwach«) aus dem Griechischen übersetzen. Es kam der Nonsense-Satz heraus: »Das Gespenst ist bereit, aber das Steak ist noch nicht durch«.[195] »Geist« kann ja nicht nur im Deutschen vielerlei meinen. Das menschliche Denkvermögen (geistreich sein), leben, bei Maschinen: funktionieren (seinen Geist aufgeben) oder nächtliche Erscheinungen (Geisterstunde). Vielleicht erklärt sich das Randdasein des Heiligen Geistes damit, dass er neben Gott Vater und Jesus Christus gleichsam »verblasst«? Oder liegt es an der Schwierig-

den ev. Religionsunterricht an Gymnasien. Gelbe Folge 2006, hg. v. d. Gymnasialpädagogischen Materialstelle der Ev.-Luth. Kirche in Bayern, Erlangen, 2006, 97–115.
194 Härle 1995, 357.
195 Eine andere Version des Witzes ist: »Der Schnaps ist gut, aber das Steak ist zäh.«

keit, dass wir den Heiligen Geist gleichzeitig als Gott und als Gabe verstehen (müssen)?

Wie denken Kinder und Jugendliche über den Heiligen Geist? An einem katholischen Gymnasium in Österreich wurden Schüler/ innen verschiedener Jahrgänge um Antworten gebeten. Zur Frage, woran man den Heiligen Geist erkenne, notierten Schüler der 5. Klasse:

- Er wirkt wie Gott;
- er hilft, dass man freundlich ist und Gott versteht;
- ein warmer Wind und ein gutes Gefühl;
- er wirkt zu Menschen;
- er verbessert die Welt – er hilft Gott;
- man spürt Liebe;
- wenn einer schwer krank ist und plötzlich ist er wieder gesund – wenn einer nichts in der Schule kann und plötzlich ist er ein guter Schüler«[196]

M. Bergmayr, der die Untersuchung leitete, konstatiert, dass die 10- bis 11-jährigen Kinder »ein recht unmittelbares Verhältnis« zum Heiligen Geist und seinen Wirkungen haben.[197] Ist das bei Jugendlichen ähnlich? Schüler/innen der 9. Klasse äußerten sich in Aufsätzen über den Heiligen Geist folgendermaßen:

S 11: Der Heilige Geist ist eine Gabe, die uns in der 3. Klasse gegeben wird. [...] Mir persönlich hat er eine neue Gabe geschenkt. Ich weiß nicht, ob ich sie erst bekommen habe oder ob sie die ganze Zeit da war und ich sie erst entdeckt habe, wie ich mich intensiver mit dem »Heiligen Geist« auseinandergesetzt habe. Auf jeden Fall war diese Gabe etwas Besonderes, das mir hilft, auf andere zuzugehen und ihnen zuzuhören.«

S 12: Weiß überhaupt jemand die Wahrheit über den Heiligen Geist? [...] Der Heilige Geist ist in uns und jeder hat seine eigene, ganz persönliche Vorstellung von ihm, genauso wie ich. Ich glaube nicht an Symbole wie zum Beispiel die Taube, [...] Entweder man glaubt an ihn [...] oder man glaubt nicht an ihn. Es kann jeder selbst entscheiden, ob er will oder nicht [...] Ich selbst erlebe den Geist als Unterstützung.

---

196 M. Bergmayr OSB, Wie sich Schüler den Heiligen Geist vorstellen. »Der Geist Gottes« in der religiösen Entwicklung, in: 147. Jahresbericht Öffentliches Stiftsgymnasium Kremsmünster 2004, 43.

197 Bergmayr 2004, 44.

S 13: Man könnte den Heiligen Geist aber auch als Boten Gottes oder als den Atem Gottes bezeichnen, denn Gott ist und spricht durch den Heiligen Geist. Der Geist macht auch lebendig, er ermuntert zum Dienen, macht frei und er gibt Wahrheit. Es kann auch sein, dass der Heilige Geist versucht, Menschen auf den richtigen Weg zu bringen und sie zum christlichen Glauben zu führen.[198]

Während die dritte Stimme (S 13) eine beeindruckende Sammlung biblischer Aussagen darstellt, stehen in der ersten (S 11) die Entdeckungen des Geistes für das eigene Leben im Zentrum. Die mittlere Stimme (S 12) ist vom Thema des Hinterfragens und von der Betonung der eigenen Entscheidung geprägt.

Bei den Schüler/innen des Abschlussjahrgangs (Matura) findet sich in den Aufsätzen »Was fällt dir spontan zum Thema ›Heiliger Geist‹ ein?« eine Vielfalt von Gedanken.

– Dass der Heilige Geist ›in mich gefahren ist‹, daran habe ich keine Erinnerung;
– Den Heiligen Geist empfangen bedeutet für mich […] mit Gott näher in Kontakt zu treten, ihn auf sich wirken lassen und Gottes Nähe spüren;
– Verbindung zwischen dem Menschen und Jesus bzw. Gott; Gleichnis: Jesus ist die Sonne und die Verbindungen sind die Sonnenstrahlen, die wir spüren;
– Der Heilige Geist ist immer in und um uns und war es auch immer. Er stellt gewissermaßen die Verbindung zwischen der irdischen Welt und Gott dar; er ist gewissermaßen das pantheistische Element, das uns alle und das ganze Universum zum Sein, zum Leben erweckt;
– ... kleiner Bruder zu Jesus und Gott, bisher als Anhängsel der Dreieinigkeit gesehen; der Grund, warum der Heilige Geist eine geringe Rolle spielt, liegt darin, weil er schwer vorstellbar ist;
– Geist ist etwas Abstraktes, […] Geheimnisvolles, Flüchtiges.[199]

Mit diesem breiten Spektrum von Antworten, die auch manche der einleitenden Gedanken aufgreifen, wenden wir uns der Frage zu, wie der Heilige Geist in Bibel, Bekenntnis und Theologie bezeugt wird.

198 Bergmayr 2004, 47.
199 Bergmayr 2004, 50f.

## 3.5.2 Biblisch-Christliches Reden vom Heiligen Geist

Wie kommen wir eigentlich dazu, von Gott als »Geist« zu reden? Eine zentrale biblische Stelle dazu steht am Anfang der Bibel, in der Schöpfungserzählung: »Der Geist Gottes schwebte auf dem Wasser« (Gen 1,2). Dieser Begriff »Geist Gottes« taucht in der Bibel immer wieder auf. An einer Stelle im NT wird sogar eine Gleichsetzung vorgenommen. Im Johannesevangelium heißt es: »Gott ist Geist« (4,24).

Was aber ist »Geist«? Der Begriff lässt sich nur mit Mühe näher bestimmen und in seiner Offenheit eingrenzen. Aber vielleicht ist dies auch angemessen für die Wirklichkeit, die damit zum Ausdruck gebracht werden soll? Die Wurzel für Geist – im Hebräischen *ruach* (fem.), im Griechischen *pneuma* (neut.) und im Lateinischen *spiritus* (mask.) – bezeichnet etwas Konkretes: Lufthauch, Wind, Atem oder Lebensodem. Die dem Begriff zugeschriebene Bedeutungsvielfalt lässt sich in folgenden Aspekten bündeln:

– Geist ist etwas Dynamisches, selbst in Bewegung, und vermag andere(s) in Bewegung zu bringen;
– Man kann von Geist als Lebendiges, als Belebendes, vielleicht sogar als »Lebensprinzip« sprechen. Geist im biblisch-theologischen Sinn ist deshalb nicht in erster Linie ein »Erkenntnisprinzip« (etwa wie in der philosophischen Tradition, im Anschluss an Hegel, die gedachte Bewegung des erkennenden Geistes aus sich heraus und zu sich selbst zurück).
– Geist hat die Fähigkeit, zu durchdringen, zu erfüllen und beim anderen zu sein, ist also eine nicht-gegenständliche Wiese der Gegenwart (physisch ist es nicht möglich, dass zwei Gegenstände denselben Raum einnehmen).[200]

### 3.5.2.1 Gott als Heiliger Geist – der Geist als Gabe und Geber

In der Bibel treffen wir auf eine Schwierigkeit, nämlich, dass »Geist« einerseits etwas ist, das den Menschen von Gott gegeben wird und woran sie Anteil haben: »Welche der Geist Gottes treibt, die sind Gottes Kinder. Denn ihr habt nicht einen knechti-

---

200  Vgl. Härle 1995, 361.

schen Geist empfangen, dass ihr euch abermals fürchten müsstet; sondern ihr habt einen kindlichen Geist empfangen, durch den wir rufen: Abba, lieber Vater« (Röm 8,14f.). Paulus kann sogar sagen, dass der Geist Gottes im Menschen wohnt: »Ihr aber seid nicht fleischlich, sondern geistlich, wenn denn Gottes Geist in euch wohnt« (Röm 8,9). Andererseits meinen wir mit »Geist« Gott selbst. Diese Doppeldeutigkeit müssen wir ertragen. Sie lässt sich nicht auflösen, ohne dass eine der beiden Aussagen zu kurz käme. Sehen wir zunächst auf den Aspekt, dass Gott als Heiliger Geist bzw. der Heilige Geist als Gott und Geber bekannt wird. Im 1. Johannes-Brief heißt es: »Ihr Lieben, glaubt nicht einem jeden Geist, sondern prüft die Geister, ob sie von Gott sind.« (4,1). Christen sind also aufgerufen, zu prüfen, ob der Geist von Gott ist. Welche Kriterien gibt es dafür?

*Geist der Wahrheit.* Besonders in den johanneischen Schriften wird der Heilige Geist als Geist der Wahrheit beschrieben, als Geist, der zur Erkenntnis leitet (Joh 15,26; 16,13). Die Verbindung von Heiligem Geist und Wahrheit ist für das persönliche und gesellschaftliche Leben »eine wichtige Ermutigung, der Wahrheitsfrage vorbehaltlos Raum zu geben«.[201] Dies entspricht auch dem alttestamentlichen Zeugnis, dass die Propheten vom Geist Gottes erfüllte, sensibilisierte und gesandte Menschen sind, die die Wahrheit über bestimmte religiöse oder soziale Zustände aussprechen oder Hoffnung stiften sollen, vgl. etwa Mi 3,8: »Ich aber bin voll Kraft, voll Geist des HERRN, voll Recht und Stärke, dass ich Jakob seine Übertretung und Israel seine Sünde anzeigen kann.« oder Jes 61,1: »Der Geist Gottes des HERRN ist auf mir, weil der HERR mich gesalbt hat. Er hat mich gesandt, den Elenden gute Botschaft zu bringen, die zerbrochenen Herzen zu verbinden, zu verkündigen den Gefangenen die Freiheit, den Gebundenen, dass sie frei und ledig sein sollen.« – in dieser Tradition sieht sich auch Jesus, der sich das Jesajawort in seiner ersten Predigt zu eigen gemacht hat (Lk 4,18).

Härle weist auf einen anderen Aspekt im Zusammenhang mit dem »Geist der Wahrheit« hin: Der Heilige Geist zerstört weder die rationale Struktur des menschlichen Geistes noch setzt er sie

---

201  Härle 1995, 367.

außer Kraft.[202] Er ist keine anti-rationale oder irrationale Wirklichkeit, vgl. Hiob 32,8: »Der Geist ist es in den Menschen und der Odem des Allmächtigen, der sie verständig macht.« Er kann den Einzelnen »erleuchten«, wie Luther in seiner Auslegung zum 3. Artikel sagt, manchmal in einer Weise, dass der Einzelne gegen die Meinung der Masse steht und dabei einsam wird. Die Einsamkeit kann belastend sein, vgl. den Propheten Jeremia (Jer 16–17), nicht nur, weil man keine Zustimmung erhält, sondern auch dadurch, dass »die subjektive Gewissheit nicht zu haben ist ohne die Infragestellung durch den Zweifel«, nämlich ob man nun tatsächlich durch den Heiligen Geist oder nicht von einem anderen Geist bestimmt wird.[203]

*Geist der Liebe.* In Röm 5,5 heißt es: »Die Liebe Gottes ist ausgegossen in unsre Herzen durch den Heiligen Geist.« Insofern können wir im Rückschlussverfahren sagen: Der Heilige Geist ist wesenhaft Liebe. Seine Frucht ist Liebe (Gal 5,22). Diese Liebe wird uns im berühmten Abschnitt des Korintherbriefes, im Hohenlied der Liebe auf ideale Weise beschrieben: »Die Liebe ist langmütig und freundlich, die Liebe eifert nicht, die Liebe treibt nicht Mutwillen, sie bläht sich nicht auf, sie verhält sich nicht ungehörig, sie sucht nicht das Ihre, sie lässt sich nicht erbittern, sie rechnet das Böse nicht zu, sie freut sich nicht über die Ungerechtigkeit, sie freut sich aber an der Wahrheit; sie erträgt alles, sie glaubt alles, sie hofft alles, sie duldet alles« (1 Kor 13,4–7). Wie aber verhalten sich Wahrheit und Liebe zueinander? Verletzt ein Prophet, der die Wahrheit formuliert und kritisch ist, nicht das Kriterium der Liebe? Und: Wenn ein Mensch alles duldet, macht er sich nicht an der Wahrheit schuldig? Diese Frage bewegt uns im zwischenmenschlichen und alltäglichen Umgang. Eine Antwort kann man nicht allgemeingültig formulieren. Es gilt von Fall zu Fall zu entscheiden, ob das eine oder das andere jetzt dringender geboten ist, ohne freilich das andere aus dem Blick zu lassen.

*Geist des Lebens.* Im Nizänum heißt es über den Heiligen Geist: »Wir glauben an den Heiligen Geist, der Herr ist und lebendig

202 Vgl. Härle 1995, 367.
203 Vgl. Härle 1995, 368.

macht«. Diese Aussage knüpft an das alttestamentliche Zeugnis über die *ruach* an: »Der Geist Gottes hat mich gemacht, und der Odem des Allmächtigen hat mir das Leben gegeben.« (Hiob 33,4). Im Neuen Testament begegnen wir noch einem anderen Aspekt des Lebens, nämlich von Krankheit geheilt zu werden. Da Krankheit im NT oft mit bösen Geistern und Dämonen in Verbindung gebracht wird, erscheint hier der Geist Gottes als Gegenspieler. Heil zu werden ist ein Kennzeichen dafür, dass das Reich Gottes angebrochen ist: »Wenn ich aber die bösen Geister durch den Geist Gottes austreibe, so ist ja das Reich Gottes zu euch gekommen.« (Mt 12,28). Schließlich wird der Heilige Geist auch als Geber des ewigen Lebens gesehen: »Wer … auf den Geist sät, der wird von dem Geist das ewige Leben ernten.« (Gal 6, 8).

### 3.5.2.2 Wirkungen des Heiligen Geistes

*Heiligung.* M. Luther schreibt in seiner Auslegung zum 3. Artikel: »Ich glaube, dass ich nicht aus eigener Vernunft noch Kraft an Jesus Christus, meinen Herrn, glauben oder zu ihm kommen kann; sondern der Heilige Geist hat mich durch das Evangelium berufen, mit seinen Gaben erleuchtet, im rechten Glauben *geheiligt* und erhalten, gleichwie er die ganze Christenheit auf Erden beruft, sammelt, erleuchtet, *heiligt*.« Es ist kein Zufall, dass die Ausgießung des Geistes und die Geburt der Kirche in der biblischen Pfingstgeschichte erzählerisch miteinander verbunden sind (Apg 2). Im evangelischen Sinn sind Menschen nicht Heilige, weil sie aufgrund besonderer Verdienste von der Kirchenleitung als »heilig« ausgerufen würden, sondern weil sie von Gott angenommen sind. Alle Glieder der Kirche sind geheiligt, aufgenommen in die Gemeinschaft mit Gott, und dadurch zu Gott gehörig. Dies drückt die Kirche im Akt der Taufe aus. Christen haben Anteil an der Heiligkeit Gottes, deshalb sind sie »heilig«.

Der Heilige Geist verbindet die Menschen mit Gott, aber er verbindet sie auch untereinander. Er ist gemeinschaftsstiftend. Ich glaube an die »Gemeinschaft der Heiligen«, heißt es im Apostolikum. Das ist nicht in einem zeitlichen Nacheinander zu denken: erst werde ich mit Gott verbunden, dann mit den Mitgeschwistern. Nein, ich bin durch die Taufe mit Gott verbunden über die Mitgeschwister und ich begegne den Mitgeschwistern als ein von Gott Geheiligter. Der Begriff »Geschwister« bedeutet: In der Kirche sind wir nicht Freunde, Kollegen oder Gesinnungsgenossen – was uns verbindet, ist die »gemeinsame Abstammungsbeziehung«.[204] D. Bonhoeffer formulierte schon 1933 in Abgrenzung zu den nationalsozialistisch ausgerichteten »Deutschen Christen«: »Kirche ist nicht die Gemeinschaft von Gleichartigen, sondern eben gerade von Fremden, die durch das Wort berufen sind.«[205]

*Begabung.* Wenn man von jemandem sagt, er habe ein besonderes »Charisma«, dann meint man damit, er oder sie habe eine besondere Ausstrahlung, die andere Menschen einnimmt. In der Bibel bedeutet Charisma »Gnadengabe des Heiligen Geistes« (vgl. 1 Kor 12; Röm 12). Paulus zufolge hat jeder »seine eigene Gabe (Charisma) von Gott, der eine so, der andere so« (1 Kor 7,7). Es finden sich im NT drei Gruppen von Begabungen:

a) Gabe der »Einsicht und Urteilsfähigkeit in Fragen des Glaubens«.[206] In der Bibel wird sie mit Lehre (Röm 12,7), Weisheit und Erkenntnis (1 Kor 12,8) und prophetischer Rede (Röm 12,6; 1 Kor 12,10) gekennzeichnet. Sie ist eine spezielle Gabe des Geistes und nicht allen Christen in gleicher Weise gegeben. Dies drückt sich darin aus, dass manche die Berufung zum/r Pfarrer/in oder Religionslehrer/in haben. Diese Menschen haben Freude daran, sich existentiell, wissenschaftlich und professionell mit Dingen des Glaubens zu beschäftigen und sie anderen zu vermitteln. Das Studium ist der Ort, die eigene Begabung dafür weiter reifen und ausbilden zu lassen und die getroffene Entscheidung immer wieder durchzuspielen und zu überprüfen, ob es das Richtige ist. Theologische Begabung ist ein Geschenk, gleichzeitig braucht Begabung auch Förderung. Das kann durch die Familie, die Freunde oder die Gemeinde in Form von materieller Unterstützung ebenso wie seelischer und geistlicher Begleitung und Stärkung passieren. Auch die Evangelische Kirche selbst fördert Studierende mit Stipendien und in einer Gemein-

---

204 Härle 1995, 375.
205 D. Bonhoeffer, Der Arierparagraph in der Kirche, in: DBW Bd. 12, 410.
206 Härle 1995, 379.

schaft, die die/den Einzelne/n im Studium und darüber hinaus trägt, anregt und verbindet.[207]

b) Gabe der Krankenheilung (1 Kor 12,9; Jak 5,13–16). Sie geht auf Jesus selbst zurück, der viele Menschen heilte. Die Heilungen waren integraler Bestandteil seines Auftretens und seiner Verkündigung vom Reich Gottes. In der Urkirche galt »die Gabe, gesund zu machen« als Gabe Gottes (1 Kor 12,9). Es gab die Praxis, dass die Gemeindeältesten den Kranken salben und über ihm beten. Das Gebet des Glaubens sollte den Kranken helfen (Jak 5,13–16). Heute ist immer mehr ins Bewusstsein gekommen, wie eng seelische und physische Prozesse im Menschen miteinander verwoben sind. Wir vermögen im medizinischen Bereich nicht alles aus rein kausal-empirischer Sicht zu erklären. Aus christlicher Sicht gibt es keinen Grund zu bestreiten, dass es Glaubensheilungen oder Geistheilungen geben kann. Wer eine solche Begabung hat, soll sie verantwortlich nutzen. Dabei muss geprüft werden, ob die Heilungen oder Begabungen mit dem Wesen des Heiligen Geistes übereinstimmen. So ist zu fragen, ob suggestive oder manipulierende Methoden im Spiel sind, Menschen in Abhängigkeiten gebracht werden, Krankheit als unannehmbar und deshalb als heilungsbedürftig angesehen wird oder die Heilung für Ruhm und materiellen Gewinn eingesetzt wird.[208] Wenn eines davon zutrifft, muss man sehr zurückhaltend sein, hier vom Wirken des Heiligen Geistes zu sprechen. Im Übrigen sind Krankenheilungen eine mögliche Wirkung des Heiligen Geistes, aber keine notwendige. Selbst Paulus wurde trotz seines Gebetes nicht geheilt (2 Kor 7–10).

c) Gabe der Zungenrede (Apg 2,4; 1 Kor 14,2f.18). Mit der sogenannten Glossolalie bezeichnen wir das Phänomen religiös-ekstatischen Redens, Stammelns oder Singens. Sie ist für den Betreffenden eine intensive Erfahrung, für viele ein erschreckendes und zugleich faszinierendes Mysterium, das große Anziehungskraft besitzt. Daher erklärt sich auch der weltweite Zuwachs der Pfingstkirchen, die in vielen Ländern schon die klassisch-protestantischen Kirchen überflügelt haben. Von den Pfingstkirchen kommt oft der Vorwurf an die Evangelische Kirche, sie sei

---

207 Bewerbungen an Evangelisches Studienwerk e.V. Villigst (http://www.evstudienwerk.de/).
208 Vgl. Härle 1995, 381.

»geistlos« geworden. In den Pfingstkirchen spielt die Gabe des Heiligen Geistes für die individuelle Glaubensentwicklung eine große Rolle – sie wird gleichsam als Kriterium angesehen, ob man wirklich Christ ist. Mit Paulus ist aber daran zu erinnern, dass die Zungenrede der Lehre und Prophetie, aber auch der Krankenheilung nachzuordnen ist, weil sie eben den Gläubigen nur selbst erbaut, während die anderen beiden Gaben die Gemeinde erbauen (1 Kor 14,2ff.).

### 3.5.3 Didaktische Folgerungen

*3.5.3.1 Grundsätzliche Überlegungen zum Heiligen Geist und zum Glauben*

Wie im Abschnitt zuvor über »Jesus Christus im Religionsunterricht« (3.4.3), gilt: Die wesentlichen Einsichten aus der Fachwissenschaft, also aus der Theologie, sind für den Religionsunterricht als zentrale Inhalte zu übernehmen, hier die Themen »Gott als Heiliger Geist, Gott als Geist der Wahrheit, der Liebe und des Lebens« und »Wirkungen des Heiligen Geistes, nämlich die Heiligung und Begabung«.

Aus didaktischer Sicht fragen wir: Wo sind diese Themen in der Welt von Kindern und Jugendlichen anschlussfähig? Wo gibt es in ihrer Erfahrungswelt Möglichkeiten zum »Andocken«? Oder kann es sie – definitionsgemäß – gar nicht geben? Wenn der Heilige Geist Gottes Geist ist, dann kommt er ja über den Menschen und lässt sich nicht auf dem Lernwege »erreichen« oder »operationalisieren«. So sagt Jesus im Johannesevangelium: »Der Wind bläst, wo er will, und du hörst sein Sausen wohl; aber du weißt nicht, woher er kommt und wohin er fährt. So ist es bei jedem, der aus« dem Geist geboren ist« (Joh 3,8). In der Spannung, dass sich Erfahrungen mit dem Geist nicht planen lassen, Kinder und Jugendliche aber etwas über diesen Geist lernen sollen, ist Religionsunterricht zu gestalten. Es geht darum, das »Vorfeld« so zu bereiten, »damit es eventuell zum ›Landeplatz‹ für den Heiligen Geist werden kann«.[209]

---

209 Lachmann 1992, 54.

Zunächst ist es unsere Aufgabe zu informieren, d.h. Kenntnisse über den Heiligen Geist zu vermitteln. Nach einer Emnid-Umfrage im Auftrag des Evangelischen Magazins »Chrismon« aus dem Jahr 2002 verbinden nur 23% der Befragten zwischen 14 und 29 Jahren (bei einem Multiple-Choice-Test) Pfingsten mit der Ausgießung des Heiligen Geistes.[210] Das unterstreicht die Notwendigkeit, dass Schüler/innen die Erzählung von der Ausgießung des Heiligen Geistes erst einmal kennenlernen. Dieser Schritt wird in der evangelischen Tradition, der Altprotestantischen Orthodoxie des 17. Jahrhunderts mit *notitia*, Kenntnis der Glaubensinhalte, bezeichnet. Im Religionsunterricht versuchen wir, darüber hinausgehend, Inhalte mit Erfahrungen zu verknüpfen, damit die Schüler zur Sache ein Verhältnis gewinnen können. In der Tradition heißt diese Stufe *assensus*, Anerkennung des Inhaltes oder des Gegenübers, der für diesen Inhalt steht, als vertrauenswürdig. Die dritte Stufe ist *fiducia*, das Sich-Einlassen und Vertrauen. Die Suche nach einem richtigen Weg dorthin kann immer nur tastend sein, weil die Erfahrungen mit dem Heiligen Geist doch so anders als »normale« Erfahrungen sind. Es besteht die Gefahr, dass man die Wirklichkeit des Heiligen Geistes auf triviale und banale Dinge reduziert. Andererseits würde es einer didaktischen Kapitulation gleichkommen, wenn wir erst gar nicht den Versuch unternähmen.

Ob daraus Glaube wird, liegt nicht in unserer Hand. Es ist irreführend, Menschen zum Glauben im Sinne eines äußeren »Für-Wahr-Haltens« aufzufordern. Glauben ist nichts, was man von außen gegen Widerstände auferlegen kann, sondern eine Suchbewegung, bei der sich der Suchende innerlich für das Gegenüber öffnet und für den sich nach einer Zeit eigene Gewissheit einstellt.[211] Das heißt aber nicht, dass man von außen keine Anregungen geben könnte. In der evangelischen (religionspädagogischen) Tradition gehen wir nicht von einer naturgegebenen religiösen Anlage des Menschen aus. Es sind die Anstöße von außen, die den Menschen auf den Glauben hin ansprechen. In diesem Sinn ist das Ziel des Religionsunterrichts, dass Schüler

---

210 http://fowid.de/fileadmin/datenarchiv/Pfingsten__assoziiertes_Ereignis__ 2002. pdf.
211 Vgl. Härle 1995, 60.

»lernen als Christ leben zu können«.[212] Es geht nicht nur um Kenntnisse im Sinn einer christlichen Religionskunde. Die Schüler sollen durch den Religionsunterricht mit dem grundlegenden »Handwerkszeug« ausgerüstet werden, das sie zur Ausübung des Christseins befähigt. Sie lernen, dass christlicher Glaube sich nicht nur in Kenntnissen erschöpft, sondern eine Praxis des religiösen Denkens, Handelns und sich Ausdrückens einschließt, die den Glauben erst zu einer lebendigen und damit aktuellen und relevanten Sache macht. Wir erteilen Religionsunterricht mit der Überzeugung, dass es für Kinder und Jugendliche lohnend ist, das Christsein »als attraktive Form der Lebensgestaltung« kennen zu lernen.[213]

### 3.5.3.2 Didaktische Beispiele

Die folgenden Beispiele aus Primar- und Sekundarstufe zeigen, wie man diesen theoretisch gezeichneten, nicht ganz einfachen Weg beschreiten kann. Sie befassen sich mit Pfingsten und versuchen Kindern und Jugendlichen einen Zugang zur Erfahrung des göttlichen Geistes zu erschließen.

a) Primarstufe. Ein Weg besteht darin, die Annäherung an das Phänomen »GEIST« über Redewendungen und sprachliche Bilder (z.B. BeGEISTerung wecken, beGEISTert werden, GEISTreich sein) zu suchen, die sich in der Klasse durch
Standbilder anschaulich darstellen und erfahren lassen. Darüber kann man ins Gespräch kommen. Was geschieht in einem »drin« – kann man das überhaupt mit Worten beschreiben oder greift man besser auf Gesten, Klänge, Farben usw. zurück? In dieser Phase werden die Schüler für das Thema sensibilisiert.[214]

212 C. Grethlein/C.Lück, Religion in der Grundschule. Ein Kompendium, Göttingen 2006, 120.

213 Grethlein/Lück 2006, 120.

214 Vgl. P. Freudenberger-Lötz/M. Schreiner, »Kommt alle her, dann werden wir mehr!« Kinder deuten das Pfingstfest, in: Bucher, Anton A. u.a.: »Zeit ist immer da«. Kinder erleben Hoch-Zeiten und Fest-Tage, Stuttgart 2004, 110.

Daneben kann der »Geburtstag« zum emotional hoch besetzten und nachvollziehbaren Ausgangspunkt werden, die Bedeutung des Pfingstfestes zu veranschaulichen. Wie ist das, wenn ich meinen eigenen Geburtstag feiere? Wie gestalte ich das Fest? Wie lade ich ein? In Analogie können die Kinder eine »Einladung zum Geburtstagsfest der Kirche« entwerfen (s. Bild.) und dadurch den freudigen Charakter der Geburt der Kirche an Pfingsten nachvollziehen.[215]

Schließlich ist die Frage, wie Jesus nach Ostern und Himmelfahrt bei den Menschen weiterlebt und weiterwirkt, auch für Kinder interessant. Eine Methode, um das Geschehen der Geistausgießung nachzuvollziehen, ist etwa, den Kindern zwei Instrumentalstücke zu hören zu geben. Beide sollen sie der Stimmung nach beschreiben. Im Projekt von Freudenberger-Lötz/Schreiner beschreiben Kinder das eine als traurig und leer, das andere als fröhlich, sodass man tanzen möchte. Danach wird die Pfingstgeschichte aus Apg 2 vorgelesen und die Schüler setzen den Wechsel der Musik mit dem Stimmungswechsel im Text in Beziehung. Im Unterrichtsgespräch fragte die Lehrkraft nach dem Grund der Verwandlung. Schüler der vierten Klasse antworten:

Dann kam der Sturm, er hat so gewirbelt, dass er in den Köpfen der Jünger andere Gedanken gemacht hat.« ... »Der Wind hat die Angst weggemacht.« ... »Gott hat den Sturm geschickt, damit sie wieder richtig an ihn glauben.« ... »Ich denk mal, dass der Heilige Geist der Sturm war. ... »Der Heilige Geist hat die Jünger verwandelt.[216]

Die Schüler erarbeiten im Gespräch die Einsicht, dass Gott eine Veränderung in den Menschen bewirkt. Den Wandel in den Herzen und Köpfen der Jünger erklären sie sich so, dass das Eingreifen Gottes heftig ist und gleichsam den Jüngern Kopf und Herz durchbläst. Es vertreibt Angst und Zweifel. Eine interessante Deutung, die der Erwachsenentheologie nicht nachsteht![217]

Das Thema Pfingsten lässt sich auch über die Kraft des Windes, etwa durch Herstellen eines Windspieles, erschließen.[218]

215 Freudenberger-Lötz/Schreiner 2004, 111.
216 Freudenberger-Lötz/Schreiner 2004, 113.
217 Das Kindergespräch setzt sich in der Diskussion um die Trinität fort (s.u. 3.6.3).
218 Vgl. Wegzeichen Religion 4. Kommentare und Kopiervorlagen, hg. v. RPZ Heilsbronn, erarb. von S. Beck-Seiferlein, Frankfurt a. M. 2006, 75f.

Hier muss man allerdings klären, in welchen Grenzen und mit welchen Zielen die notwendige, symbolische Veranschaulichung erfolgen soll. Wenn »Wind« und »Geist« von den Schülern nicht mehr unterscheidbar sind, besteht die Gefahr der inhaltlichen Banalisierung.

Der für die Pfingstgeschichte fundamentale Stimmungswechsel kann auch über Farben und Bilder nachvollzogen werden. Ein schwarzes Tonpapier liegt im Sitzkreis. Die Lehrerin beschreibt die Stimmung der Jünger: Sie sitzen im Haus und sind niedergeschlagen und verlassen. Sie haben Angst und trauen sich nicht, hinauszugehen und von Jesus zu erzählen. Nun legt die Lehrerin das Bild »Pfingsten« von Salvador Dalí auf das Tonpapier und sagt:[219] »Etwas ist geschehen ... du kannst vieles entdecken ... auch die Jünger? ... Du kannst Hände entdecken ... auch die Farben drücken etwas aus ...«[220]

Das Werk vermittelt einen starken Eindruck von der pneumatischen Dynamik. Die Bewegung, die das ganze Bild durchzieht, hat ihren Ursprung außerhalb, oberhalb des Bildrandes. Dieser Ursprung ist nicht darzustellen, aber seine Wirkung. Man kann das so deuten: Der Einbruch des Geistes in die Welt ist nicht als einmaliges Ereignis zu verstehen, vielmehr fließt in einem unaufhörlichen Strom Gottes Geist in die Räume der Geschichte. Jerusalem ist die ganze Welt, überall kann sich Pfingsten ereignen, wenn sich die Menschen öffnen. Eine Gemeinschaft entsteht, eng zusammengerückt sind sie. Keiner ist herausgehoben, sie sind keine Individualisten.

219 Wegzeichen Religion 4. Ein Unterrichtswerk für den Evangelischen Religionsunterricht in der 4. Jahrgangsstufe, von S. Beck-Seiferlein u.a. Frankfurt a. M. 2005, 61, Bildnachweis 127: S. Dali, Pfingsten, Demart pro arte B.V./VG Bild-Kunst; Bonn 1996.
220 Wegzeichen Religion 4. Kommentare und Kopiervorlagen 2006, 77.

Schließlich kann man die Pfingst-Bewegung mit D. Steinwede auch literarisch einfangen bzw. mit dem Dali-Bild verknüpfen:

> In Bewegung sein,
> Hände, Beine Arme, Augen …
> Ein Wirbel.
> Viele durcheinander. Viele miteinander.
> Einer fasst den anderen an.
> Du wirst hin- und hergerissen.
> Du öffnest dich.
> Für dich selbst. Für andere.
> Du nimmst etwas auf.
> Du willst hören. Du willst sehen.
> Du willst rufen, schreien.
> Einer nimmt. Einer gibt.
> Einer gibt. Einer nimmt.
> Anstecken. Weitersagen.
> Du wirst frei.
> Alles anders. Alles neu.
> Alle zusammen. Alle eins.
> Miteinander. In einem Geist.
> Alles wird leichter.
> Menschen sind fröhlich, glücklich.
> Alle sind begeistert.
> Wie frischer Atem ist das, wie brausender Wind.
> Wie sprühende Funken. Wie loderndes Feuer.
> Geist. Lebendiger Geist.
> Guter Geist. Geist von Gott.
> Pfingsten.[221]

Ausgehend von diesen Vorlagen kann man die Grundschüler/innen ermuntern, eigene Verse, etwa in Form von Elfchen,[222] schöpferisch-spielerisch zum Thema Pfingsten zu verfassen.

b) Sekundarstufe. Das bayerische Schulbuch »Da Sein. Wege ins Leben« für den 7. Jahrgang wählt den Zugang zum Thema

---

221 Wegzeichen Religion 4 2005, 62.
222 In Schule und Bildungsarbeit eingesetzte Form, um Schreibanlässe zu schaffen und Kreativität mit der Bindung an Regeln zu kombinieren. Das Gedicht besteht aus elf Wörtern nach dieser Anordnung:
> Blumen
> eine Wiese
> es duftet herrlich
> ich liege mitten drin
> Freiheit.

über die Redewendung »Feuer und Flamme für etwas sein«. Die
Schüler sollen selbst überlegen, in welchen Bereichen und mit
welchen Aktivitäten sie Zeit verbringen und ob bzw. wo sie
engagiert sind. Der nächste Schritt ist die Auseinandersetzung
mit dem Leben des Paulus, der »Feuer und Flamme für Jesus
Christus« ist.[223] Im Zusammenhang mit Kirche und Gemeinschaft
wird das Wirken des Heiligen Geistes thematisiert: Jugendliche
treffen sich in Taizé (Frankreich), um miteinander zu beten, zu
singen und über biblische Texte nachzudenken. Die Schüler/
innen sollen die Jugendlichen auf dem Taizé-Foto erklären
lassen, warum sie das in ihrer Freizeit tun.[224]

Eine weitere Möglichkeit, das Thema des Heiligen Geistes
aufzugreifen, ist die Verknüpfung mit biblischen, in der Kraft
des Geistes handelnden Propheten. Der bayerische Lehrplan der
8. Klasse Hauptschule stellt Jeremia und Jona vor, die vom Geist
zu ihrem Dienst und Auftrag geführt und befähigt werden. Dies
lässt sich mit der für Jugendliche wichtigen Frage verknüpfen:
»Wo gehöre ich hin? [...] Nach außen zieht es mich in die Weite: Den Wind spüren, die Freiheit riechen. [...] Ob ich es wohl
schaffen werde, meinen Weg zu finden?«[225] Hier könnte der
Heilige Geist als Symbol dafür stehen, dass man sich auf der
Suche nach dem Eigenen von Gott herausfordern lässt und den
Mut entwickelt, sich dabei auch von Konventionen und Trends
abzusetzen. Bei aller didaktisch-methodischen Offenheit muss
man jedoch Sorge dafür tragen, dass Glaubensthemen nicht
durch unpassende Analogien inhaltlich entleert oder verstellt
werden. So ist zu fragen, inwieweit sich die »Herausforderung
durch Gott« mit der Herausforderung durch Klettern vergleichen
lässt.[226]

Eine weitere Möglichkeit ist, das Thema »Begabungen« mit
der Frage nach den Geistesgaben zu verbinden: Welche Gaben
hat Gott mir gegeben? Wie kann ich diese Gabe weiter entfalten?

---

223 Da Sein. Wege ins Leben 7, ein Unterrichtswerk für den Evangelischen
Religionsunterricht an der Hauptschule, von W. Haussmann (Red.), Frankfurt a. M.
2001, 110f.
224 Vgl. Da Sein. Wege ins Leben 7 2001, 126.
225 Da Sein. Wege ins Leben 8, ein Unterrichtswerk für den Evangelischen
Religionsunterricht an der Hauptschule, von W. Haussmann (Red.), Frankfurt a. M.
2002, 128.
226 Vgl. Da Sein. Wege ins Leben 8 2002, 128.

Wer hilft mir dabei, sie zu fördern? Kann ich sie möglicherweise später in den Dienst für andere stellen?

Schließlich ist darüber nachzudenken, wie man die Pfingstkirchen und die charismatische Bewegung, die weltweit gesehen ein wichtiges Element christlicher Lebensäußerung verkörpern, im Religionsunterricht behandeln kann. Obwohl diese Thematisierung gefordert wird,[227] finden sich in Unterrichtswerken dazu kaum Anregungen. Das liegt an der (eigenen) Unsicherheit und den offenen Fragen:

– Soll man – was manchmal geschieht – die Pfingstkirchen aus evangelischer Sicht als »Sekten« darstellen und dabei die Gefahren der Manipulation und der Unfreiheit aufzeigen – mit Paulus selbst: »Wo der Geist des Herrn ist, da ist Freiheit« (2 Kor 3,17, ferner 1 Kor 14,1–6)?

– Soll man sie religionskundlich wie eine Fremdreligion besprechen und analysieren, was die Gläubigen in ihr erleben, etwa die Ekstase als Form der Vereinigung mit Gott? Das allein wäre zu kurz gegriffen. Um nachvollziehen zu können, warum der Zulauf zu Pfingstgemeinden weltweit gerade unter den Armen so groß ist, muss man wissen, dass die Menschen in den gottesdienstlichen Feiern und Gebeten die Majestät Gottes erleben und damit dem Elend und der Hoffnungslosigkeit des Alltags entrückt sind. Zudem bietet die Pfingstgemeinde ein klares ethisches Profil (z.B. Enthaltung von Alkohol und Drogen, sexuellen Ausschweifungen, familiärer Gewalt), das sozialen Aufstieg mit sich bringt, aber freilich auch zum Gruppenzwang und Korsett großer Unselbstständigkeit werden kann.[228]

– Oder soll man sie aus ihrem eigenen Anliegen heraus, in ihrer Zielsetzung und ihrem Selbstverständnis darstellen? Das ist schwierig, da sie auf dem Pfeiler der besonderen Geisterfahrung (z.B. Zungenrede) ruhen, die ja nicht allen Christen zu teil wird. Christen, die nicht über diese Erfahrung verfügen, werden von den Pfingstkirchen nicht als »komplette« Chris-

---

227  Vgl. G. Adam, Heiliger Geist/Pfingsten, in: R. Lachmann/ders./W. H. Ritter, Theologische Schlüsselbegriffe. Biblisch – systematisch – didaktisch, Göttingen 1999, 133.
228  Vgl. M. Fricke, Bibelauslegung in Nicaragua, Münster 1997, 49–51.54f.

ten angesehen. Diese Erfahrung jedoch im Religionsunterricht vermitteln zu wollen, käme einer massiven Manipulation der Schüler gleich und wäre völlig undenkbar. Andererseits wäre es unsachgemäß, die Existenz der charismatischen Bewegung und der Pfingstkirchen überhaupt nicht zur Sprache zu bringen, denn sie bewahren nicht nur ein ur-christliches Erbe, sondern leben es auch auf erfahrbare Weise vor.

## 3.6 Trinität(s-Lehre)

### 3.6.1 Probleme der Trinitätslehre

Mehr als andere christliche Glaubensinhalte sieht sich die Trinitätslehre grundsätzlichen Fragen ausgesetzt. Sie stammen aus dem Christentum selbst, aber auch von anderen Religionen.

a) Innerchristliche Kritik und Einwände
1. Die Trinitätslehre spricht von drei göttlichen Personen und behauptet zugleich, es handle sich dabei nicht um drei Götter oder Gottheiten, sondern um einen einzigen Gott. »Damit wird dem menschlichen Denken zugemutet, zu akzeptieren, dass in diesem Fall 3 = 1 ist.«[229] Diese Lehre muss anscheinend gegen eigenes Erkennen und Verstehen »geglaubt« werden. Wenn aber an einer solch zentralen Stelle die Regeln des Denkens verletzt werden, wie soll es dann überhaupt möglich sein, den Inhalt des christlichen Glaubens zu kommunizieren (Forderung der Widerspruchsfreiheit vgl. 2.1.1)?[230]
2. Die Trinitätslehre ist nicht durch die biblischen Texte vorgegeben, sondern erst von der Alten Kirche entwickelt worden. Die triadischen biblischen Formeln »Jesus Christus, Gott und Heiliger Geist« und »Vater, Sohn und Heiliger Geist« enthalten keine Trinitätslehre, denn sie sagen nichts über das Verhältnis von Vater, Sohn und dem Heiligen Geist zueinander.
3. Die Trinitätslehre ist abzulehnen, weil sie versucht, in das innere Geheimnis Gottes einzudringen und es mittels menschli-

---

229  Härle 1995, 385.
230  Vgl. Härle 1995, 385.

cher Begriffe, namentlich aus der hellenistischen Philosophie, zu entschlüsseln und lehrhaft darzustellen.[231]

b) Zu diesen Fragen von innen her gesellt sich Kritik durch andere Religionen. Der Islam lehnt den trinitarischen Glauben explizit ab.[232] Im Koran, Sure 5,72f. heißt es:

Ungläubig sind diejenigen, die sagen: ›Gott ist Christus, der Sohn Marias, wo doch Christus gesagt hat: »O ihr Kinder Israels, dienet Gott, meinem Herrn und eurem Herrn.« Wer Gott (andere) beigesellt, dem verwehrt Gott das Paradies. Seine Heimstätte ist das Feuer. Und die, die Unrecht tun, werden keine Helfer haben. Ungläubig sind diejenigen, die sagen: ›Gott ist der Dritte von dreien‹, wo es doch keinen Gott gibt außer einem einzigen Gott. Wenn sie mit dem, was sie sagen, nicht aufhören, so wird diejenigen von ihnen, die ungläubig sind, eine schmerzhafte Pein treffen.

Die Ablehnung unterstreicht auch Sure 112,1–4: »Sprich: Er ist Gott, ein Einziger [...] Er hat nicht gezeugt, und Er ist nicht gezeugt worden, und niemand ist ihm ebenbürtig.«[233] Der Vorwurf des streng monotheistisch denkenden Islam an das Christentum lautet, die Einzigkeit Gottes zu unterlaufen und drei Götter zu haben. Christen seien »Ungläubige«.

## 3.6.2 Inhalt der Trinitätslehre

### 3.6.2.1 Geschichte

Die Trinitätslehre ist historisch gesehen aus dem Nachdenken über das biblische Reden von Gott erwachsen: Gott ist in Jesus Christus Mensch geworden, Gott ist der Vater, Jesus Christus ist der Sohn, Jesus Christus ist Gott (3.4), der Heilige Geist ist Gott (3.5). Wir finden in der Bibel dreigliedrige Formeln, etwa den Taufbefehl Jesu: »Taufet sie auf den Namen[234] des Vaters und des Soh-

231 Vgl. Härle 1995, 385.
232 Ähnlich ist im Judentum auch das Bekenntnis Schm'a Israel »Höre Israel, der Ewige ist unser Gott, der Ewige allein« als Abgrenzung zur christlichen Trinitätslehre verstanden worden.
233 Der Koran Arabisch-Deutsch. Übersetzung und wissenschaftlicher Kommentar von Adel Theodor Khoury, Gütersloh, Bd. 6, 1995, 132 und Bd. 12, 2001, 608.
234 Der verwendete Singular (»Name«) macht deutlich, dass der Evangelist Matthäus an einen Gott und nicht an drei Götter denkt.

nes und des Heiligen Geistes« (Mt 28,19). Insofern kann man sagen, dass das Reden von der Trinität notwendig mit der Bibel gegeben ist. Auf der anderen Seite betont die Bibel, dass es nur einen Gott und Herrn gibt (vgl. 1 Kor 8,6; Eph 4,6). Die Alte Kirche rang drei Jahrhunderte lang um die Frage, wie diese beiden Linien zusammenzudenken sind. Zum großen Teil ist die Trinitätslehre ein Produkt der Abwehr als Häresie empfundener Positionen.

Jesus Christus und Heiliger Geist sind Gott. Sind sie aber *wirklich* Gott oder vielleicht nur gott*ähnlich*? Manche Christen in der Alten Kirche vertraten einen strikten Monotheismus, so etwa Arius. Seine Überlegung war: Wenn Jesus Christus wirklich Gott, also eines Wesens mit dem Vater wäre, würden Christen an zwei Götter glauben. Deswegen leugnete er die Göttlichkeit Christi. Die Alte Kirche hielt in ihrer Mehrheit jedoch unbedingt daran fest, dass Jesus Christus »wesenseins« mit Gott sei und verurteilte Arius als Häretiker (Konzil von Nizäa 325). Diese häretische Unterordnung Jesu Christi nannte man Subordinationismus. Die andere Spielart des christlichen Monotheismus vertrat Sabellius (exkommuniziert um 220): Gott ist nur einer. Er *erscheint* uns in zeitlicher Aufeinanderfolge als Vater, Sohn und Geist. In dieser Position des Modalismus verschwindet Jesus Christus als eigenständige Größe. Tertullian (gest. um 230) war der Erste, der dagegen ein neues Wort schuf, »trinitas«, und es an die Stelle der göttlichen »monas« (Einzigkeit) setzte. Die differenzierte Einheit stellte er sich mit Bildern wie Quelle-Bach-Fluss vor.[235] Die Theologen der Ostkirche, wie z.B. Basilius von Caesarea (gest. 379), entfalteten diesen Gedanken weiter und prägten unter Bezugnahme auf die Vorstellungswelt der neuplatonischen Philosophie die Auffassung von dem einen »Sein« bzw. der einen »Wesenheit« Gottes (gr. ousia), die den drei »Verwirklichungen« (gr. hypostasis) oder auch »Personen« (gr. prosopon, lat. persona) zu Grunde liege. Das *göttliche Wesen* sei allen drei Hypostasen/Personen gemein (z.B. Unermesslichkeit, Unbegreiflichkeit, Ungeschaffenheit, Unräumlichkeit, Allerhabenheit). Die *besonderen, nicht übertragbaren* Merkmale der drei Hypostasen bzw. Personen seien Basilius zufolge das Ungezeugtsein

---

235 Vgl. J. Moltmann, Trinität und Reich Gottes. Zur Gotteslehre, 2. Aufl. München 1986, 153.

und die Vaterschaft (Vater), das Gezeugtsein (Sohn) und das Ausgehen vom Vater und die heiligmachende Kraft (Geist).[236]

Die Alte Kirche tat sich schwer, die Einzigkeit Gottes auszudrücken. Das wird deutlich, wenn man sich das Nizänische Glaubensbekenntnis von 381 genau ansieht: »Wir glauben an den einen Gott, den Vater ... Und an den einen Herrn Jesus Christus ... Wir glauben an den Heiligen Geist«. Hier ist Einzigkeit kein alleiniges Merkmal des »einen Gottes«, sondern auch des »Herrn Jesus Christus«. Erst im Athanasium (6. Jh.), von den Reformatoren neben dem Apostolikum und Nizänum später als »drittes« Glaubensbekenntnis geschätzt, wurde der »eine Gott« in drei »Personen« geehrt.[237]

Im Laufe der Kirchengeschichte unterschied man zwei Blickweisen auf die Trinität. So systematisierte die lutherische Orthodoxie im 17. Jahrhundert folgendermaßen: Die »immanente« oder »Wesenstrinität« beschreibt die Werke der Trinität nach innen (opera ad intra). Dem Vater kommt die Zeugung (generatio) am Sohn zu, dem Vater und dem Sohn die Hauchung am Geist (spiratio). Die »ökonomische« (d.h. heilsgeschichtliche) oder »Offenbarungstrinität« beschreibt die Werke nach außen (opera ad extra). Dem Vater ist die Schöpfung (creatio) zugeordnet, dem Sohn die Erlösung (redemptio) und dem Geist die Heiligung (sanctificatio). Allerdings dürften die Werke nach außen nicht exklusiv auf eine Person beschränkt verstanden werden, so ist z.B. die Schöpfung auch ein Werk des Sohnes und des Geistes.[238]

Auf dem Weg in die Neuzeit gab es in Europa heftige Auseinandersetzungen um die Trinitätslehre. Der spanische Arzt Michael Servet, der sie als Irrtum ablehnte, wurde auf Betreiben Calvins und mit Zustimmung führender Reformatoren wie Melanchthon, Beza und Bullinger in Genf als Ketzer hingerichtet (1553). In Polen kam es zur Gründung der unitarischen Kirche der Sozinianer. Die bekannteste religiöse Gruppierung mit antitrinitarischer Lehre sind heute die Zeugen Jehovas.

Mit dem Sieg der Aufklärung kam es zu einer allgemeinen Bestreitung der Trinitätslehre als vernunftwidrige Spekulation.

---

236 Vgl. A. Adam, Lehrbuch der Dogmengeschichte, Bd. 1 Die Zeit der Alten Kirche, Gütersloh 1965, 236.

237 BSLK 28, 10.

238 Vgl. Pöhlmann 1990, 120.

Der Graben zwischen dem offiziellen Bekenntnis der Kirche und dem privaten Verständnis der Glaubenden wuchs.[239] Im deutschen Idealismus kam es zu einer Neuinterpretation. Schelling und vor allem Hegel verstanden Trinität philosophisch als Selbstbewegung des »Weltgeistes«: Der absolute Geist verharrt nicht in einem Für-sich-Sein (als Vater), sondern tritt aus sich heraus und setzt sich um in sein Anderes: Welt, Natur, Mensch (Sohn), um sich im Erkennen seiner Selbstbewegung (Heiliger Geist) wiederzufinden und zu vollenden.[240]

### 3.6.2.2 Bedeutung und Verständnis der Trinitätslehre heute

Das Bekenntnis zu Gott als Vater, Jesus Christus und Heiliger Geist ist uns aus der Bibel gegeben. Es stellt einen zentralen Bestandteil unseres Glaubens dar und nimmt in der kirchlich-religiösen Praxis einen prominenten Platz ein. Jeder Gottesdienst beginnt und jede Taufe erfolgt im Namen des dreieinigen Gottes. Hier wird Trinität nicht gelehrt, sondern vollzogen. Der Schwerpunkt liegt nicht auf einer intellektuellen Aktivität, sondern auf dem Sich-Einlassen auf eine Wirklichkeit, die mit geheimnisvollen Worten dargestellt und vergegenwärtigt wird. Dennoch muss das Vollziehen auch vom Bemühen des Verstehens und der Verständigung (nach außen) begleitet sein.

1. Drei Personen oder drei Seinsweisen?

Was bedeutet es, wenn wir von drei »Personen« der Trinität sprechen? Hier müssen wir den altkirchlich-antiken und modernen Sprachgebrauch unterscheiden. Das lateinische »persona« leitet sich vom griechischen »prosopon« ab, was Maske oder Rolle im Theater bedeutet. Diese Bedeutung ist auch im lateinischen »persona« enthalten, da das Durchklingen der Stimme durch die Maske hindurch »personare« heißt. In der Neuzeit dagegen meinen wir mit »Person« das eigenständige Individuum und Subjekt. Ist es angesichts dieser Bedeutungsverschiebung überhaupt sinnvoll, den Personbegriff auf die Trinität zu beziehen? Bei der Vorstellung dreier eigenständiger Individuen wären

239  Vgl. W. Joest, Dogmatik Bd. 1. Die Wirklichkeit Gottes, 2. Aufl. Göttingen 1987, 328.
240  Vgl. Joest 1987, 329.

wir bei einem Tritheismus angekommen und würden Einheit und Einzigkeit Gottes aufgeben.[241] K. Barth hat deswegen vorgeschlagen, »Person« nicht zu verwenden, sondern den altkirchlichen Begriff der »Hypostase«. Barth verdeutscht das als die drei »Seinsweisen« Gottes.[242] Auch wenn damit das eigenständige »Sein« von Vater, Sohn und Geist betont wird, ist freilich die Gefahr vorhanden, die Trinität auf *Erscheinungs*weisen oder »Eigenschaften« zu reduzieren. Vor allem die heutige Orthodoxe Kirche wirft dem »Westen« deswegen Modalismus vor.[243]

Was ist nun angemessen: »Personen« oder »Seinsweisen«? Wir tun gut daran – und ich verweise wieder auf Wittgenstein – uns in Zurückhaltung zu üben, wenn wir über das Unaussprechliche reden. Zur wissenschaftlichen Aufrichtigkeit gehört auch, ungeklärte Fragen stehen zu lassen. Freilich soll das nicht heißen, dass wir uns unter dem Vorwand des »Geheimnisses« zu schnell Denkverbote auferlegen. Jede/r kann über die Trinität spekulieren, wie er/sie will. Ob es etwas austrägt? Die Theologen aus der Reformationszeit standen den trinitätstheologischen Spekulationen sehr zurückhaltend gegenüber. Philipp Melanchthon sagte: »Die Geheimnisse der Gottheit aber sollten wir lieber anbeten als sie zu erforschen«.[244] Ich meine: Die Bibel teilt sich in erzählender Form über Gott Vater, über Jesus Christus als Gott und über den Heiligen Geist als Gott mit. Eine »Lehre« im Rückschlussverfahren lässt sich nicht daraus konstruieren. Doch: Wenn ich mich zu Gott bekenne, von dem das Wunder ausgesagt wird, dass er die Welt und mich erschaffen hat, warum sollte es dann nicht möglich sein, dass Gott uns in drei »Seinsweisen« oder auch »Personen« ein Gegenüber ist?

## 2. Nutzen der Trinitätslehre

I. Kant spottete: »Aus der Dreieinigkeitslehre [...] lässt sich schlechterdings nichts fürs Praktische machen«.[245] Gibt es neben

241 Vgl. Joest, 1987, 335 und Härle 1995, 389.

242 Vgl. K. Barth, Kirchliche Dogmatik I/1, 374–379.

243 Vgl. Moltmann 1986, 152.

244 P. Melanchthon, Loci Communes. 1521, lat.-dt., übers. U. mit komment. Anm. vers. Von H. G. Pöhlmann, hg. v. Lutherischen Kirchenamt der VELKD, Gütersloh 1993, 19.

245 I. Kant, Der Streit der Fakultäten, in: Immanuel Kant Werke, hg. v. W. Weischedel, Frankfurt a. M. 1977, Bd. 11, 303.

ihren Problemen eine wirkliche »Stärke« der Trinitätslehre? Sie zeichnet einen Gott, der in sich Beziehung und Gemeinschaft ist. Liebe geschieht zwischen Vater, Sohn und Heiligem Geist, oder, wenn man will, so ist der Geist selbst die verbindende Liebe zwischen Vater und Sohn. Allerdings erfordert dieser Gedanke, dass wir mit dem (nicht unproblematischen) Personbegriff arbeiten. J. Moltmann hat die gesellschaftspolitische Dimension der »drei Personen« betont: »Dem dreieinigen Gott entspricht nicht die Monarchie eines Herrschers, sondern die Gemeinschaft von Menschen ohne Privilegien und Unterwerfungen.« Die Dreieinigkeit »stellt ein unerschöpfliches Leben dar, das die drei Personen gemeinsam haben, in welchen sie miteinander, füreinander und ineinander da sind.«[246] Moltmanns Aussagen kommen dem sehr nahe, was Rublew in seiner Ikone »Heilige Dreifaltigkeit des Alten Testaments« ausdrückt (Bild s.o. 3.1.2). Eine Umkehrfolgerung für unsere Existenz und Bestimmung als Mensch wäre dann: Das Ebenbild des dreieinigen Gott ist nicht allein in der menschlichen *Individualität*, sondern mit gleichem Gewicht in der menschlichen *Sozialität* zu suchen.[247] Ein modernes, persönliches Glaubensbekenntnis unserer Zeit weist in ähnlicher Weise auf die Bedeutung der Trinität für die Entwicklung der Beziehungsfähigkeit hin: »Ich glaube an einen Gott in drei Personen, einen Gott der Beziehung, der mir den Wunsch nach Gemeinschaft geschenkt hat, der mir die Fähigkeit gab, mich zu einer eigenständigen Persönlichkeit zu entwickeln und so frei auf andere zugehen zu können.«[248]

### 3.6.3 Didaktische Folgerungen

Das Bekenntnis zum dreieinigen Gott gehört fundamental zum christlichen Glauben. Allerdings hat es »Anteil am ›Geheimnis der Gegenwart [...] Gottes, das vorsprachlich ist und außertheoretisch bleibt‹, und kann deshalb [...] nur weitergesagt werden, ›nicht aber sprachlich bewältigt‹ und im echten Sinn vermittelt

---

246 Moltmann 1986, 215.
247 Moltmann 1986, 216.
248 P. Rosien (Hg.), Mein Credo. Persönliche Glaubensbekenntnisse, Kommentare und Informationen, Publik-Forum Oberursel 1999, 58.

werden.«[249] Das didaktische Problem besteht zweifellos. Vielleicht entzerrt es sich, wenn wir die Vermittlungs- durch eine Aneignungsperspektive ersetzen.[250] Die didaktische Frage lautet dann nicht mehr vorrangig: »Wie vermitteln wir Schülern religiöse Inhalte?«, sondern: »Wie kommen die Schüler zum religiösen Lernen bzw. zum Glauben?«[251] (vgl. 4.1.1)

Wie können Kinder und Jugendliche einen Zugang zur Trinität bekommen? Manches spricht dafür, das Thema erst ab der 8./9. Jahrgangsstufe zu behandeln.[252] Andererseits sollten wir Grundschüler, was die Wahrnehmung der Trinität angeht, nicht unterschätzen. Schon Kinder sind in der Lage, die drei Wirkweisen Gottes zu thematisieren. In der Fortsetzung des Unterrichtsgesprächs zu Pfingsten (s.o. 3.5.3.2) heißt es:

S 1: Gott hat den Jüngern eine Kerze im Bauch angezündet. Sie wurden mutig und erzählten von Jesus.

S 2: Es soll doch jetzt um den Heiligen Geist gehen, und ihr sagt dauernd Jesus oder Gott.

S 3: Gott, Heiliger Geist und Jesus gehören zusammen, in einem. Mit dem Heiligen Geist meint man auch Gott, aber eben als Geist. So kann Gott und Jesus da sein, mit ihrem Geist.[253]

Vieles ist nicht durch Vorerfahrungen der Schüler einholbar. Manches muss gezeigt werden, ohne es zu »erklären«. Sinnvoll ist der Weg über das Wahrnehmen der christlichen Glaubens- und Gottesdienstpraxis. Es kann erkundet werden, an welchen Punkten des Gottesdienstes die Trinität eine Rolle spielt und mit welchen körperlichen Gesten sie verbunden wird (Eröffnung, Taufe, Segen). Das individuelle Sich-Bekreuzigen der Katholiken ist ein weiterer Anknüpfungspunkt. Hier wäre in Erinnerung zu rufen, dass dies aus evangelischer Sicht auch denkbar und eine wiederzugewinnende Praxis ist. So heißt es in Luthers Morgensegen: »Des Morgens, wenn du aufstehst, kannst du dich

249 Lachmann 1992, 107.
250 Vgl. zum Ganzen U. Becker/C. Scheilke (Hg.), Aneignung und Vermittlung. Beiträge zu Theorie und Praxis einer religionspädagogischen Hermeneutik. Für Klaus Goßmann zum 65. Geburtstag, Gütersloh 1995.
251 Oberthür 1998, 20.
252 Vgl. Lachmann 1992, 110.
253 Freudenberger-Lötz/Schreiner 2004, 114.

segnen mit dem Zeichen des heiligen Kreuzes und sagen: Das walte Gott Vater, Sohn und Heiliger Geist! Amen.«

Darüber hinaus kann gezeigt werden, auf welchen biblischen Grundlagen der trinitarische Glaube fußt, z.b. auf dem Taufbefehl (Mt 28,18f.), mit dem die Urgemeinde Menschen in die Gemeinschaft aufnahm.

Künstlerisch kann mit Hilfe der Rublew-Ikone der Gedanke der innertrinitarischen Gemeinschaft erschlossen und mit einem modernen Credo (s.o.3.6.2) über den »Nutzen« der Trinitätslehre für die eigene Entwicklung nachgedacht werden.

Schüler können einen Zugang zur Trinität über das Symbol des Baumes gewinnen, das biblisch über den Baum des Lebens (Gen 2,9) und als Gleichnis für den Glaubenden (Ps 1,3) oder für das Reich Gottes (Mk 4,32) bekannt ist. Die Wurzeln repräsentieren »den Vater- und Schöpfergott als Grund und Möglichkeit meines Lebens«, der daraus erwachsene Stamm den Sohn Jesus Christus und die Zweige und Blätter bzw. die Krone die Wirkungen des Heiligen Geistes.[254]

Kontroverstheologisch ist interessant, wie die Trinität in der Begegnung mit Hinduismus, Buddhismus und den strengen monotheistischen Religionen Judentum und Islam wahrgenommen wird. Allerdings ist hier Voraussetzung, dass die Schüler schon ein eigenes, begründetes Verhältnis zur Sache gewonnen haben, um unnötige Bloßstellungen zu vermeiden.

## 3.7 Moderne Bekenntnisse zu Gott

Rede von Gott oder zu Gott geschieht unter Christen jeden Tag neu. Dabei werden die tradierten Bekenntnisse und biblischen Aussagen mit eigenen Erfahrungen und Denkbewegungen verbunden. Das ist eine kreative und zugleich notwendige Angelegenheit. Wenn wir nicht subjektiv und existentiell von unserem Glauben an Gott und auch von unseren Zweifeln reden, gibt es keine lebendige Tradition und ohne lebendige Tradition keine Religion. Positiv formuliert: Wir sind Träger der Religion oder, noch präziser, Zeugen des Glaubens.

---

254 Vgl. Lachmann 1992, 113.

### 3.7.1 Projekt »Mein Credo«

Hans Küng, katholischer Theologe, dem 1979 vom Papst die Lehrerlaubnis entzogen wurde, ist unter anderem durch sein interreligiöses Projekt »Weltethos« bekannt geworden: »Kein Frieden unter den Nationen ohne Friede unter den Religionen. Kein Frieden unter den Religionen ohne Dialog zwischen den Religionen.« Ein Buch Küngs heißt »Credo« (»Ich glaube«). Es erschien als Kurzfassung in der katholischen Zeitschrift »Publik Forum«, ergänzt mit der Bitte an die Leser/innen, ihr ganz persönliches Glaubensbekenntnis aufzuschreiben. Über 1.000 Zuschriften gingen ein, die meisten hielten sich an die Vorgabe, nicht mehr als 30 Zeilen zu schreiben (das Apostolikum hat 22 Zeilen). Sie, liebe/r Leser/in, können ja überlegen, wie Sie das machen würden.

#### 3.7.1.1 Vorstellung der »Credos«

Die Credos der Frauen und Männer bzw. Mädchen und Jungen, denn auch Jugendliche (Konfirmanden und Schüler) haben sich beteiligt, lassen sich in drei Typen einteilen.

Typ 1: Traditionell – aktualisiert
Apostolikum bzw. Nizänum werden in ihrer Struktur und ihren Hauptaussagen im Wesentlichen übernommen und mit aktuellen Vorstellungen und persönlichen Erfahrungen kombiniert (inhaltliche Bezüge zum Apostolikum und Nizänum sind kursiv gesetzt, M.F.):

*Ich glaube an Gott.*
In Liebe hat er *alles* Lebendige *geschaffen*
Sein Wort gibt allem Leben den Atem.
Durch seine Treue erhält er alle seine Geschöpfe.
Gott hat alles wunderbar gemacht.
In dieser Gewissheit kann ich froh leben.

*Ich glaube an Jesus Christus.*
In Liebe *versöhnt* er das Zertrennte.
*Gekreuzigt und auferstanden* befreit er zum Leben.
Durch ihn wird Umkehr möglich.
Christus schenkt wahre Freiheit.
In dieser Freiheit kann ich vertrauensvoll lieben.

*Ich glaube an den Heiligen Geist.*
In Liebe öffnet er der Welt die Augen.
Er bringt Menschen als *Gemeinde* zusammen.
Sein Hauch trocknet die Tränen.
Wunden *heilen* durch seinen Trost.
Der Heilige Geist *weckt Kraft und Mut.*
In dieser Hoffnung kann ich verantwortlich durch das Leben gehen.
Amen.[255]

Typ 2: Aktuell – rudimentär traditionell
Vertreter dieses Typs orientieren sich formal an den altkirchlichen Bekenntnissen, lassen aber traditionelle Aussagen, etwa zur Göttlichkeit und Auferstehung Jesu oder zum Sühnetod Jesu weg.

Ich glaube
an den Schöpfer des Universums
[...]
Ich glaube
dass Jesu durch sein Leben
die Menschenfreundlichkeit Gottes
verkündet hat
und seine Botschaft
uns die Richtung zur wahren
Menschwerdung aufzeigt«.[256]

Jesus Christus ist nicht der eingeborene Sohn Gottes, er ist nicht für uns gekommen und nicht auferstanden, er ist auch nicht als »Person« Gegenstand der religiösen Verehrung. Man glaubt (allein) an Gott. Jesus ist ein Mensch, der etwas von Gott zeigt – »Ich weiß durch Jesus Christus, dass Leben mit Gott möglich ist«[257] – und den Weg zum wahren Menschsein zeigt. Zum Vergleich das urchristliche Taufbekenntnis: »Denn wenn du mit deinem Munde bekennst, dass Jesus der Herr ist, und in deinem Herzen glaubst, dass ihn Gott von den Toten auferweckt hat, so wirst du gerettet.« (Röm 10,9).
    An dieser zweiten Gruppe kann man noch etwas erkennen. Dazu unterscheiden wir drei Dimensionen von Religion: eine lehrhaft-priesterliche, eine prophetisch-ethische und eine mystische. Die erste verkörpert die Inhalte der Religion, die von den

255  Bettina Roth, in: Rosien 1999, 105.
256  Magdalena Marx, in: Rosien 1999, 35.
257  Ortwin Beisbart, in: Rosien 1999, 16.

professionellen Vertretern gesichert und weitergegeben werden, die zweite das Handeln und die dritte die Erfahrungen mit dem Göttlichen. Beim Typ 2 der modernen Bekenntnisse lässt sich die Tendenz feststellen, dass die Verfasser/innen sich von der Dimension des Lehrhaft-priesterlichen verabschieden (Jesu Göttlichkeit, Sühnetod, Auferstehung, Bedeutung der Kirche als Gemeinschaft der Heiligen usw.). Stattdessen wird die zweite Dimension, das Prophetisch-ethische betont: Jesus zeigt den Weg des wahren Menschseins auf. Verstärkt wird auch die dritte Dimension, das Mystische:

Ich glaube an Gott, das alles umfassende und alles durchdringende Du, das in mir ist und in dem ich bin.[258]

Ich glaube an mich und den Heiligen Geist in mir
Ich glaube an dich und den Heiligen Geist in dir
Ich glaube an alle Menschen und Lebewesen und den Heiligen Geist in ihnen.[259]

Gott   mein Vater
       mein Schöpfer
       der mich bekleidet
       mit Licht und Liebe
[...]
Gott   mein Atem
       mein Herzschlag
       der mir Leben gibt
       mein Herz öffnet
       mich sehen und hören lehrt
       und mir die Schönheit zeigt
       der in mir lacht und weint
       singt und betet.«[260]

Gott wird in die eigene Person hineingenommen. Es findet eine Verschmelzung mit Gott, die *unio mystica*, statt. Die Grenze zwischen Mensch und Gott verschwindet, Gott ist in mir und ich in Gott. Das geht so weit, dass Attribute, die in der Bibel Gott zugesprochen werden, auf den Menschen übertragen werden:

258  Elisabeth Gehrke, in: Rosien 1999, 21.
259  Beat Seiler, in: H. Pawlowski H./P. Rosien (Hg.), Mein Credo, Bd. 3. Persönliche Glaubensbekenntnisse, Kommentare und Informationen, Oberursel 2001, 7.
260  Rita Hausen, in: Rosien 1999, 19.

Lobe den HERRN, meine Seele! HERR, mein Gott, du bist sehr herrlich; du bist schön und prächtig geschmückt. Licht ist dein Kleid, das du anhast. (Ps 104, 1f.)

Typ 3: Eigene Kreation – losgelöst von der Tradition
Bei diesen Credos steht die Eigenperspektive im Vordergrund. Bezüge zur christlichen Tradition lassen sich kaum noch ausmachen.

### 1. Beispiel: Jesus Christus, Goethe, Mütter und Kinder

[...] In Jesus Christus begegnet mir die menschgewordene Liebe Gottes am überzeugendsten.
Aber auch in allen Heiligen, Weisen, Müttern, Künstlern, Kindern,
von Buddha bis Bach und Bruckner,
von Laotse bis Leonardo und van Gogh,
von Platon bis Goethe und Solowjow,
von Mirjam bis Teresa und Rigoberta,
von Franziskus bis Gandhi und dem Dalai Lama
erfahre ich Gottes Heiligen Geist, der alle eint, erhellt, erträgt, versteht und verklärt [...].[261]

Die Liebe Gottes begegnet in Jesus Christus am überzeugendsten – aber dann scheint der Autor bei dieser exklusiven Aussage nicht stehen bleiben zu wollen. Bedeutende Künstler, Philosophen, Religionsstifter tragen den Geist Gottes in sich, ihre Auswahl scheint nach Verdiensten, aber auch nach passenden Anfangsbuchstaben oder Klang zu erfolgen. Auch Mütter und Kinder sind Träger des Heiligen Geistes – die Väter nicht, warum eigentlich?

### 2. Beispiel: Glaube an Bildungsfähigkeit und Harmonie

Ich glaube an die Bildungsfähigkeit des Menschen zu einem sozial und ökologisch handelnden, mündigen Gemeinschaftswesen und daran, dass die Natur den Menschen nicht braucht, wohl aber der Mensch die Natur. Ich glaube, dass der Sinn unseres Lebens in der größtmöglichen Entfaltung und Vervollkommnung der eigenen Persönlichkeit in größtmöglicher Harmonie und Verbundenheit zu unserer Mitwelt liegt.[262]

---

261 Heinrich von Bechtolsheim, in: H. Pawlowski (Hg.), Mein Credo, Bd. 2. Persönliche Glaubensbekenntnisse, Kommentare und Informationen, Oberursel 2000, 19.
262 Rudolf Kuhr, in: Pawlowski 2000, 60.

Das »Credo« ist ohne Gottesbezug und religiöse Inhalte formuliert. Es ist ein Bekenntnis zu den Werten der Aufklärung und des Humanismus und stellt Tatsachen fest (Mensch braucht die Natur).

3. Beispiel: Der Glaube an sich selbst

Ich glaube an mich, an meine Stärke,
    an meinen Willen,
    an meine Kraft, um die Dinge zu meistern, die unüberwindbar
scheinen.
Ich glaube an die Zukunft und hoffe auf sie.
Ich glaube an die Stille, die manchmal so gut tut.
Ich glaube an alles Schöne auf der Welt,
das leider oftmals nur von kurzer Dauer ist.
[…]
Ich glaube an das Gute im Menschen,
und ich glaube an das Weiterleben der Seele nach dem Tod.[263]

Das Credo ist zunächst ein Bekenntnis zu sich selbst und den eigenen Fähigkeiten und im Weiteren zum Schönen und Guten. Die klassischen Merkmale des religiösen Bekenntnisses, der Bezug zu Gott, sind mit einer Ausnahme (Weiterleben nach dem Tod) verschwunden. Gerade das Voranstellen des Glaubens an sich selbst macht dieses Credo zum Gegenmodell des christlichen Bekenntnisses.

*3.7.1.2 Auswertung und Diskussion*
Was bedeutet das Projekt »Mein Credo« für die »Rede von Gott«?

1. Die Credos stellen die persönliche Auseinandersetzung mit dem Glauben dar. In ihnen wird greifbar, was »Aneignung« des Glaubens bedeutet. Sie bringen mehrere Aspekte zum Ausdruck:

  — Ich habe einen Glauben und möchte darüber Auskunft geben;
  — ich bin sprachfähig und habe Lust am Formulieren;
  — ich habe mir viele Gedanken über meinen Glauben und mein
     Leben gemacht;

---

263 Kathrin Dorsch (Klasse 11), in: Rosien 1999, 25.

– ich habe keine Scheu über meinen Glauben zu sprechen oder der Angst, dass jemand sagt, »So kann man das aber nicht sagen«.

Deshalb sind die (meisten) Credos für sich genommen wertvoll und kostbar. Sie sind für andere anregend, ansteckend und einladend.

## 2. Der eigene Glaube und die christliche Tradition

Manche der Credos sind nahe am christlichen Bekenntnis, andere völlig losgelöst davon. Es macht durchaus Lust und Spaß, sich mal so richtig abzugrenzen von den Eltern. Nicht anders ist es gegenüber »Mutter« Kirche als Autorität und dem Bekenntnis als ihrem Organ. Freilich gibt es auch Grenzen. Einige der gezeigten Credos können nicht mehr als christlich oder auch nur als religiös eingestuft werden. Sie kreisen um sich selbst oder nehmen zu (ver)ehrende Personen in Beliebigkeit auf. Demgegenüber stehen die modernen christlichen Bekenntnisse. Sie beziehen sich auf ein »Du« außerhalb von uns, »extra nos«, wie Luther sagte. Sie richten sich nicht an beliebig vielen Gegenübern aus, sondern an *einem*, so wie Petrus es tat, als er auf die Frage Jesu, für wen er ihn hielte, antwortete: »Du bist der Christus« (Mk 8,29).

## 3. Das christliche Bekenntnis: Kompass und Reibefläche

Historisch gesehen haben die kirchlichen Bekenntnisse immer zwei Funktionen gehabt. Sie drücken den Glauben aus, indem sie *Grenzen nach außen hin* formulieren. So sind die Bekenntnisse der Alten Kirche und auch der Reformation zum guten Teil davon bestimmt (s.o. 3.4.2.2 und 3.6.2.1). Nehmen wir als Beispiel Artikel 9 aus der Confessio Augustana: »Von der Taufe wird gelehrt, dass sie heilsnotwendig ist [...]; dass man auch die Kinder taufen soll, die durch die Taufe [...] in die Gnade Gottes aufgenommen werden. Deshalb werden die verworfen, die lehren, dass die Kindertaufe nicht richtig sei.« Der letzte Satz war gegen die Täuferbewegung gerichtet, die die Kindertaufe ablehnten. Zum anderen macht das Bekenntnis Aussagen, mit denen es nach *innen hin vereint* und Vergewisserung schafft. Hier legen wir fest, woran wir gemeinsam glauben und was uns zu einer Gemeinschaft macht.

Das Bekenntnis versteht sich als Kompass, als Orientierung für den eigenen Weg des Glaubens. Wir erinnern uns: Bekenntnisse sind abgeleitete Glaubensnormen und nicht als »absolut« zu verstehen. Sie sind eine Reibefläche. Nicht alles lässt sich nachvollziehen und bejahen. Der eine stört sich an der Jungfrauengeburt, die andere an der »heiligen« Kirche. In der Auseinandersetzung mit dem Bekenntnis kann man lernen, die Grenzen des eigenen Verstehens wahrzunehmen und zu akzeptieren. So wie ich bei einem Kunstwerk, das ich betrachte, den Sinn nicht ein für alle mal verstehe und fasse, soll ich mich beim Bekenntnis offen halten für seinen »surplus sense« (»Mehr-Wert«) und mich immer wieder neu herausfordern lassen. So kann ich den Satz »geboren von der Jungfrau Maria«, den ich rational nicht akzeptiere, als Impuls und Symbol nehmen, mich Gott gegenüber ganz zu öffnen.

### 3.7.2 Feministische Theologie: Frauen und Männer reden von Gott

Einige Einsendungen zum Projekt »Mein Credo« waren auf dem Hintergrund der feministischen Theologie formuliert. Wegen ihrer großen Bedeutung wird sie in einem eigenen Abschnitt behandelt.

Was ist feministische Theologie? »Feministische Theologie ist eine beglückende Denkbewegung für Männer und Frauen«, so lautet die These von E. Sorge.[264] Sie ist eingebunden und erwachsen aus der Frauenbewegung, die ihre Wurzeln schon im 19. Jahrhundert hat, etwa bei den Suffragetten, die in England und später auch in Deutschland für das Frauenwahlrecht kämpften. Schon damals engagierten sich Christinnen in diesen Bewegungen und fragten danach, welche Rolle Religion und Bibel bei der Benachteiligung und Unterdrückung gespielt haben und spielen. Die neuere Frauenbewegung entstand in den USA Ende der 60er Jahre, Mitte der 70er sprang der Funke nach Europa über.

Feminismus [...] ist eine politische Bewegung zur Befreiung der Frauen von jeder Art gesellschaftlicher Diskriminierung, die sie aufgrund ihres

---

264 E. Sorge, Religion und Frau. Weibliche Spiritualität im Christentum, 2. Aufl. Stuttgart 1987, 37.

Geschlechts erleiden. Zum anderen meint Feminismus eine grundlegende Kultur- und Patriarchatskritik, der es weder um die Integration der Frauen in das patriarchale System noch um die Errichtung einer ›Frauenwelt‹ neben der herrschenden Männerwelt geht, sondern um eine neue Kultur, deren Ordnungs- und Symbolsysteme nicht mehr einseitig männlich, sondern ganzheitlich-menschlich definiert sind und in der weder Geschlecht noch Rasse den Wert und die Rolle eines Menschen in der Gesellschaft bestimmen.[265]

Die feministische Theologie richtet ihren Protest vor allem gegen die Rede von Gott als dem Vater. Die nordamerikanische Theologin Mary Daly hat diese Kritik zugespitzt: «If God is male, then male is God.«[266] Sie argumentiert, dass dieses göttliche Mann-Bild nicht nur den Status quo der patriarchalischen Gesellschaft und hierarchischen Kirche verfestigte, sondern auch die Ursache dafür war, dass die Vorherrschaft von Männern über Frauen nach göttlicher Ordnung legitimiert wurde. Das Vaterbild ist durch einen Sohn komplettiert, der Gott als Vater anredet und der, wegen seines Mannseins, in der römisch-katholischen Kirche von Frauen nicht vertreten werden darf (Priesteramt). In Jesus Christus sei Gott nicht Mensch, sondern Mann geworden. Insofern könne Daly zufolge der *Sohn* Gottes für Frauen nicht Grund und Hoffnung ihrer Befreiung sein.[267]

Andere feministische Theologinnen weisen darauf hin, dass die Bibel nicht nur männliche Bilder und Vergleiche für Gott verwendet, wie etwa Vater, Richter, Hirte oder König, sondern auch weibliche:

Gott als Mutter: »Ich will euch trösten, wie einen seine Mutter tröstet« (Jes 66,13).

Gott als Gebärende: »An den Fels, der dich gezeugt hat, dachtest du nicht mehr, du vergaßest den Gott, der dich geboren hat.« (Dtn 32,18).[268] »Ich schwieg wohl eine lange Zeit, war still und hielt an mich. Nun aber will ich schreien wie eine Gebärende« (Jes 42,14).

265  D. Strahm, Aufbruch zu neuen Räumen. Eine Einführung in feministische Theologie, Freiburg/Schweiz 1987, 12f.
266  M. Daly, Beyond God the Father (1980) zit. in: L. Siegele-Wenschkewitz, Art. Feministische Theologie 3.4.–4., in: EKL Bd. 1, Göttingen 1986, 1290.
267  Vgl. Siegele-Wenschkewitz 1986, 1290.
268  Zitat nach der Einheitsübersetzung, weil Luther nicht korrekt übersetzt.

Gott als Herr und Herrin: »Siehe, wie die Augen der Knechte auf die Hände ihrer Herren sehen, wie die Augen der Magd auf die Hände ihrer Frau, so sehen unsre Augen auf den HERRN, unsern Gott« (Ps 123,2).

Gott als Hausfrau: »Das Himmelreich gleicht einem Sauerteig, den eine Frau nahm und unter einen halben Zentner Mehl mengte, bis es ganz durchsäuert war.« (Mt 13,33).

Gott als Hebamme: »Du hast mich aus meiner Mutter Leibe gezogen; du ließest mich geborgen sein an der Brust meiner Mutter.« (Ps 22,10).

Eine Schlüsselstelle ist Gen 1,27: »Und Gott schuf den Menschen zu seinem Bilde, zum Bilde Gottes schuf er ihn; und schuf sie als Mann und Frau.« Die Frau entspricht dem Bild Gottes ebenso wie der Mann. Man mag das zum Ausgangspunkt für Spekulationen über das »androgyne Geschlecht« Gottes nehmen, würde aber den Text überstrapazieren. Die personalen, biblischen Bilder charakterisieren die *Beziehung* Gottes zu den Menschen. Sie sollen nicht dazu führen, dass man Gott als Mann/ Vater oder Frau/Mutter »denkt«. Es geht darum, auszudrücken und zu erfahren, dass Gott lebensschaffend und fürsorgend wie Eltern Kindern gegenüber ist. Auf dieser Linie argumentiert auch die jüngst erschienene »Bibel in gerechter Sprache«, die das Wort »Vater« für Gott vermeidet und stattdessen von »Ursprung« (Mk 14,36) oder »Vater und Mutter für dich« (Mt 6,4) spricht.[269]
Andere feministisch-theologische Ansätze sehen in der Trinitätslehre (s.o. 3.6) ein Leitbild für die Gleichrangigkeit der Geschlechter. Sie ermöglichen ein Reden von Gott, das Gott nicht auf seine Bilder festlegt, sondern in einem Beziehungsreichtum erscheinen lässt, der Geschichte, Begegnung, Partnerschaft und Befreiung in sich birgt.[270]
In der Feministischen Theologie ist die Diskussion offen, ob man im Sinne des Differenzfeminismus Wert auf die Andersartigkeit der Frauen von Männern legen und eine Aufwertung dessen fordern soll, was Frauen ausmacht, oder mit der Gendertheorie davon ausgehen soll, dass der Unterschied zwischen Männern und Frauen in erster Linie gesellschaftlich bedingt ist.

269 Bibel in gerechter Sprache, hg. v. U. Bail, F. Crüsemann u.a., Gütersloh 2006.
270 Vgl. Siegele-Wenschkewitz 1986, 1290.

Das hat jeweils Folgen für die Bibelauslegung. Soll z.B. bewusst Gottes »weibliche« Seite wieder entdeckt werden? Oder bedeutet das nicht vielmehr, gesellschaftlich bedingte Unterschiede zwischen den Geschlechtern im Himmel festzuschreiben? Sollen Frauen als Gegenüber zu den Männern in der Bibel wieder entdeckt werden? Oder ist es sinnvoller, die Verheißung von Gal 3,28 hervorzuheben: »Es gibt nicht mehr Juden und Griechen, nicht Sklaven und Freie, nicht Mann und Frau; denn ihr alle seid ›einer‹ in Christus Jesus.«?

Während die Bibel weibliche Bilder für Gott enthält und die Bedeutung der Frauen für christliche Verkündigung und Gemeinschaft unterstreicht, finden wir in den klassischen Bekenntnissen der Kirche keine »weiblichen Spuren«. Das reizt geradezu zum Verfassen neuer Bekenntnisse. Ich stelle hier zwei vor. Das erste stammt aus der Sammlung »Mein Credo«:

> Ich glaube
> an die Energie
> Weisheit und Zärtlichkeit
> von Frauen
> die Vollmacht gebiert
> an die Ruach
> die das Feuer der Lebendigkeit weckt
> in dir und mir
> das ich empfange und weitergebe
> Ich glaube
> an die Kraft von
> Ruhe und Widerstand
> die uns stärkt
> ohne Furcht vor Verwundung
> an das Glück der Begegnung
> das uns vertrauen lässt
> und erkennen
> Ich glaube
> an die aufquellende Kraft
> des Sauerteigs
> der zum Brot wird und
> Speisung für viele
> an die Notwendigkeit
> unseres Aufbruchs um
> anzukommen im Mutterland
> Ich glaube

an unseren Mut
Bruder der Angst
und daran
dass Achtung
Liebe und Beständigkeit
den Fuß lenken zur Heimat
dem inneren Ort
für uns alle.[271]

Im Mittelpunkt steht der Glaube an die eigene Kraft und an ge-glückte zwischenmenschliche Begegnungen, die durch Ruach, göttliche Geistkraft, inspiriert oder ermöglicht werden. Männli-che »Personen« wie Vater oder Sohn werden ausgespart. Allen-falls jesuanische Verkündigung (Gleichnis vom Sauerteig, Mt 13,33) und Taten (Speisungswunder, Mk 6,42; Joh 6,35) finden ihren Platz. Die Utopie, das Ziel ist das Ankommen im »Mutter-land«. Dieses Bekenntnis entspricht dem Typ 3 »losgelöst von der Tradition« (s.o. 3.7.1.1). Im Religionsunterricht lässt sich ein solches Bekenntnis allenfalls in der Oberstufe analysieren, sofern die Schüler/innen ausreichend theologisches Hintergrundwissen und Urteilskraft haben. Für die Mittelstufe ist das folgende bes-ser geeignet.[272]

Ich glaube an Gott,
der Mann und Frau nach seinem
eigenen Bilde schuf,
der die Welt schuf
und beiden Geschlechtern
die Erde anvertraute.

Ich glaube an Jesus,
Gottes Kind,
auserwählt von Gott,
geboren von einer Frau, Maria.
Der Frauen zuhörte und sie liebte,
der in ihren Häusern war,
der über das Reich Gottes mit
ihnen sprach,
der Jüngerinnen hatte.

271  Gisela Habekost, in: Rosien 1999, 162f.
272  Nach Rachel Conrad Wahlberg, in: Da sein. Wege ins Leben 9, Frankfurt a. M. 2000, 102.

Ich glaube an Jesus,
der mit einer Frau
am Brunnen über Theologie
sprach
und ihr zuerst anvertraute,
dass er der Messias ist,
sodass sie hinging
und der Stadt die große Neuigkeit brachte.

Ich glaube an Jesus,
der sich salben ließ,
von einer Frau in Simons Haus,
der die männlichen Gäste
zurechtwies,
die sich darüber empörten.

Ich glaube an Jesus, der von Gott sprach
als von einer Frau, die einen
verlorenen Groschen sucht,
als von einer Frau, die fegte,
um das Verlorene zu suchen.

Ich glaube an Jesus,
der von sich sprach als einer
Glucke,
die ihre Küken unter ihren Flügeln
versammeln will.

Ich glaube an Jesus,
der zuerst Maria Magdalena
erschien
und sie mit der explodierenden
Botschaft aussandte:
Gehe und sage es den anderen ...

Ich glaube an die Ganzheit des
Erlösers,
in dem es weder Juden noch
Griechen,
weder Sklaven noch Freie,
weder Mann noch Frau gibt.
Denn wir sind alle eins
in seiner Erlösung.

Ich glaube an den Heiligen Geist,
der in uns sich sehnt
und für das,
was unaussprechbar ist,
bittet.

Der Inhalt des Apostolikums ist durch die Dreigliedrigkeit »Gott-Schöpfer, Jesus, Heiliger Geist« wiedererkennbar. Jesus wird als Gottes Sohn und Auferstandener bekannt. Gleichzeitig bringt die Autorin die weibliche Seite Gottes, die Zugewandtheit Jesu gegenüber Frauen und die besondere Bedeutung von Frauen an biblischen Schlüsselstellen zum Ausdruck. Die zentralen Texte Gen 1,27 und Gal 3,28 sind enthalten. Damit wird deutlich, dass die christliche Botschaft inmitten der damaligen patriarchal geprägten Gesellschaft eine Alternative aufzeigte, die allerdings in den folgenden Jahrhunderten verdunkelt und unterdrückt wurde. Erst im 20. Jahrhundert ist sie wieder zur Geltung gekommen, etwa in der Einführung der Frauenordination in der Evangelischen Kirche. Dass Feministische Theologie eine »beglückende Denkbewegung für Männer und Frauen« ist, muss auf jeden Fall auch im Religionsunterricht deutlich werden. Der bayerische Lehrplan für die Hauptschule und das Schulbuch »Da sein. Wege ins Leben« greifen im 9. Jahrgang erfreulicherweise das Thema »Religion und Frauen« auf. Es sollte allerdings in anderen Stufen – auch in der Grundschule – eine größere Rolle spielen. »Von Gott reden« heißt, dass ich nicht als »Neutrum«, sondern als Mann oder Frau rede. Schülerinnen und Schüler rezipieren Gottesvorstellungen auf dem Hintergrund ihres eigenen Geschlechts und ihrer Geschlechterrolle. Im Religionsunterricht ist der Raum dafür bereitzustellen, dies bewusst zu machen, zu hinterfragen und über das Verhältnis von Mann und Frau in der Religion zu sprechen.

### 3.7.3 Moderne Bekenntnisse im Religionsunterricht

Hier seien nur die religionsdidaktischen Grundlinien aufgezeigt. Der Sinn, moderne Bekenntnisse des Glaubens zum Thema des Religionsunterrichts zu machen, liegt auf der Hand. Sie zeigen beispielhaft, wie man als Christ heute seinen Glauben in eigene

Worte fassen kann. Dies ist unabdingbar, denn die Schüler/innen sollen »zunehmend eigene religiöse Sprach- und Ausdrucksformen entwickeln« (= »Ausdruckskompetenz«).[273]

Im Religionsunterricht der Primar- und Sekundarstufe sind zwei Wege denkbar, mit modernen Bekenntnissen zu arbeiten. Der eine Weg ist das Kennenlernen und Sich-Auseinandersetzen mit ausgewählten modernen Bekenntnissen. Sie mögen Orientierung im positiven Sinne geben oder deutlich machen, was ein Bekenntnis im christlichen Sinn gerade nicht sein soll, etwa die beschränkte Perspektive auf die eigene Stärke oder den Glauben an sich selbst. Der andere Weg ist das kreative Arbeiten, z.B. das Formulieren eigener Gedanken und Haltungen. Dies ist nicht nur in Haupt-, Real- und Berufsschule möglich, sondern auch schon in der Grundschule. Wenn Kinder eigene Psalmen oder Gleichnisse schreiben (s.u. 4.1.2.2.1), können sie – am Ende eines entsprechenden Lernweges – auch eigene Bekenntnisse verfassen.

---

273 So etwa der »Beobachtungsbogen« für den Religionsunterricht, entwickelt im Rahmen des Schulversuchs »Reform der Notengebung in der Grundschule im Freistaat Bayern« vom RPZ der Ev.-Luth. Kirche in Bayern und dem RPZ der Kath. Kirche in Bayern, zit. in: G. Hilger/W. Ritter, Religionsdidaktik Grundschule. Handbuch für die Praxis des evangelischen und katholischen Religionsunterrichts, München/Stuttgart 2006, 418f.

# 4. Religionsdidaktische Wege und Konkretionen

*Wie können wir im Religionsunterricht mit Kindern und Jugendlichen von Gott reden und auch zu Gott reden? An verschiedenen Stellen des Buches ist das mitbedacht worden, etwa bei neueren Studien zu Gottesvorstellungen von Kindern und Jugendlichen (1.2) und in den didaktischen Folgerungen jeweils am Ende der theologisch-inhaltlichen Kapitel (2.3; 3.2.2; 3.3.4; 3.4.3; 3.5.3; 3.6.3; 3.7.3). Hier nun geht es um eine Weiterführung, Systematisierung und grundsätzliche Reflexion des Vorherigen und zugleich auch um konkrete Wege der Unterrichtsgestaltung, die zeigen, wie wir Lernprozesse rund um die Gottesfrage anstoßen und begleiten können.*

## 4.1 Der Weg der Aneignung und die Kindertheologie

### 4.1.1 Von der Vermittlung zur Aneignung

Die fachwissenschaftliche Komponente der Gottesfrage haben wir in großen Teilen des Buches behandelt. Sie ist unverzichtbar für das Unterrichtsgeschehen. Die Aufgabe der Lehrkraft ist es, diese Komponente in den Religionsunterricht einfließen zu lassen. Aber *wie* kann das geschehen? Eine reine Didaktik der »Vermittlung« theologischer »Wahrheiten« läuft ins Leere. Die Denkbewegung muss vielmehr von den Schülern her auf die Inhalte hin im Sinne einer »Hermeneutik der Aneignung« erfolgen.[1] So fragen wir mit Oberthür nicht vorrangig: »Wie vermitteln wir Schülern religiöse Inhalte?«, sondern: »Wie kommen die Schüler zum religiösen Lernen bzw. zum Glauben?«[2]

---

1   K. Goßmann, Die gegenwärtige Krise des Religionsunterrichts in Westdeutschland, in: EvErz 45. Jg. (5/1993), 526.

2   Oberthür 1998, 20.

Die Arbeit der Aneignung liegt bei den Schülern selbst. Die Lehrkraft hat die Aufgabe, diesen Prozess der Aneignung zu ermöglichen, indem sie entsprechende Lernarrangements zur Verfügung stellt. Dem Pädagogen Hartmut von Hentig zufolge erfordert das Konzept der Aneignung eine »Mathetik«, die Kunst, die wirksames Lernen ermöglicht.[3].

> [...] eine gute Mathetik schließt eine gute Didaktik nicht aus [...], schränkt aber deren Wichtigkeit ein; der »Lehrer« bleibt notwendig, wirkt aber in einer anderen Funktion: Er stellt die Ideen, die Sachen, die Probleme, die Aufgaben bereit und die Lerngelegenheit her; er hilft, lobt, leistet Widerstand, zeigt, »was man können kann.«[4]

Die folgenden unterrichtlichen Konkretionen und die Darstellung der »Kindertheologie« entsprechen diesem religionspädagogischen Ansatz.

## 4.1.2 Kindertheologie

Unter christlicher Theologie verstehen wir die Reflexion über den christlichen Glauben. Im engeren Sinn ist damit die wissenschaftliche Reflexion gemeint. Nun wird niemand behaupten, dass Kinder und Jugendliche in der Lage wären, wissenschaftlich Theologie zu betreiben. Was aber bedeutet es, wenn wir im religionspädagogischen Kontext dennoch von »Kindertheologie« sprechen? Damit soll hervorgehoben werden, dass »Kinder nicht nur ein eigenes Gottesbild oder Gottesverständnis« besitzen, sondern dass sie darüber »selbstständig nachdenken« und dabei auch zu »eigenen Antworten gelangen«.[5] Der Begriff »Kindertheologie« ist vielschichtig. Man kann ihn in Theologie »von Kindern«, »mit Kindern« und »für Kinder« differenzieren.[6] Alle drei Ebenen sollten im Religionsunterricht Berücksichtigung finden.

---

3    Das Wort leitet sich vom gr. mathetes, Schüler, Jünger ab.
4    H. v. Hentig, Glaube. Fluchten aus der Aufklärung, Düsseldorf 1992, 106f.
5    F. Schweitzer, Was ist und wozu Kindertheologie?, in: A. Bucher, u.a. (Hg.), »Im Himmelreich ist keiner sauer«. Kinder als Exegeten, Jahrbuch für Kindertheologie, Bd. 2, Stuttgart 2003, 10.
6    Schweitzer 2003, 18.

## 4.1.2.1 Theologie »von Kindern«

Damit sind Äußerungen zum Thema Gott gemeint, die über das Verständnis und die Reflexion der Kinder Aufschluss geben. Wir begegnen ihnen in empirischen Untersuchungen (s.o. 1.2, 3.2.2.1 und 3.4.1), aber auch im Religionsunterricht selbst. Als Forscher/in bzw. Lehrkraft gilt es, aufmerksame und interessierte, offene und sensible Gesprächspartnerin zu sein, um die Äußerungen überhaupt in ihrem Eigen-Sinn wahrnehmen zu können.[7] Sensibel sein heißt, sich – unter bewusster Zurückstellung des eigenen, professionellen Wissens »über« Kinder und ihre Denkweisen – auf die Schülerwelten einzulassen und die Schüler im Gespräch untereinander frei und ausgiebig zu Wort kommen zu lassen. Interessiert sein heißt nachzufragen, wenn man etwas nicht versteht, vgl. Herr Keuner und seine Nichte:

Herr Keuner sah sich die Zeichnung seiner kleinen Nichte an. Sie stellte ein Huhn dar, das über einen Hof flog. »Warum hat dein Huhn eigentlich drei Beine?« fragte Herr Keuner. »Hühner können doch nicht fliegen«, sagte die kleine Künstlerin, »und darum brauchte ich ein drittes Bein zum Abstoßen.« »Ich bin froh, dass ich gefragt habe«, sagte Herr Keuner.[8]

Diese Schritte sind die Basis dafür, Kinderäußerungen in ihrem »argumentativen Gehalt«[9] ernstnehmen zu können.

### 4.1.2.1.1 Die Kinderfrage im Religionsunterricht

Über die Theologie »von Kindern« etwas zu erfahren, heißt ihre Fragen zum Glauben und zum Gottesverständnis kennenzulernen.[10] Die Bedeutung von Kinderfragen für die Grundschulpädagogik hat G. Ritz-Fröhlich bewusst gemacht: »Kinderfragen zeigen […], worüber Kinder nachdenken und vor allem wie sie nachdenken. [...] Sie geben aber auch Aufschluss über Erfahrungen und den erreichten Grad an Wissen sowie an Selbständigkeit im Denken und Urteilen. Kinderfragen verhelfen dazu, Kinder insgesamt besser einzuschätzen und beurteilen zu können und sie

---

7    Vgl. Freudenberger-Lötz 2007, 130.

8    B. Brecht, Geschichten von Herrn Keuner, in: W. Hecht u.a. (Hg.), Bertolt Brecht Werke, Band 18, Frankfurt a. M. 1995, 40.

9    Schweitzer 2003, 11.

10    Vg. dazu auch die Kinderfrage als Methode in der empirischen Forschung (3.2.2.1).

dort abzuholen, wo sie stehen.«[11] R. Oberthür hat das für den Religionsunterricht weitergeführt: »Noch immer stehen wir unter dem Einfluss der belasteten Tradition, die Fragen des Kindes nicht zuließ, die höchstens die Lehrerfrage als Vorbereitung der Antwort begrüßte und die unantastbare Autorität der Antwort über alles stellte.«[12] Die große Herausforderung sei es, die »natürliche Fragebereitschaft des Kindes zur Geltung zu bringen«, aber nicht allein aus Unterrichtsoptimierungszwecken. Denn Fragen korrelierten nicht zwingend mit vorbereiteten Antworten. Die Frage hat einen »Eigenwert« und ist »mehr als der Weg zu einer Antwort«, ist »bereits Ausdruck von Wissen« und stellt »die ›alten‹ Antworten in Frage«.[13] In diesem Sinn spricht Oberthür von einer »Religionspädagogik der Frage«. »Erlernen« heißt dann, »das Fragen zu lernen, die richtigen Fragen zu stellen [...] in und im Fragen zu lernen, die Erfahrung zu machen, Fragen auszuhalten.«[14]

### 4.1.2.1.2 Beispiele aus der Praxis

Wie kann man im Religionsunterricht mit »Fragen« arbeiten? Methodisch wären da »Entdecken und Wahrnehmen von Fragen, Anstiften zum Fragenstellen, Stärken der Fragebereitschaft, Weiterentwickeln des gemeinsamen Fragens, Nutzen von Fragen als Ausgangspunkt und roten Faden gemeinsamen Suchens und Lernens« denkbar.[15] Drei Wege seien hier vorgestellt:

(1) Gedicht von Erich Fried als stummer Impuls (z.B. an der Tafel)

Kleine Frage

Glaubst du
du bist noch zu klein
um große
Fragen zu stellen?

11 Ritz-Fröhlich Kinderfragen im Unterricht, Bad Heilbrunn/Obb. 1992, 48.
12 Oberthür 1998, 22.
13 Oberthür 1998, 22.
14 Oberthür 1998, 23.
15 Handreichungen zum neuen Lehrplan Evangelische Religionslehre (Primarstufe) in NRW, erarb. von H.-J. Röhrig u.a., hg. v. PTI der Evangelischen Kirche im Rheinland, Düsseldorf 2006, 13.

Dann kriegen
die Großen
dich klein
noch bevor du
groß genug bist.[16]

Wer immer diesen Einstieg in der Primarstufe oder auch in den unteren Klassen der Sekundarstufe wählt, wird verblüfft über den Effekt sein. Meist wundern sich die Kinder zunächst, finden dann aber schnell einen Zugang zum Gedicht. Wenn sie Gelegenheit erhalten, zum Thema »Große Fragen, die ich mir stelle« ihre eigenen Fragen aufzuschreiben, lässt sich in der Klasse eine Liste anfertigen, die im Laufe des Schuljahres aufgegriffen und bearbeitet werden kann. Eine Möglichkeit zur noch eindrücklicheren Visualisierung im Klassenzimmer ist der »Fragen-Baum«: Je eine Frage wird auf einen Zettel notiert, der die Form eines Laubblattes hat. Die Kinder ordnen dann die Blätter auf einem Plakat mit einem gemalten Baumstamm an. Verwandtes wird auf einem Ast bzw. Zweig gesammelt. Hier eine Auswahl von »großen Fragen«:

Wieso lebe ich eigentlich?

Wieso bin ich so, wie ich bin?

Wie war es in Mamas Bauch?

Wie entstand die Welt?

Warum gibt es Streit?

Warum muss man krank sein?

Warum müssen wir sterben?

Was mache ich, wenn ich tot bin?

Woher kommen die Namen?

Wie sieht Gott aus?

Gibt es überhaupt Gott?[17]

---

16   E. Fried, Gesammelte Werke. Gedichte 2, Berlin 1993, 522, zit. und mit Anleitung bei Ritz-Fröhlich 1992, 93.
17   Oberthür 1995, 14ff.

Die großen Fragen betreffen alltägliche, existentielle und religiöse Bereiche. In ihnen stecken Interesse und Nachdenklichkeit, Staunen und sich Wundern. Mit manchen dieser Fragen, nicht mit allen, lässt sich im Religionsunterricht arbeiten. Wie soll man als Lehrkraft auf Fragen reagieren, wie z.B.: »Wie entstand die Welt?« Man könnte eine Antwort geben, z.B. »Gott hat sie erschaffen«. Aber damit beendet die Lehrkraft das Gespräch. Und: Sie liefert keine Argumente. Sie tut so, als ob das eine objektive Information sei. In Wirklichkeit ist es ein Bekenntnis. Wenn man also den Drang in sich spürt zu antworten, ist es sinnvoller zu sagen: »Als Christ glaube ich, dass Gott der Schöpfer allen Lebens ist und auch ich ihm mein Leben verdanke.« Dann kann ein Gespräch darüber entstehen, warum ich als Lehrkraft das glaube. Noch besser aber ist es, sich selbst erst einmal zurückzuhalten. Kinder sollen den Rahmen erhalten zu überlegen und lernen, selbst Antworten zu entdecken. Dabei merken sie, dass eine Antwort je nach Standpunkt und Mensch verschieden ausfallen kann. Sie können sich eine eigene Position und Urteilsfähigkeit erarbeiten. Damit berühren wir schon den Bereich Theologie »mit Kindern« (s.u. 4.1.2).

(2) Eine Alternative zum Stellen eigener Fragen ist das Freiarbeitsmaterial »Gewitternacht-Kartei«, das Oberthür aus dem Bilderbuch »Gewitternacht« entwickelt hat.[18]

Ein Mädchen liegt nachts wach und stellt sich tausend Fragen über das Leben, die Welt und was danach kommt. Oberthür verknüpft die Fragen des Mädchens mit Worten aus den Psalmen.

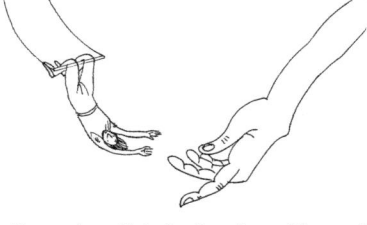

Passt eigentlich da oben irgend jemand auf mich auf?

Das Freiarbeitsmaterial bietet den Schülern die Möglichkeiten, sich mit einzelnen

---

18  M. Lemieux, Gewitternacht, 3. Aufl. Weinheim/Basel 1997 und Oberthür/Mayer, Gewitternacht-Kartei. Bilder und Fragen zum Nachdenken und Staunen über Gott und die Welt, Heinsberg 1998. Bild aus Lemieux 1997 o.S.

Bildern und Fragen auseinanderzusetzen. Es fördert die Frage-haltung von Kindern, den Umgang mit offenen Fragen und das Gespräch untereinander.

(3) Im Hinblick auf die Gottesthematik im Religionsunterricht ist die Aufgabe: »Stell dir vor, du kannst Gott Fragen stellen: Was fragst du ihn?«, ein wichtiges Element. In Oberthürs Klasse kamen tiefgründige Fragen zu Gott als »Wesen« auf: »Wie bist du entstanden? Machst du auch Fehler? Warum lebst du nicht als Mensch? Wer bist du wirklich?«[19] Hier wäre der erste Schritt, nachzufragen, was die Schüler damit meinen und wie sie auf die Frage kommen. Darüber hinaus könnte man biblische Texte anschließen, z.B. zur Frage, ob Gott »Fehler« mache, die Erzäh-lung von Kain und Abel, in der Gott einen der Brüder bevorzugt (Gen 4,4f.), oder auch die Sintfluterzählung, an deren Ende Gott seinen Vernichtungsbeschluss widerruft (Gen 8,21). Kinder stellten auch Fragen zur Theodizee: »Warum lässt du manche Kinder behindert auf die Welt kommen? Bestimmst du auch das Unglück? Bist du die Hilfe?«[20] Hier kann sich etwa die Begeg-nung mit dem Buch Hiob anschließen (s.o. 2.3).

### 4.1.2.2 Theologie »mit Kindern«

Mit diesem Begriff ist die unterrichtliche Gestaltung »theologi-schen Fragens und Antwortens gemeinsam mit den Kindern« gemeint.[21] Die Lehrkraft hat hier die Rolle der stimulierenden Gesprächspartnerin. Das Verhalten der Lehrkraft besteht im Ein-bringen des eigenen Verständnisses, im Wahrnehmen der Schü-lerverständnisse und im Anregen der Schüler zum weiterführen-den Verständnis (s. Schema).[22]

Das Anregen zum »weiterführenden Verständnis« kann auf verschiedene Weise erfolgen.

---

19   Oberthür 1998, 86.
20   Oberthür 1998, 87.
21   Schweitzer 2003, 20.
22   Freudenberger-Lötz 2006, 41.

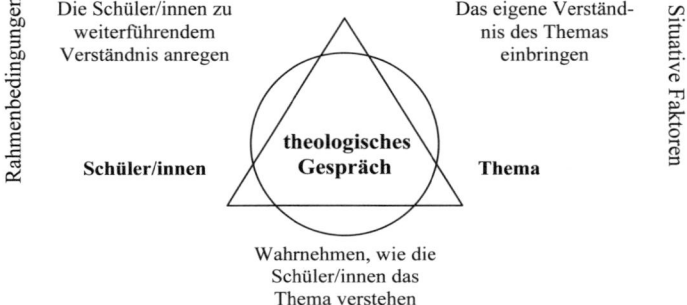

**Lehrkraft**

Rahmenbedingungen

Die Schüler/innen zu
weiterführendem
Verständnis anregen

Das eigene Verständnis des Themas
einbringen

Situative Faktoren

Schüler/innen

**theologisches
Gespräch**

Thema

Wahrnehmen, wie die
Schüler/innen das
Thema verstehen

### 4.1.2.2.1 Beispiele aus der Praxis

(1) »Wie sieht Gott aus?« war eine der »großen« Kinderfragen (4.1.2.1.2). Auch hier ist es geschickt, den Kindern nicht *eine* Antwort zu geben, sondern sie selbst Bilder für Gott finden und vorstellen zu lassen. Im Unterrichtsgespräch kann man überlegen, woher unsere Vorstellungen kommen und warum sie so verschieden sind, und man kann herausfinden, dass unsere religiöse Sprache insgesamt eine Rede in Bildern und Vergleichen, Metaphern und Symbolen ist. Im nächsten Schritt werden den Kindern biblische Metaphern von Gott gezeigt. Sie können lernen, dass Metaphern ein »Mehr« an Sinn erzeugen und zum Weiterfragen anregen. Ein klassischer biblischer Text ist die Erscheinung Gottes in der Wüste (Ex 3): Mose sieht, wie der Dornbusch brennt, aber nicht *ver*brennt. Gott beauftragt Mose, zum Pharao zu gehen und die Freiheit für die Israeliten zu fordern. Er soll mit dem Namen Gottes ausgerüstet losziehen. Der Name Gottes ist »Ich-bin-da« (Ex 3,14).

Dazu eignet sich eine Radierung von Marc Chagall. Wir konzentrieren uns auf den Ausschnitt, der die Augen Moses zeigt: Sind sie offen oder geschlossen? Zeigen sie Erschrecken oder In-sich-Gekehrtsein? Hat Mose den Dornbusch brennen sehen? Oder spielt sich alles in ihm drinnen ab?[23] Über dem Dornbusch

---

23   Bild und Idee aus Oberthür 1995, 34f.

 (nicht im Bildausschnitt) schwebt das Tetragramm JHWH, das man übersetzen kann mit: »Ich bin der ich bin« oder: »Ich werde dasein als der Ich-bin-da«. Dieser Gott ist nicht einfach anschaubar oder durchschaubar. Es bleibt ein Rest Unverfügbarkeit. Dies alles können die Kinder lernen und sich damit weiterhin für die Frage nach Gott offen halten, weil sie merken, dass sie sie nicht ein für allemal und erschöpfend beantworten können.

(2) Man kann das Fragenstellen verknüpfen mit dem Reden über biblische Erzählungen. Kinder äußern ihre Fragen zum jeweiligen Text mündlich oder schriftlich. Diese Fragen bestimmen den weiteren Verlauf des Unterrichts mit, vgl. das Gespräch einer Mädchengruppe zu Gen 1 (s.o. 3.2.2.1). Theologie »mit Kindern« ist deswegen so interessant, weil Schülerfragen völlig *neue Aspekte* eines Bibeltextes hervorbringen können, die weder in Exegese noch Unterrichtswerken behandelt wurden. So sagt ein Schüler einer 3. Klasse zu Jakobs Segens-Betrug (Gen 27): »Also, ich habe eine Frage, wenn die Rebekka dem Jakob das Gewand von Esau anzieht, dann mögen sich die Rebekka und der Isaak ja gar nicht.«[24] Der Schüler schließt vom Verhalten der Eltern auf deren Beziehung zueinander. Daraus entspinnt sich in der Gruppe ein intensives Gespräch über eigene Familienkonstellationen.

(3) Eine andere Möglichkeit ist, dass sich Kinder an der bildhaften Sprache der Bibel orientieren, um ihre eigenen Gedanken über Gott und seine Welt auszudrücken. In einem Unterrichtsprojekt habe ich mit Zweitklässlern einen Lobpsalm (104) und einen Klagepsalm (69) nach Form und Inhalt erschlossen und dann die Kinder animiert, einen eigenen »Psalm« zu verfassen. Hier zwei Beispiele:

24   Fricke 2005, 476.

Gott, ich lobe dich.
Du hast die schönsten Geschöpfe der Welt erschaffen.
Ich mag es, wenn die Antilopen durch die Gräser sausen.
Und es ist spannend, wenn der Tiger durch den Dschungel streift.
Und ich finde es cool, wie der Löwe regiert.
Und das mächtigste Tier fehlt noch.
Nein, der Blauwal ist gar nicht das mächtigste Tier,
es ist der Dinosaurier!
Es ist das mächtigste Tier aller Zeiten,
dafür lobe ich dich, Gott!
(Joey, Psalm 1992)

Gott, ich danke dir, für die ganzen Planeten,
die du uns geschenkt hast.
Dass du ausgerechnet unserer Erde
die Luft zum Geschenk gemacht hast. […]
Vielleicht hast du auch andere Welten erschaffen,
halt nicht nur solche wie Jupiter, die wir kennen,
sondern andere, wo auch Leben zu finden ist. […]
Gott, kein Mensch ist mächtiger als du und weiser,
nichts ist schöner als du.
(Fabian, Psalm 169)[25]

Eindrücklich sind Begeisterung und Lust der Kinder, sich die Tiere vorzustellen und gleichzeitig die Rolle Gottes dabei zu betonen, oder das Staunen darüber, dass es auf der Erde (oder anderswo) überhaupt Leben gibt. Im Nachgespräch sagen einige Kinder, dass sie am Anfang nicht gedacht hätten, dass sie es schaffen würden, einen eigenen »Psalm« zu schreiben – sie waren von ihren eigenen Möglichkeiten überrascht!

(4) In der Methode ähnlich ist das Beispiel aus einem von mir betreuten studienbegleitenden Praktikum. In der 3./4. Klasse behandeln die Studierenden drei Gleichnisse: Den Verlorenen Sohn (Lk 15), die Arbeiter im Weinberg (Mt 20) und das Senfkorn (Mk 4). Die Sequenz gipfelt in der Aufgabe für die Kinder, sich an einem eigenen Gleichnis zu versuchen. Im Rückblick auf die drei schon durchgenommenen Gleichnisse erarbeitet die

---

25  Fricke, Kinder entdecken und schreiben Psalmen. Unterrichtsbeispiel für die Grundschule, in: SPECTRUM, Zeitschrift der Gemeinschaft Evangelischer Erzieher in Bayern, 52. Jg. 3/2002, 17.

Studentin mit den Kindern, was das Reich Gottes für die Menschen bedeutet, z. B. Schutz, Gerechtigkeit, Trost, Zuneigung, Zusammenhalten. Nun sind die Kinder an der Reihe, den Satz »Mit dem Reich Gottes ist es wie mit ...« in Einzelarbeit selbst fortzuführen. Dann tragen sie einander ihre Gleichnisse vor. Wir Beobachter sind von der konzentrierten Atmosphäre und den Produktionen beeindruckt:

Mit dem Reich Gottes ist es wie mit Wärme von einem Freund, der mich umarmt ...

Mit dem Reich Gottes ist es wie mit zwei Brüdern. Wenn der eine Bruder was angestellt hat, dann [kann] ihm der andere Bruder verzeihen ...

Mit dem Reich Gottes ist es wie mit einem Haus. Weil man vor Gewitter geschützt ist und vor einem sehr starken Sturm in Sicherheit ist ...

Theologie »mit Kindern« heißt also gemeinsam mit den Kindern im Gespräch sein, Fragen stellen und Antworten suchen, Denkwege beschreiten und Sackgassen erkennen, die biblische Botschaft durch sich hindurch gehen lassen und in eigenen Worten ausdrücken. An mehreren Punkten unterscheidet sich dieses Modell vom herkömmlichen Unterricht:

—  Die Rollenverteilung ist nicht mehr so, dass die Lehrkraft Informationen darbietet und die Schüler diese aufnehmen und dann den »Transfer« leisten. Theologie »mit Kindern« berücksichtigt die Tatsache, dass Schüler von Anfang an den Stoff aus ihrer Perspektive und Lebenswirklichkeit erschließen. Die so oft als gekünstelt erlebte »Übertragung« im 2. Teil der Stunde fällt damit weg!

—  Man verzichtet auf einen vor der Stunde vorformulierten Hefteintrag, der festlegt, wie Gott – jeweils bezogen auf den Bibeltext, das Lied, Bild oder sonstige Material – zu verstehen ist. Die Schüler fertigen selbst Zusammenfassungen (Protokolle) über Unterrichtsverlauf und Ergebnisse an oder kommen zu Produktionen, die den individuellen Lernprozess dokumentieren (Portfolio).

—  An die Stelle allgemeiner »Schülerorientierung« tritt die »Subjektorientierung«. Jeder Schüler verfügt über eine andere Vertrautheit mit der Thematik oder Routine in der Aufgabenstellung, eignet sich die Sache anders an und gestaltet sie aus.

Das Gespräch in der Gruppe sorgt dafür, dass eine Intersubjektivität erzielt wird. Es verhindert, dass der Einzelne seine eigene Meinung absolut setzt und sich in seiner Welt abschließt und darin verharrt.

### 4.1.2.3 Theologie »für Kinder«

Darunter verstehen wir zum einen die verständliche Einführung oder Darstellung theologischer Sachverhalte und zum anderen die Ermöglichung von theologischen Lernprozessen durch Arrangements, die nach dem Prinzip der elementarisierenden Reduktion gestaltet sind. Die Rolle der Lehrkraft in der Theologie »für Kinder« ist die der »begleitenden Expertin«.[26] Hier liegt die größte Übereinstimmung mit der traditionellen Lehrerrolle.

### 4.1.2.3.1 Beispiele aus der Praxis

(1) Ein klassisches Feld, in der die Lehrkraft ihre Kompetenz als Expertin einbringen kann, ist die Lehrererzählung. Meisterhaft zeigt das I. Baldermann in seiner Einleitung zur Passionsgeschichte, in der biblische Welt und Existenz der Hörer/innen aufeinander bezogen werden. Sie ist persönlich, fügt nichts hinzu, das später zurückgenommen werden müsste, und gleitet nicht ins Sentimentale ab. Sie lädt zum Mitgehen ein, ohne zu manipulieren. Sie lässt das biblische Material auf aktuelle und eindringliche Weise sprechen:

Denke dir, du könntest dir eine Reise wünschen, an einen Ort, an dem du jetzt gerne wärest. Wäre das ein See im Gebirge? Oder eine Insel im großen Meer? Oder vielleicht eine schöne Stadt, von der du schon immer geträumt hast? Ich kenne eine Stadt, von der viele Menschen träumen und an die sie immer wieder denken. Sie ist die Stadt ihrer Sehnsucht geblieben, bis heute, auch für mich. Sie liegt hoch oben auf einem Berg, und mit den hellen Steinen ihrer Mauern und der glänzenden Kuppel darüber leuchtet sie weit in das Land: Jerusalem [...] ist eine zauberhafte Stadt, manche sagen: die schönste Stadt der Welt [...]. Ihr Name sagt: Eine Stadt des Friedens; wer die Sprachen dort versteht, hört in dem Namen Jerusalem das Wort salem, schalom. Das Wort kennt ihr, es bedeutet: Frieden. Doch diese Stadt hat zu viel Krieg und Zerstörung erlebt, und vom Frieden ist sie noch immer weit entfernt. [...] Wenn wir von Jerusalem reden, dann denken wir zuerst an Jesus: Auch er ging nach

---

26 Freudenberger-Lötz 2006, 130.

Jerusalem, er ist dort gestorben. [...] Doch davon muss ich der Reihe nach erzählen.[27]

Ähnlich intensiv ist die Einleitung zur Auferstehungsgeschichte:

Manchmal möchte ich einen Menschen festhalten, gar nicht mehr loslassen. Ich möchte sagen: Es ist so gut, dass du da bist, ich brauche dich, wie die Luft zum Atmen, wie den Sonnenschein, wie das tägliche Brot. Menschen, die sich lieben, sagen das zueinander, Eltern zu ihren Kindern, Kindern zu ihren Eltern: »Bleib immer bei mir, ich möchte dich nie, nie verlieren!« Auch Jesus haben die Menschen so festhalten wollen ...[28]

Eine gute Lehrererzählung wirkt durch ihre Anschaulichkeit und Emotionalität. Dennoch ist die Selbstbeschränkung und das Sich-Zurücknehmen der Lehrkraft wichtig, damit die Erzählung nicht alles erschöpft. Sie sollte noch Leerstellen lassen, damit die Schüler Raum für eigene Entdeckungen und Deutungen haben.

(2) Die Expertenkompetenz kann in der Bereitstellung von Lernarrangements liegen. Hier ist etwa die schon skizzierte Arbeit von Freudenberger-Lötz mit dem Mosaik von Jesusbildern und der »Konzilsdiskussion«, auf der zwei Bischöfe gegensätzlicher Positionen auftreten, zu nennen (s.o. 3.4.1).

Ein anderes Beispiel ist der Weg, den Oberthür beschreitet, um mit Kindern der 2. Klasse die Botschaft vom Reich Gottes zu erschließen. Er beginnt mit einer Gegenüberstellung (Tafel), die eine elementarisierende Reduktion darstellt:

| | |
|---|---|
| Wolf | Lamm |
| Panther | Böcklein |
| Löwe | Kalb |
| Otter | Säugling |

»Was wird wohl in der Geschichte erzählt, der diese Worte entnommen sind?« Die Vermutungen sind: Unfriede, Angst, Fressen, Gefahr. Oberthür liest dann die berühmte Vision vom end-

27  I. Baldermann, Fürchtet euch nicht. Die Passions- und Ostergeschichte für Kinder, mit Bildern von Isabella Gresser, Düsseldorf 2003, 5ff.
28  Baldermann 2003, 56.

zeitlichen Frieden aus Jes 11,6ff. vor. »Da werden die Wölfe bei den Lämmern wohnen«. Die Reaktionen der Kinder darauf sind:

S 1: Jesaja hatte viel Phantasie, er hat was Besonderes gesagt, das haben die Menschen weitererzählt, du sagst es uns jetzt und wir erzählen es später weiter, es wird nie sterben.

L: Was meint ihr, wie hat er die Zeit genannt?

Verschiedene Ss: Paradies, Zeit des Friedens, Zeit der Freundschaft.

L: Die Zeit schafft der Mensch nicht allein …!

Verschiedene Ss: Gottes Zeit, Gottes Frieden, Gottes Herz […]

L: Er nannte sie die Zeit des Reiches Gottes, oder einfach nur Gottes Reich […].

S 2: In Gottes Reich ist alles verändert, umgedreht, anders als sonst.[29]

In einem nächsten Schritt folgt wieder eine elementarisierende Reduktion: Die Seligpreisungen aus der Bergpredigt stehen in rudimentärer Form an der Tafel:

Weinende werden lachen,

Hungernde werden satt,

Sanftmütige werden die Erde besitzen.

Am Ende der Einheit schreiben die Schüler selbst über das Reich Gottes: »In Gottes Reich tanzen die Leute und vertragen sich. Die Armen sehen die Sterne anders als wir. Die Träume der Träumenden gehen unter wie in einem Strudel. Dann werden Diebe aussterben. Alle Menschen werden nicht mehr schreien. […] Gott du bist für mich in allem drin.«[30]

Es ist beeindruckend, wie die Kinder durch die elementarisierende Reduktion angeregt werden und sich im Gespräch mit dem Lehrer und in ihren Eigenproduktionen bemühen, Worte dafür zu finden, was sie ahnen und verstanden haben. Wir erinnern die Worte Jesu, die sich als sachliche Grundlage für Kindertheologie anbieten: »Wer das Reich Gottes nicht empfängt wie ein Kind …« (Mk 10,13ff.). Ohne Vorbehalte etwas Unbekanntes zu um-

---

29  Oberthür 1995, 124.
30  Oberthür 1995, 121.

armen, unbefangen zu denken und zu sprechen, das macht Kinder aus. Diese Bereitschaft und Gabe der Kinder dürfen und sollen wir im Religionsunterricht wahrnehmen, aufgreifen und fördern.

## 4.2 Reden zu Gott – Gebet

Im letzten Abschnitt befassen wir uns mit theologischen Reflexionen und didaktischen Anregungen zum Gebet. Es ist – wie das Hören auf Gottes Wort in der Bibel, das eigene Nachdenken und das Gespräch mit anderen, das Feiern in der Gemeinschaft und das Ethos der Nachfolge – eine grundlegende Lebensäußerung christlichen Glaubens.

Zu Beginn treffen wir eine begriffliche Unterscheidung: Reden wir *über* Gott, befinden wir uns auf der argumentativen Ebene, reden wir *von* Gott, sind wir auf der konfessorischen, und reden wir *zu* Gott, betreten wir die spirituelle. Wie wir gesehen haben,[31] kann man natürlich auch *über* Gott reden und streiten, ohne selbst religiös bzw. Christ zu sein. Demgegenüber ist es nicht möglich Christ oder – wie in unserem Fall – Religionslehrer/in zu sein, wenn die konfessorische oder die spirituelle Dimension dauerhaft oder grundsätzlich fehlt.

Beim Thema »Gebet in Schule und Religionsunterricht« stellen sich zwei grundsätzliche Fragen: 1. Was ist das Gebet aus theologischer Sicht? und 2. Welchen Sinn hat das Gebet in Schule und Religionsunterricht?

### 4.2.1 Was ist das Gebet aus theologischer Sicht?

Was ist das Gebet? Man kann es religionswissenschaftlich bestimmen: Gebet »stellt eine der, wenn nicht sogar die wichtigste, verbale Kommunikationsform(en) zwischen Menschen und einer wie auch immer gearteten Unverfügbarkeit dar.«[32] Der kommu-

---

31  S.o. 2. Infragestellung, Bestreitung und Anfechtung des Glaubens an Gott.

32  R. Flasche, Opfer und Gebet in der Religionswissenschaft. Eine Einführung, in: U. Berner/C. Bochinger/ders. (Hg.), Opfer und Gebet in den Religionen, Gütersloh 2005, 17.

nikative und dialogische Charakter des Gebetes wird betont. Aus christlich-theologischer Sicht muss man ergänzen: Wir können das Gebet aus zwei unterschiedlichen Perspektiven betrachten, zum einen als eine Äußerung und Aktivität des glaubenden Menschen, zum anderen vom Wirken und der Wirklichkeit Gottes her. Damit zeigt sich ein grundsätzliches Dilemma, zu beschreiben, was Gebet denn »wirklich« ist: Eine rein phänomenologisch-äußerliche Darstellung ist aus christlicher Sicht nicht ausreichend, eine theologische jedoch ist gefüllt mit Deutungen, die über das Beobachtbare hinausgehen. Ein weiteres Dilemma liegt darin, dass das Gebet Gegenstand der Erfahrung und der Praxis ist, über die man reflektieren kann, aber selbst nicht theoretisch zu begründen und zu systematisieren ist.

Martin Luther hat es so formuliert: »Was das Gebet an Kraft, Fülle und Wirksamkeit an sich habe, können wir nicht genug herausstreichen. Denn so schlicht und einfach es klingt, so tief, so reich und weit ist es, und niemand kann es ergründen.«[33] Im Hinblick auf das Gebot der Verständlichkeit christlicher Rede allgemein (s.o. 2.1.2) und besonders im Hinblick auf den Religionsunterricht versuchen wir dennoch, wesentliche innere und äußere Aspekte des Gebetes zu behandeln und darzustellen.

Beten ist eine Äußerung und Aktivität des Menschen: Eine Person bringt vor Gott, was sie bewegt und spricht es vor ihm aus. Das kann in eigenen oder angeeigneten Worten sein, begleitet mit Gesten oder als innere Gedankenbewegung. Es kann als persönliches Gebet des Einzelnen oder als gemeinschaftliches Gebet in einem liturgischen Zusammenhang (z.B. Gottesdienst, Hauskreis, Tischgebet) vollzogen werden. Die Motive für das Gebet sind unterschiedlich:

»Seid beharrlich im Gebet und wacht in ihm mit Danksagung« (Kol 4,2) – Gebet ist »Leben aus Dankbarkeit«, die aus dem Staunen über das wächst, was ein Mensch hören und sehen, riechen und schmecken, fühlen und denken kann.[34] »Beten heißt, das Wunder erkennen, ein Gespür für das Geheimnis wiedererlangen, dass alle Wesen belebt, für den Anteil Gottes an allem Schaffen. Das Gebet ist *unsere* demütige Antwort auf die

---

33  M. Luther, zit. in: Evangelisches Gesangbuch 1994, Nr. 192 (S. 382).
34  Evangelisches Gesangbuch 1994, Nr. 890 (S. 1527).

überwältigende Erfahrung des Lebens.«, notiert Abraham Heschel, jüdischer Theologe und Rabbiner (1907–1972).[35]

»Betet ohne Unterlass« (1 Thess 5,17) – Gebet ist keine gelegentliche Aktion, sondern eine verinnerlichte Lebenshaltung, in der ein Mensch aufmerksam wahrnimmt, was ihm widerfährt, es genießt oder auch erleidet und für Gott »durchlässig« ist.

»Er erquicket meine Seele« (Ps 23,3) – Gebet ist Ort der Rekreation. Im Gebet holt die Seele Atem, sie schöpft neue Kräfte für den Umgang mit den eigenen Möglichkeiten und den Kampf mit den persönlichen Problemen.[36]

Die Formen des Gebetes sind vielfältig:

Anbetung und Lobpreis Gottes. Gott anzubeten, ihn um seiner selbst willen zu loben und zu preisen, ist Ausdruck des Glaubens: »Lobe den HERRN, meine Seele! HERR, mein Gott, du bist sehr herrlich; du bist schön und prächtig geschmückt.« (Ps 104,1).

Die Klage vor Gott, in der wir persönliches Leid oder das Leid anderer, Fragen und Zweifel, Sorgen und Kummer zur Sprache bringen, hat ebenso sein Recht wie das Lob: »Sei nicht ferne von mir, denn Angst ist nahe […] Ich bin ausgeschüttet wie Wasser, alle meine Knochen haben sich voneinander gelöst; mein Herz ist in meinem Leibe wie zerschmolzenes Wachs.« (Ps 22,12.15).

Der Dank an Gott. Manchmal sind wir in Gefahr, die Anlässe zu übersehen, für die wir danken können. Sie melden sich meistens leiser zu Wort als die Anlässe zur Klage. Doch es lohnt sich, eine Haltung der Dankbarkeit aufzubauen (s.o. 3.2.1.6): »Ich danke dir dafür, dass ich wunderbar gemacht bin; wunderbar sind deine Werke; das erkennet meine Seele.« (Ps 139,14).

Selbstbesinnung vor Gott. Das Gebet schließt Selbstbesinnung ein, vielleicht im Sinne eines »Beichtspiegels«: Wo habe ich anderen wehgetan, wo habe ich ihnen geschadet? Wo habe ich sie wahrgenommen und beachtet? Wo habe ich Gott und seinen Willen vernachlässigt, wo habe ich mich in seinem Namen eingemischt und für andere etwas getan? »HERR, wer darf weilen in deinem Zelt? Wer darf wohnen auf deinem heiligen Berge? Wer untadelig lebt und tut, was recht ist, und die Wahrheit redet von Herzen […], wer seinem Nächsten nichts Arges tut« (Ps 15,1–3).

35   A. Heschel, Der Mensch fragt nach Gott. Untersuchungen zum Gebet und zur Symbolik, Neukirchen-Vluyn 1989, 2.
36   Vgl. Evangelisches Gesangbuch 1994, Nr. 890 (S. 1527).

Meine Fürbitte trägt die, für die ich bete und verändert mich selbst und meine Haltung ihnen gegenüber. Sie tilgt meine Vorurteile und entschärft meine Aggressionen: »Suchet der Stadt Bestes, dahin ich euch habe wegführen lassen, und betet für sie zum HERRN.« (Jer 29,7). In der christlichen Gemeinschaft ist das Gebet, das Eintreten bei Gott füreinander ein Kennzeichen der Liebe: »Betet füreinander [...] Des Gerechten Gebet vermag viel, wenn es ernstlich ist.«(Jak 5,16).

Meditation als »Einübung ins Dasein«.[37] Im christlichen Sinn ist Meditation eine Form des Gebetes, bei der zwei Dinge wesentlich sind: Das intensive Wahrnehmen, dessen was da ist, jetzt in diesem Moment. Ich sehe, merke, spüre – und lasse es da sein. Ich löse nichts und mache nichts »weg«. Es geht um ein absichtsloses Verweilen in der Gegenwart, alles lasse ich willkommen sein. Das Zweite ist: »Ich bin nicht allein, wenn ich dasitze und meditiere, sondern ich bin mit Gott in Beziehung. Ich [...] öffne mich innerlich für ihn. Ich versuche, das ›Du‹ Gottes wahrzunehmen.«[38] Erst durch diese Begegnung mit dem ›Du‹ kann mein ›Ich‹ entstehen (M. Buber). In der Meditation lernen wir, »mit diesem Du umzugehen, mit ihm zu reden, zu schweigen, zu weinen und zu lachen, mit ihm unser Leben zu teilen.«[39]

Was geschieht im Gebet? Die betende Person bleibt nicht mit ihren Ängsten, Erfahrungen oder ihrer Freude allein, sondern sucht die Nähe und Gegenwart Gottes. Sie gewinnt Abstand von sich selbst und von dem, was sie bewegt. Und sie nimmt ihr Leben in neuem Licht wahr, nimmt es an und lässt es von Gott gestalten.[40]

In mir ist es finster – aber bei Dir ist das Licht.
Ich bin einsam – aber Du verlässt mich nicht.
Ich bin kleinmütig – aber bei Dir ist Hilfe.
Ich bin unruhig – aber bei Dir ist Friede.
In mir ist Bitterkeit – aber bei Dir ist Geduld.
Ich verstehe Deine Wege nicht – aber Du weißt den Weg für mich.[41]

Das Gebet stammt von Dietrich Bonhoeffer. Er hat es um Weihnachten 1943 in der Haft formuliert. Nach Aussagen Mitgefan-

---

37  Vgl. W. Nugel, Alles in uns schweige. Erfahrungen der Stille, München 1999, 35.
38  Nugel 1999, 36.
39  Nugel 1999, 36.
40  Vgl. Härle 1995, 301.
41  D. Bonhoeffer, Widerstand und Ergebung. Briefe und Aufzeichnungen aus der Haft, hg. von E. Bethge, München 1952, 96.

gener und des Gefängnispersonals haben Gebete wie diese nicht nur Bonhoeffer selbst, sondern anderen Menschen Kraft und Zuversicht gegeben. Es drückt die eigene Angewiesenheit und Schwachheit aus, und zeigt, wie sich der Betende Gott anvertraut, in ihm Geborgenheit, Ruhe und Trost findet. Manchmal hat man Betern den Vorwurf des Quietismus gemacht, das bedeutet, dass der Gläubige allein den Kontakt mit Gott sucht, aber darüber die Welt um ihn herum aus den Augen verliert. Das Leben von Bonhoeffer zeigt, dass man sich gesellschaftlich engagieren kann und gleichzeitig im Gebet verwurzelt ist. So hat Bonhoeffer in einer Taufansprache gesagt: »[...] unser Christsein wird heute nur in zweierlei bestehen: im Beten und im Tun des Gerechten unter den Menschen.«[42] Dieses Motiv findet sich auch bei Frère Roger Schutz (1915–2005), dem Begründer der ökumenischen Bruderschaft von Taizé. Er spricht von »Kampf und Kontemplation«.[43]

Gebet ist *menschliches Reden zu Gott* und in allen seinen Grundformen als Klage, Bitte, Fürbitte, Dank und Lob »Ausdruck und Aussprache dessen, was einen Mensch bewegt – vor Gott.«[44] Seine unersetzliche Bedeutung liegt darin, dass es »Ort völliger Offenheit und Aufrichtigkeit, letzter Ernsthaftigkeit und vorbehaltlosen Sich-Anvertrauens ist.«[45] Gebet ist nicht Selbstgespräch. A. Heschel fragt: »Ist es also ein Zwiegespräch mit Gott? Spricht der Mensch mit Ihm als Person zu Person? Es wäre falsch, das Gebet in Analogie zum Gespräch unter Menschen zu beschreiben; wir sprechen nicht Gott an, wir machen uns nur ansprechbar für Ihn. [...] Es ist nicht die Beziehung zwischen zwei Personen, zwischen zwei Subjekten, sondern das Bemühen, Objekt seines Denkens zu werden.«[46]

Gebet ist *Expression* und trägt seinen Sinn und Zweck in sich selbst. Darin geht es nicht auf, denn es ist auch »Bitte und Fürbitte, in der Gott angerufen und von ihm erbeten wird, eine Not zu wenden und Hilfe zu schaffen.«[47] Es geschieht in der christli-

---

42   Bonhoeffer 1952, 207.
43   Vgl. Frère Roger, Kampf und Kontemplation. Auf der Suche nach Gemeinschaft mit allen, 5. Aufl. Freiburg 1981.
44   Härle 1995, 301.
45   Härle 1995, 301.
46   Heschel 1989, 6. Ähnlich Härle 1995, 302.
47   Härle 1995, 301.

chen Gemeinde »im Namen Jesu«, was keine rein formelhafte Berufung meint, sondern die Gewissheit, dass Gott sich als Liebe in Jesus Christus offenbart hat. Der Mensch öffnet sich, um von Gott zu erbitten und zu empfangen, was er für sein Leben braucht und sich nicht selbst geben kann.

Aber warum um etwas bitten, das Gott ohnehin schon weiß – »Euer Vater weiß, was ihr bedürft, bevor ihr ihn bittet« (Mt 6,8)? Ist das Gebet ein Akt der Unterwerfung, gleichsam die Vorbedingung für das Erhören? Kann man Gott durch ein Gebet »veranlassen« etwas zu tun, was er sonst nicht in seiner großen Barmherzigkeit getan hätte? Wenn wir Gott um die Heilung eines Kranken bitten, heilt Gott »darauf hin« (vgl. Jak 5,16: »Betet füreinander, dass ihr gesund werdet.«)? Diese Fragen hat noch niemand befriedigend lösen können. Forscher in den USA haben jüngst versucht, die Wirkung des Gebets bei 1.800 Herzpatienten statistisch zu überprüfen, und kamen zu dem Ergebnis, dass bei den Patienten, für die gebetet worden war, dreißig Tage nach der Operation nicht weniger Komplikationen auftraten als bei den Patienten, für die nicht gebetet worden war, sondern mehr![48] Was trägt eine solche Studie aus? Selbst wenn sie das Ergebnis gebracht hätte, dass es mit Gebet doppelt so vielen Patienten besser ginge als den anderen, würde ich meine Entscheidung, ob ich beten soll oder nicht, dennoch auf eigenes »Risiko« treffen müssen.

Gebet bleibt, wie der Glaube insgesamt, eine Entscheidung, die der Einzelne trifft (oder nicht trifft). Über die »objektive« Wirkung des Gebets können wir keine Aussagen machen. Aber: Was wäre das für eine Welt, in der niemand für den anderen oder sich selbst zu Gott beten würde? Der Glaube sagt: Sie wäre *unmenschlich*, denn der Mensch ist als Ebenbild Gottes dazu bestimmt, in Beziehung mit Gott zu leben. Wo ein Mensch am anderen Anteil nimmt und vor Gott für ihn eintritt, wo er sich selbst in seiner Bedürftigkeit für Gott öffnet, damit er das, was er zum Leben braucht, von Gott empfangen kann, ereignet sich etwas, das ohne Gebet nicht geschehen kann: Er gewinnt »Anteil an der Wirklichkeit Gottes«.[49] A. Heschel drückt das so aus:

---

48 Vgl. http://www.focus.de/gesundheit/ratgeber/herz/news/herzoperationen_ nid _27006.html vom 31.3.2006.
49 Vgl. Härle 1995, 302.

Ein Gebet
kann nicht das Wasser
zum trockenen Feld bringen,
nicht eine zerbrochene Brücke
in Stand setzen,
noch eine zerstörte Stadt
wieder aufbauen,
aber ein Gebet
kann trockene Erde tränken,
ein gebrochenes Herz heilen
und einen geschwächten Willen wieder stärken.[50]

Kann man beten »lernen«? Muss man es? Geht es nicht von selbst? Bonhoeffer sagt dazu: »Beten-lernen, das klingt uns widerspruchsvoll. Entweder ist das Herz so übervoll, dass es von selbst zu beten anfängt, sagen wir, oder es wird nie beten lernen. Das ist aber ein gefährlicher Irrtum, der heute freilich weit in der Christenheit verbreitet ist, als könne das Herz von Natur aus beten.«[51] Ebenso wie ich Sprechen lerne durch Hören und Nachsprechen, lerne ich Beten über andere, in Gemeinschaft und durch eigene Praxis. Es ist darum wichtig, miteinander zu beten und das Leben als Gebet einzuüben.

Eine elementare Gebetsschule sind die Psalmen. Sie sprechen die Sprache der Angst und Klage – »Gott, hilf mir! Denn das Wasser geht mir bis an die Kehle« (Ps 69,1) – ebenso wie der Freude und des Lobes – »Ich preise dich, HERR; denn du hast mich aus der Tiefe gezogen« (Ps 30,2) – und leihen Worte, wenn eigene fehlen. Obwohl die Psalmen schon über 2.500 Jahre alt sind, erleben diejenigen, die sie lesen und sprechen, sie als aktuell: »Daher kommt es auch, dass ein jeder, in was für Sachen er auch ist, Psalmen und Worte darin findet, die sich auf seine Sache reimen und ihm ebenso sind, als wären sie allein um seinetwillen so gesagt.«[52] Schließlich sind die Psalmen als Gebete theologisch so bedeutsam, weil sie eine »Wand«

50  Zit. in: L'Chaim! Jüdische Gebete und Segenssprüche für jeden Tag. Ausgew. und. hg. v. Rabbiner Dr. Michael Shire, Berlin 2000, 4.
51  D. Bonhoeffer, Die Psalmen. Das Gebetbuch der Bibel, eine Einführung, 14., durchges. Aufl. Gießen 1989, 9.
52  Martin Luther, Vorrede auf den Psalter 1528 (WA 10, 102, 22–26), zit. in: I. Baldermann, Einführung in die Bibel, 4. Aufl. Göttingen 1993, 42.

zwischen Christen und Juden bilden, die zugleich trennt und verbindet.[53]

Wir kommen zu unseren Ausgangsüberlegungen zurück: Wir können das Gebet versuchen zu »erklären«, aber letztlich muss man es ausprobieren und auf dieser Basis reflektieren. Theoretisch ist es nicht zu bewältigen. Es ist wie beim Fahrradfahren: Erst wenn ich mich auf den Sattel setze und lostrete, kann ich die Erfahrung des Fahrens machen.

### 4.2.2 Gebetspraxis in Religionsunterricht und Schule

Der Religionsunterricht hat nicht nur die Aufgabe, im christlichen Sinn über Gebet zu informieren, sondern auch Rahmen und Arrangements dafür zu bieten, Erfahrungen mit dem Gebet zu machen und darüber zu reflektieren. Ziele können sein:

– Wahrnehmungsschulung, staunen lernen, innehalten, still werden und Stille üben, religiöse Kräfteschulung [...];
– die Fülle der Gebetsformen (Lob, Dank, Klage, Bitte) [...] wahrnehmen, begreifen und anwenden lernen;
– bedeutsame biblische Gebete (z.B. Psalmen, Vaterunser) und heutige Gebete kennen lernen und ausprobieren;
– Gebetszeiten [...], Gebetssitten, -haltungen, -gebärden und -rituale entdecken und sie sich vertraut machen;
– eigene Gebete formulieren und sprechen, eigene Erfahrungen beim Beten ausdrücken können;
– der expressiven, entlastenden und motivierenden Funktion des Betens gewahr werden;
– das Gebet als Möglichkeit sehen, alles vor Gott bringen zu können, was einen bewegt;
– entdecken, dass [...] es erhörte und unerhörte Gebete gibt[54]

53   E. Zenger, Die Nacht wird leuchten wie der Tag. Psalmenauslegungen, Freiburg 1997, 20.
54   W. Ritter, Die Stille spüren – Meditative Übungen und Gebet, in: G. Hilger/ders., Religionsdidaktik Grundschule. Handbuch für die Praxis des evangelischen und katholischen Religionsunterrichts, München/Stuttgart 2006, 323.

sowie problematische Formen des Betens wahrnehmen und kritisch reflektieren.

Wie kann Gebet im Unterricht konkret aussehen? Die DVD-Dokumentation »Die Nacht wird hell. Kompetenzorientierten Religionsunterricht nach Bildungsstandards« gibt eine Religionsstunde in einer sechsten Klasse (Hauptschule) in Baden-Württemberg wieder.[55] Sie beginnt mit einem Eingangsritual. Die Lehrerin fragt: »Wer von euch sagt, warum wir die Kerze anzünden?« Eine Schülerin meldet sich: »Weil Jesus Licht der Welt ist.« Ein Schüler zündet die Kerze in der Mitte des Stuhlkreises an und spricht dabei: »Jesus sagt: ›Wo zwei oder drei in meinem Namen zusammen sind, da bin ich unter ihnen.‹« Schüler/innen und Lehrerin sprechen gemeinsam ein Gebet im Wechsel. Einzelne lesen die Strophen, die Gruppe antwortet gemeinsam.

Eine/r: Manchmal habe ich Angst allein zu sein. Wer ist da, der mich in dieser Angst begleitet?

Alle: Geborgen ist mein Leben in Gott, er hält mich in seinen Händen.

Eine/r: Manchmal habe ich das Gefühl, dass mir niemand glaubt, obwohl ich die Wahrheit spreche. Wer ist da, der mir glaubt, weil er mich in- und auswendig kennt?

Alle: Geborgen ...

Eine/r: Manchmal fühle ich mich traurig und schlecht. Wer ist da, der mich tröstet und beschützt?

Alle: Geborgen ...

Eine/r: Oft hasse ich mich selbst, weil ich andere beleidige oder beschimpfe. Wer ist da, der mir hilft, gut mit anderen umzugehen?

Alle: Geborgen ...

Eine/r: Manchmal habe ich schreckliche Angst, dass ich meine Freunde und Eltern verliere. Wer versteht diese Angst und steht mir bei?

Alle: Geborgen ...

---

55 Die Nacht wird hell. Kompetenzorientierter Religionsunterricht nach Bildungsstandards. Die Dokumentation einer Doppelstunde Religionsunterricht, Evangelisches Medienhaus GmbH, Stuttgart 2006 (DVD).

Am Ende zünden einzelne Kinder ein Teelicht an und formulieren auf eigene Initiative und in freier Form eigene Bittgebete für andere Menschen (Kinder in Not, Eltern). Das Gebet schließt mit dem gemeinsamen Amen.

In einem Seminar an der Universität äußern sich Lehramtsstudierende unterschiedlich zu der 3-minütigen Sequenz. Manche heben die ruhige und konzentrierte Atmosphäre hervor, andere meinen, der liturgieartige Ablauf berge die Gefahr des reinen Herunterlesens ohne innere Anteilnahme, dafür zeigen sie sich von den freien Gebeten beeindruckt.

Was spricht für ein Gebet in dieser oder in einer anderen Form im Religionsunterricht? Passt es zum Religionsunterricht oder ist es ein Fremdkörper? Hilft es Schülern oder manipuliert es sie? Es gibt wichtige Argumente für und wider das Gebet im Religionsunterricht selbst. Dafür spricht:

- Gebet ist eine unverzichtbare Dimension des Glaubens und muss theoretisch und praktisch Platz im Religionsunterricht haben.
- Wer am evangelischen Religionsunterricht teilnimmt, erklärt sich einverstanden, dass dieser nach Bekenntnis und Grundsätzen der Evangelischen Kirche erfolgt.
- Niemand wird gezwungen das Gebet auch »innerlich« mitzuvollziehen. Die Gedanken sind frei.

Dagegen spricht:

- Wenn die Lehrkraft mit den Schülern erst betet und danach eine (unangekündigte) Leistungserhebung durchführt, können sich bei den Schülern Gefühle wie Frustration und Wut einstellen.
- Die Lehrkraft gerät in eine Rollenkonfusion: Sie ist zunächst Schwester/Bruder im Glauben, dann aber Kontrollierende und Beurteilende.
- Es wirkt sich negativ auf das Klassenklima aus, wenn Gebete ohne Einverständnis, Interesse oder Resonanz der Schüler stattfinden und führt zu »innerer« Emigration.

Welchen Sinn hat das Gebet außerhalb des Religionsunterrichts in der Schule? Zum institutionellen Rahmen des Schulgebets ist zu beachten, dass das Bundesverfassungsgericht unter Hinweis auf Art. 7 Abs. 1 GG den Ländern die Entscheidung freistellt, ein freiwilliges Schulgebet außerhalb des Religionsunterrichts zuzulassen.[56] Einige Bundesländer sehen es ausdrücklich vor. So hat etwa der Bayerische Landtag den Beschluss gefasst: »Die Staatsregierung wird gebeten, darauf hinzuwirken, dass die Möglichkeit des Schulgebets zu Beginn und am Ende des Unterrichts in allen Schulen regelmäßig genutzt wird. Den Schulklassen soll eine Sammlung von Schulgebeten angeboten werden.«[57] Dieser Beschluss steht im Zusammenhang mit dem in der Bayerischen Verfassung ausgewiesenen, obersten Bildungszieles »Ehrfurcht vor Gott« (Art. 131 Abs. 2 BV).

Die klassischen Argumente gegen das Gebet in der Schule sind:

– Beten gehört nicht in die Schule, sondern in die Kirche bzw. jeweilige religiöse Gemeinschaft;
– es droht die Gefahr der religiösen Vereinnahmung der Schule (wie es in der Geschichte der Schule Jahrhunderte lang der Fall war);
– das Problem der religiösen Unterschiedlichkeit (Christen, Muslime) beim gemeinsamen Gebet ist ungelöst;
– Beten passt nicht in den Stundenablauf bzw. zum Stoff;
– Beten hat keine (überprüfbare) Wirkung;
– Beten ist seitens vieler Schüler und Lehrer nicht erwünscht.

Für das Schulgebet lässt sich anführen:

– Es leistet einen Beitrag zur Schulkultur: Schule wird menschlicher, wenn man miteinander betet. Beten kann »die Menschen stärken« (H. von Hentig);[58]
– es fördert die Gemeinschaft unter Schülern und Lehrern und bringt die Gleichrangigkeit vor Gott zum Ausdruck;
– es bietet die Möglichkeit einer Auszeit und Verlangsamung;

---

56  Beschluss vom 16.10.1979, zit. in: W. Albrecht/H. Anselm, Dem Lernen neue Dimensionen öffnen. Beten und meditative Elemente als Beitrag zur Schulkultur, München 2004, 42.
57  Beschluss vom 3.7.1986, Landtagsdrucksache 10/10910.
58  Zit. in: Albrecht/Anselm 2004, 11.

- es zeigt, dass es noch etwas anderes jenseits des Leistens und des Verstandes gibt;
- es beruhigt und sammelt;
- Aspekte wie Verzeihen und Neuanfang werden angesprochen;
- bei großen Erschütterungen wie Trauerfällen, Krieg oder Katastrophen wirken Rituale in Gemeinschaft entlastend und tröstend und helfen, neuen Mut zu schöpfen.[59]

### 4.2.3 Perlen des Glaubens

Zum Schluss möchte ich Ihnen, liebe/r Leser/in, ein Medium vorstellen, das man nicht nur als Erwachsener nutzen kann, sondern das sich auch im Religionsunterricht verwenden lässt und Schülern eine Möglichkeit bietet, Nachdenken, Meditieren und Beten miteinander zu verbinden: die »Perlen des Glaubens«.[60]

#### *4.2.3.1 Vorstellung der »Perlen des Glaubens«*

M. Lönnebo, ehemaliger schwedischer (evangelischer) Bischof, hat das Perlenband während eines Aufenthaltes in Griechenland entworfen. Als er mit den religiösen Gebrauchsgegenständen der orthodoxen Christen in Berührung kam (z.B. Perlenketten, Ikonen), wurde ihm klar, dass evangelische Christen keine derartigen Hilfsmittel zum Beten haben. So kam ihm die Idee, einen »Rettungsring für die Seele« aus Perlen zu gestalten.[61]

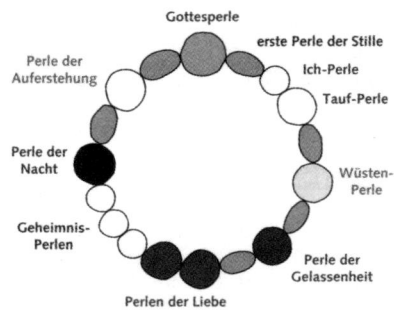

59  Vgl. die Argumente bei Albrecht/Anselm 2004, 54f.
60  Abb. aus: Mit den Perlen des Glaubens leben, hg. v. Amt für Öffentlichkeit der Nordelbischen Ev.-Luth. Kirche, Kiel 2005, 11 (auch zugänglich über http://perlen-des-glaubens.de/).
61  Vgl. Perlen 2005, 80–85.

Jede der 18 Perlen hat eine besondere Bedeutung, wirft Fragen auf und lädt zu einem Gebet ein. Die Perlen des Glaubens sind eine Anleitung zur Stille und Meditation, der man einzeln oder in einer Gruppe (Schulklasse) folgen kann. Ihre Abfolge ist eine Art »Liturgie«. Ich stelle sie deswegen ausführlich vor, weil in ihr die Themen und Fragen vorangegangener Kapitel wieder auftauchen und ich sie damit als kreative und geistliche Zusammenfassung christlicher Rede von Gott sehe.

Die Gottesperle ist die größte der Perlen und erinnert an den goldenen Schein der Sonne oder an einen wertvollen Schatz. Sie bildet Anfang und Ende des Perlenbandes und verweist nach christlichem Verständnis auf Gott, von dem wir kommen und zu dem wir zurückkehren und der unser Leben unsichtbar begleitet, wie der Strahl der Sonne. Bei dieser Perle kann ich darüber nachdenken, wer oder was mein Leben zusammenhält: »Was ist das Wertvollste in meinem Leben? Wie ist Gott für mich? Kann ich auf Gott vertrauen?«[62]

Ein Gebet zu dieser Perle: »Von guten Mächten wunderbar geborgen, erwarten wir getrost, was kommen mag. Gott ist mit uns am Abend und am Morgen und ganz gewiss an jedem neuen Tag.«[63]

Die sechs Perlen der Stille laden dazu ein, das, was mich beschäftigt, loszulassen und in meinem Tun innezuhalten. Im Schweigen und Aufatmen kann ich zu mir selbst finden, darf »sein«, ohne »tun« zu müssen und mich für Gott öffnen. Gebet:

»Ich schließe die Augen,
höre, was in mir ist,
höre auf Dich, Gott.«[64]

Die Ich-Perle ist klein, perlmuttfarben und findet sich nahe der Gottesperle. Sie regt dazu an, über sich selbst nachzudenken. »Wer bin ich und was sind meine Rollen im Alltag?« Das Schimmern der Perle spiegelt den Glanz der Gottesperle wider. »Die Perle bedeutet: Sieh auf dich selbst mit Liebe. Du bist eine Perle unter anderen Perlen. Du hast ein Recht, mit Lebenslust und Lebensmut zu leben.« (Martin Lönnebo).[65]
Gebet:

---

62   Perlen 2005, 12.
63   Bonhoeffer 1952, 276.
64   Perlen 2005, 14f.
65   Perlen 2005, 16f.

»Ich bin liebenswert.
Du hast mich geschaffen, so wie ich bin.
Ich danke dir dafür, Gott.«[66]

Die weiße Tauf-Perle berührt die Ich-Perle. Das eigene Ich begegnet einem Du. Zu dem »Ja«, das ich zu meinem Leben sagen kann, kommt das »Ja«, das ein anderer zu mir sagt. Die Tauf-Perle erinnert uns daran, dass wir mit Wasser auf den Namen Gottes getauft und mit dem Kreuzeszeichen gesegnet wurden. Die Taufe ist Gottes unbedingtes und unverbrüchliches Ja-Wort zu unserem Leben. Ich frage: »Was bedeutet die Taufe für mich? Wovon lebe ich? Wer sagt »Ja« zu meinem Leben?«[67]

Gebet: »Bei meiner Taufe hast Du mich gesegnet und Ja zu mir gesagt.«

Die sandfarbene Wüsten-Perle steht für Dürre, Entbehrung und Einsamkeit. In der Wüste begegnen wir den Kämpfen unseres Lebens oder Schuld, die wir auf uns geladen haben. In der Bibel sind Wüsten auch Orte der Klarheit und Entscheidung. Wir können, wie Jesus (Mt 4,1–11), mit mehr Klarheit und Reife aus der Wüste zurückkehren. Ich frage: »Wann bin ich selbst durch die Wüste gegangen? Kann ich das Alleinsein aushalten? Was brauche ich zum Leben?« Gebet:

»Ich kann nicht mehr weiter.
Ich fühle mich kraftlos.
Hilf mir, meinen Weg zu finden.
Geh mit mir, Gott.«[68]

Die blaue Perle der Gelassenheit erinnert an den Himmel und das Meer. Sie will ein Gegenbild zu den täglichen Lasten, Pflichten und Herausforderungen sein und mich in die Weite und Leichtigkeit führen. Ich frage: »Was treibt mich um? Wovon möchte ich mich befreien? Wie übe ich Gelassenheit?«. Gebet:

»Gott du weißt, was ich brauche.
Bewahre mich vor unnötiger Sorge.
Schenke mir Gelassenheit.«[69]

Die zwei Perlen der Liebe betonen, dass zur Liebe immer zwei gehören, ein Du und ein Ich. Die rote Farbe erinnert an Feuer und Geist, Leidenschaft und Leiden und weist auf die Ambivalenz der Liebe hin. Liebe ist das Größte, was wir erfahren können, aber an ihr können wir auch zer-

---

66   Ebd.
67   Perlen 2005, 18f.
68   Perlen 2005, 20f.
69   Perlen 2005, 22f.

brechen. Sie beinhaltet Gefühle der völligen Verschmelzung und den Schmerz der Trennung. Ich frage: »Was ist Liebe für mich? Fühle ich mich geliebt? Wen liebe ich?«. Der christliche Glaube bezieht die Liebe der Menschen auf die Liebe Gottes: »Gott ist die Liebe, und wer in der Liebe bleibt, der bleibt in Gott und Gott in ihm.« (1 Joh 4,16). Gebet:

»Erfülle mich mit deiner Liebe
schenke mir deine Kraft.
Hilf mir, Liebe anzunehmen,
sie zu leben und weiterzugeben.[70]

Die drei kleinen, perlmuttfarbenen Geheimnis-Perlen stehen für das, was ein Mensch nicht mit anderen teilen möchte oder kann. Dazu gehören auch unsere Träume, Ängste und Leidenschaften. »Was sind meine Geheimnisse? Worüber möchte ich nur mit Gott reden? An wen denke ich?« Gott nimmt uns ganz, mit unseren Geheimnissen, an. Vor ihm können wir uns mit all dem, was wir anderen nicht sagen können oder dürfen, zeigen. Gebet:

»Du siehst meine Geheimnisse, Gott:
Meine Träume, Ängste,
Menschen, an die ich denke.
Ich bitte für mich und die anderen:
Bewahre uns alle.«[71]

Die Perle der Nacht ist schwarz und weist auf die Schattenseite des Lebens, auf die Angst, die Verlassenheit und den Tod. Hier haben der Schmerz und die Trauer um Menschen, die gestorben sind oder uns verlassen haben, ihren Ort. Gott hält dieses Leiden und auch das Sterben der Menschen mit mir aus, denn im Tod Jesu am Kreuz ist Gott selbst den Weg durch die dunkelste Nacht gegangen. Deswegen ist das Kreuz das zentrale Symbol des christlichen Glaubens. Wer die Perle der Nacht in die Hand nimmt, kann sich daran erinnern: Gott lässt mich auch in den dunkelsten Stunden des Lebens nicht allein. Gebet:

»Mein Gott, wo bist du?
In Deine Hände lege ich mein Leben.
Gehe mit mir durch die Nacht.«[72]

Die weiße Perle der Auferstehung steht für den Weg vom Tod zum Leben, für den Sieg Gottes über den Tod. Sie symbolisiert die Hoffnung, die in mir lebendig ist und zu neuem Leben und zu einem neuen Anfang

---

70 Perlen 2005, 24f.
71 Perlen 2005, 26f.
72 Perlen 2005, 28f.

werden kann. Ich frage: »Was kann ich hoffen? Wer gibt mir neue Kraft? Was bedeutet für mich Auferstehung?« Gebet:

»Gott, Du verwandelst meine Trauer in Freude.«[73]

Der Kreis schließt sich mit der Gottesperle: Gott ist Ende und Anfang. Segen:

»Gott segne dich und behüte dich;
Gott lasse sein Angesicht leuchten über dir und sei dir gnädig;
Gott erhebe sein Angesicht über dich
und gebe dir Frieden.« (Num 6,24ff.).

### 4.2.3.2 Theologische und religionspädagogische Erwägungen

Die Perlen des Glaubens wollen mehr als nur ein schönes Armband sein. Dabei werden fünf Argumente angeführt.[74]

1. M. Lönnebo wollte den Menschen »etwas Greifbares in die Hand legen, von dem sie berührt werden.«[75] Das Perlenband lässt den Menschen etwas mit seinen Augen und seinen Händen wahrnehmen. Das ermöglicht einen neuen, individuelleren Zugang zum Glauben. Indem ich die Perlen des Glaubens in die Hand nehme, komme ich den Inhalten näher, für die diese Perlen stehen.

2. Viele Menschen sind nicht mehr darin geübt, über ihren Glauben zu reden. Die kirchlich geprägten Vokabeln, die die Rede über Gott, Jesus Christus und den Heiligen Geist prägen, sind nicht ihre eigenen Worte. Mit dem Perlenband wird das eigene Reden über Gott und den Glauben angeregt, ohne dass die Übereinstimmung mit festgelegten Formeln gefordert wird. Jeder kann sich mit eigenen Worten in seine Sprache über den Glauben und Rede mit Gott einüben.

3. Am Handgelenk getragen oder in die Hosentasche gesteckt, das Perlenband findet überall seinen Ort und lässt sich jederzeit mitnehmen oder hervorholen. Es kann den Alltag strukturieren, indem wir den Tag mit Gedanken zu einer bestimmten Perle beginnen oder am Ende des Tages die Ereignisse anhand der Perlen Revue passieren lassen. So laden die Perlen des Glaubens mitten im Alltag zu Meditation und Gebet ein.

---

73  Vgl. Perlen 2005, 30f.
74  Punkte 1–5 vgl. http://www.perlen-des-glaubens.de/kg.root/kd.11260005.7/index.html.
75  Perlen 2005, 82.

4. Die Perlen des Glaubens regen dazu an, miteinander ins Gespräch zu kommen. Im Austausch über die Bedeutung der Perlen wird Glaube spürbar, ohne ein Für-wahr-Halten theologischer Aussagen zu fordern. Die eigene Spiritualität steht im Vordergrund und möchte besonders jene erreichen, die auf der Suche nach dem eigenen Weg mit Gott sind. Erwachsene und Kinder können gleichermaßen ihre Erfahrungen mit den Perlen machen, sie miteinander teilen und weitergeben.

5. Sind die Perlen des Glaubens ein »evangelischer Rosenkranz«? Auch wenn die äußere Gestalt an den katholischen Rosenkranz erinnert, eröffnen die Perlen des Glaubens mit der individuellen Ausgestaltung und dem expliziten Bezug zum persönlichen Lebensweg eine größere Freiheit als die Abfolge festgelegter Gebete (»Gegrüßet seiest Du, Maria«, Vaterunser).

Was lässt sich aus theologischer und religionspädagogischer Sicht dazu sagen? Droht durch den subjektorientierten und konstruktivistischen Zugang und die Betonung des eigenen Weges zu Gott nicht ein Verlust der Glaubens*inhalte*? Hier geht es um das schon im Zusammenhang mit der Kindertheologie erörterte Gegenüber von Vermittlungs- und Aneignungsdidaktik (s.o. 4.1). Die Perlen des Glaubens sind ohne Zweifel offen für alle möglichen religiösen und nicht-religiösen Deutungen. Doch solange sie im Kontext des christlichen Glaubens, der Kirche und des Religionsunterrichts mit dem Ziel eingesetzt werden, die »Botschaft des christlichen Glaubens« begreifbar zu machen,[76] erhalten sie durch diesen Rahmen ihre eindeutige Ausrichtung und können ihre spezifischen Stärken entfalten.

Es handelt sich bei den »Perlen des Glaubens« um einen symboldidaktischen Ansatz. Zwei Aspekte sind beim Symbol wesentlich: Es vereinigt ein »sinnliches Zeichen« und die »Wirklichkeit, die nicht unmittelbar zugänglich ist«. Jedoch verweist das Symbol »nicht nur auf eine andere Wirklichkeit, sondern lässt sie gegenwärtig sein: es repräsentiert sie.«[77] Aus religions-

---

76 So die Intention von M. Lönnebo, vgl. Perlen 2005, 81f.
77 P. Biehl, unter der Mitarbeit von U. Hinze u. R. Tammeus, Symbole geben zu lernen. Einführung in die Symboldidaktik anhand der Symbole Hand, Haus und Weg, 2., durchges. Aufl. Neukirchen-Vluyn 1991, 46.

pädagogischer Sicht ist das Lernen mit und an Symbolen berechtigt, sinnvoll und inspirierend für den Religionsunterricht.[78]

### 4.2.3.3 Perlen des Glaubens im Religionsunterricht

Wie lassen sich die »Perlen des Glaubens« mit Kindern verwenden? Weil die Perlen etwas Spielerisches haben, fällt es den Kindern leicht, sie in ihre Lebenswelt einzubauen. Die Perlen schlagen eine Brücke von den abstrakten Themen des Glaubens zu konkreten Ansatzpunkten. Wegen ihrer Anschaulichkeit verbinden die Kinder die Perlen leicht mit eigenen Erfahrungen und Ideen. Bei den roten Perlen der Liebe denken sie an Eltern, Geschwister oder Freunde, bei der blauen an den Urlaub am Meer und bei der schwarzen an ihre Angst beim Einschlafen. Sie sind eine gute Möglichkeit, mit den Kindern über Gott ins Gespräch zu kommen, gemeinsam zu beten und den Glauben miteinander zu entdecken.[79]

Wie kommen die »Perlen des Glaubens« in der Praxis an? Eine Lehramtsstudentin notiert ihre Eindrücke aus der Praktikumsklasse, in der die Schüler/innen (3./4. Jahrgang) nach einer inhaltlichen Einführung selbst ein Armband herstellten und sich im Klassengespräch dazu äußerten:

Hierbei erstaunte es mich sehr, dass gerade in dieser Klasse, die sowohl vom kulturellen, als auch vom sozialen Familienhintergrund der Kinder her sehr heterogen ist, die Schüler offen und ernsthaft an die Thematik herantraten und sich ganz darauf einließen. Aus anfänglichen Gedanken entstanden tiefer greifende Gespräche, Fragen wurden aufgeworfen, Diskussionen und Austausch fanden unter den Schülern statt. Mich beeindruckte die Ernsthaftigkeit und Ehrlichkeit, die Tiefe, aber auch die Dimensionen, mit denen sich gerade diese Kinder mit ethischen und religiösen Themen auseinander setzten. Ich denke, diese Art des Glaubensausdrucks hilft Kindern, Glauben greif- und erlebbar zu machen und ihre eigenen Gedanken auszudrücken und zu ordnen. (C. Schmidt)

Die Perlen des Glaubens lassen sich im Religionsunterricht handlungsorientiert, spirituell und kognitiv einsetzen. Sie eignen sich nicht nur für die Primar-, sondern auch für die Sekundarstufe.

---

78  Vgl. G. Hilger, Symbollernen, in: ders. u.a., Religionsdidaktik. Ein Leitfaden für Studium, Ausbildung und Beruf, München 2001, 330–339.
79  Perlen 2005, 61.

1. Die Schüler stellen in der Klasse eigene, kleine Perlenbänder oder auch ein Klassenexemplar (aus Holz)[80] selbst her und bauen von Anfang an ein eigenes Verhältnis zu »ihrer« Kette auf.

2. Die einzelnen Perlen lassen sich in ihrer Bedeutung erschließen, indem man zu jeder Perle die entsprechende Deutung vorstellt, freie Gespräche führt oder eine passende (biblische) Geschichte liest oder erzählt. Man kann die Schüler animieren, zu jeder Perle eine eigene Geschichte zu erzählen oder ein Bild zu malen und die Produktionen in einem Buch zu sammeln.

3. Zu jeder Perle lässt sich ein Gebet suchen. Beim Morgenkreis oder Anfangsritual der Religionsstunde dürfen die Schüler je nach Stimmung eine Perle mit dem dazugehörigen Gebet auswählen.

4. Man kann anhand der Kette die Stationen des Lebens Jesu entdecken und darstellen.[81]

5. Als Projekt des interreligiösen Lernens erkunden die Schüler Perlenbänder bzw. Gebetsketten der Weltreligionen und untersuchen ihre jeweilige Bedeutung und Handhabung (z.B. Hinduismus und Buddhismus: Mala; Islam: Misbaha; katholischer und orthodoxer Rosenkranz).[82]

6. Die Schüler erhalten so eine »Schule des Gebetes« an die Hand, die sie auch außerhalb des Religionsunterrichts benutzen und damit eigene Erfahrungen mit dem »Reden zu Gott« machen können.

---

80  Vgl. Perlen 2005, 60.
81  Vgl. Perlen 2005, 64–69.
82  Vgl. Perlen 2005, 74–77.

# Literatur

Adam, Alfred: Lehrbuch der Dogmengeschichte, Bd. 1: Die Zeit der Alten Kirche, Gütersloh 1965.

Adam, Gottfried: Heiliger Geist/Pfingsten, in: Lachmann, Rainer/ders./Ritter, Werner H.: Theologische Schlüsselbegriffe. Biblisch – systematisch – didaktisch, Göttingen 1999, 124–133.

Adam, Gottfried: Jesus Christus, in: Lachmann, Rainer/ders./Ritter, Werner H.: Theologische Schlüsselbegriffe. Biblisch – systematisch – didaktisch, Göttingen 1999, 167–186.

Adam, Gottfried/Lachmann, Rainer (Hg.): Methodisches Kompendium für den Religionsunterricht 2. Aufbaukurs, Göttingen 2002.

Adam, Gottfried/Lachmann, Rainer (Hg.): Religionspädagogisches Kompendium, 5., neubearb. Aufl. Göttingen 1997.

Albrecht, Wilhelm/Anselm, Helmut: Dem Lernen neue Dimensionen öffnen. Beten und meditative Elemente als Beitrag zur Schulkultur, München 2004.

Allensbacher Jahrbuch für Demoskopie 1998–2002, Bd. 11: Balkon des Jahrhunderts, hg. v. E. Noelle-Neumann u. R. Köcher, München 2002.

Anselm von Canterbury: Monologion. Proslogion. Die Vernunft und das Dasein Gottes, dt.-lat. Ausgabe, eingel., übers. und erläut. von Rudolf Allers, Köln 1966.

Arnold, Ursula u.a. (Hg.): Was Kinder glauben. 24 Gespräche über Gott und die Welt, mit einem Nachwort von Gottfried Adam, Stuttgart 1997.

Baldermann, Ingo: Didaktischer und „kanonischer" Zugang. Der Unterricht vor dem Problem des biblischen Kanons, in: JBTh Bd. 3, Neukirchen-Vluyn 1988, 97–111.

Baldermann, Ingo: Einführung in die Bibel, 4. Aufl. Göttingen 1993.

Baldermann, Ingo: Fürchtet euch nicht. Die Passions- und Ostergeschichte für Kinder, mit Bildern von Isabella Gresser, Düsseldorf 2003.

Barth, Karl: Gesamtausgabe, hg. v. Jürgen Fangmeier u. Hinrich Stoevesandt, Bd. 5, 3: Briefe 1961–1968, Zürich 1975.

Barth, Karl: Kirchliche Dogmatik, I/1 Die Lehre vom Wort Gottes. Prolegomena zur kirchlichen Dogmatik, 9. Aufl. Zürich 1975.

(Die) Bekenntnisschriften der evangelisch-lutherischen Kirche (BSLK), hg. im Gedenkjahr der Augsburgischen Konfession 1930, 11. Aufl. Göttingen 1992.

Berg, Horst Klaus: Altes Testament unterrichten. Neunundzwanzig Unterrichtsvorschläge, München/Stuttgart 1999.

Berg, Horst Klaus/Hilger, Georg: Von der Sünde zum Leben umkehren – Zu diesem Heft, in: ru (Zeitschrift für die Praxis des Religionsunterrichts) Jg. 16 (4/1986), 121–124.

Berger, Peter L.: Der Zwang zur Häresie. Religion in der pluralistischen Gesellschaft, Freiburg 1992.

Bergmayr, Maximilian OSB: Wie sich Schüler den Heiligen Geist vorstellen. „Der Geist Gottes" in der religiösen Entwicklung, in: 147. Jahresbericht Öffentliches Stiftsgymnasium Kremsmünster 2004, 37 – 54 (http://schulen.eduhi.at/stift_kremsmuenster/ gym/jb147–02.pdf).

Bethge, Eberhard: Dietrich Bonhoeffer. Theologe – Christ – Zeitgenosse, eine Biographie, 6. Aufl. München 1986.

Beyerlin, Walter (Hg.): Religionsgeschichtliches Textbuch zum Alten Testament, 2., durchges. Aufl. Göttingen 1985.

Die Bibel in Bildern. 240 Darstellungen, erfunden und auf Holz gezeichnet von Julius Schnorr von Carolsfeld, Nachdruck der Ausgabe von 1860, Zürich 1972.

Bibel in gerechter Sprache, hg. v. Ulrike Bail, Frank Crüsemann u.a., Gütersloh 2006.

Biblia, das ist, die gantze Heilige Schrifft Deudsch, Mart. Luth. Wittemberg, vollst. Nachdr. der Ausg. Wittenberg, Lufft, 1534, hg. v. Stephan Füssel, Bd. 1, Das Alte Testament, Köln 2002.

Biehl, Peter, unter der Mitarbeit von Ute Hinze und Rudolf Tammeus: Symbole geben zu lernen. Einführung in die Symboldidaktik anhand der Symbole Hand, Haus und Weg, 2., durchges. Aufl. Neukirchen-Vluyn 1991.

Bonhoeffer, Dietrich: Widerstand und Ergebung. Briefe und Aufzeichnungen aus der Haft, hg. von E. Bethge, München 1952.

Bonhoeffer, Dietrich: Nachfolge, mit einem Nachwort von Eberhard Bethge, 15. Aufl. München 1985.

Bonhoeffer, Dietrich: Die Psalmen. Das Gebetbuch der Bibel, eine Einführung, 14., durchges. Aufl. Gießen 1989.

(Dietrich) Bonhoeffer Werke, hg. v. Eberhard Bethge, Ernst Feil u.a.: Bd 12, Berlin 1932–33, Gütersloh 1997.

Brecht, Bertolt: Geschichten von Herrn Keuner, in: Hecht, Werner u.a. (Hg.): Bertolt Brecht Werke, Bd. 18, Frankfurt a. M. 1995.

Bucher, Anton A. u.a. (Hg.): „Im Himmelreich ist keiner sauer". Kinder als Exegeten, Jahrbuch für Kindertheologie, Bd. 2, Stuttgart 2003.

Büchner, Georg: Werke und Briefe. Neue, durchgesehene Ausgabe, hg. von Fritz Bergemann, 13. Aufl. Frankfurt a. M. 1979.

Büttner, Gerhard/Rupp, Hartmut (Hg.): Theologisieren mit Kindern, Stuttgart 2002.

Bultmann, Rudolf: Glauben und Verstehen. Gesammelte Aufsätze, Bd. 1, 7. Aufl. Tübingen 1972.

Chinigo, Michael (Hg.): Der Papst sagt. Lehren Pius` XII, 2., erw. Aufl. Frankfurt a. M. 1956.

Da Sein. Wege ins Leben 7, ein Unterrichtswerk für den Evangelischen Religionsunterricht an der Hauptschule, von W. Haussmann (Red.), Frankfurt a. M. 2001.

Da Sein. Wege ins Leben 8, ein Unterrichtswerk für den Evangelischen Religionsunterricht an der Hauptschule, von W. Haussmann (Red.), Frankfurt a. M. 2002.

Da Sein. Wege ins Leben 9, ein Unterrichtswerk für den Evangelischen Religionsunterricht an der Hauptschule, von W. Haussmann (Red.), Frankfurt a. M. 2000.

Devereux, Georges: Angst und Methode in den Verhaltenswissenschaften (1967), übers. v. Caroline Neubaur und Karin Kersten, 4. Aufl. Frankfurt a. M. 1998.

Dietrich, Walter/Link, Christian: Die dunklen Seiten Gottes. Bd. 2: Allmacht und Ohnmacht, Neukirchen-Vluyn 2000.

Donner, Herbert: Geschichte des Volkes Israel und seiner Nachbarn in Grundzügen, Teil 1. Von den Anfängen bis zur Staatenbildungszeit, Teil 2. Von der Königszeit bis zu Alexander dem Großen, Grundrisse zum Alten Testament Bde. 4/1–2, 2., durchges. u. erg. Aufl. Göttingen 1995.

Dornes, Martin: Die emotionale Welt des Kindes, Frankfurt a. M. 2000.

Ebach, Jürgen: Streiten mit Gott: Hiob, Teil 2: Hiob 21–42 , Neukirchen-Vluyn 1996.

214

Epikur, Fragmente über Götter, in: ders., Von der Überwindung der Furcht. Katechismus, Lehrbriefe, Spruchsammlung, Fragmente, eingel. u. übertr. von Olof Gigon, 2., durchges. Aufl. Zürich 1968.

Eschbach, Andreas: Das Jesus Video. Roman, Bergisch Gladbach 1998.

Evangelische Kirche in Deutschland/Kirchenamt (Hg.): Identität und Verständigung. Standort und Perspektiven des Religionsunterrichts in der Pluralität, Gütersloh 1994.

Evangelische Kirche in Deutschland/Kirchenamt (Hg.): Aufwachsen in schwieriger Zeit. Kinder in Gemeinde und Gesellschaft, Gütersloh 1995.

Evangelische Kirche in Deutschland/Kirchenamt (Hg.): Religionsunterricht. 10 Thesen des Rates der Evangelischen Kirche in Deutschland, Hannover 2006 (www. ekd.de/download/religionsunterricht.pdf).

Evangelische Kirche in Deutschland/Kirchenamt (Hg.), Kirche der Freiheit. Perspektiven für die Evangelische Kirche im 21. Jahrhundert, Hannover 2006.

Evangelisches Gesangbuch. Ausgabe für die Evangelisch-Lutherischen Kirchen in Bayern und Thüringen, München 1994.

Fetz, Luzius Reto: Die Entwicklung der Himmelssymbolik. Ein Beispiel genetischer Semiologie, in: JRP 2 (1985), Neukirchen-Vluyn 1986, 206–214.

Fetz, Luzius Reto/ Reich, Karl Helmut/ Valentin, Peter: Weltbildentwicklung und Schöpfungsverständnis. Eine strukturgenetische Untersuchung bei Kindern und Jugendlichen, Stuttgart 2001.

Feuerbach, Ludwig: Brief an Emilie Kapp vom 2. November 1844, in: Gesammelte Werke Bd. 18, hg. v. W. Schuffenhauser, Berlin 1988, 406ff.

Feuerbach, Ludwig: Vorlesungen über das Wesen der Religion. Nebst Zusätzen und Anmerkungen, 3., gegenüber der 2., durchges., unveränd. Auflage, Gesammelte Werke Bd. 6, hg. v. Werner Schuffenhauer, Berlin 1984.

Fiedler, Peter: Art. ʹαμαρτία, in: EWNT, Bd. 1, 2., verbess. Aufl. Stuttgart, Berlin, Köln 1992, 157–165.

Fischer, Dietlind/Elsenbast, Volker (Red.): Grundlegende Kompetenzen religiöser Bildung. Zur Entwicklung des evangelischen Religionsunterrichts durch Bildungsstandards für den Abschluss der Sekundarstufe I, Münster 2006.

Fischer, Dietlind/Schöll, Albrecht (Hg.): Religiöse Vorstellungen bilden. Erkundungen zur Religion von Kindern über Bilder, Münster 2000.

Flasche, Rainer: Opfer und Gebet in der Religionswissenschaft. Eine Einführung, in: Berner, Ulrich/Bochinger, Christoph/ders. (Hg.), Opfer und Gebet in den Religionen, Gütersloh 2005, 11–19.

Foulkes, Sigmund H.: Gruppenanalytische Psychotherapie, mit einem Nachwort von Georg R. Gfäller, München 1992.

Fowler, James W.: Stufen des Glaubens. Die Psychologie der menschlichen Entwicklung und die Suche nach Sinn, Gütersloh 2000.

Freud, Sigmund: Totem und Tabu. Einige Übereinstimmungen im Seelenleben der Wilden und der Neurotiker, in: Ders., Gesammelte Werke, Bd. 9, 6. Aufl. Frankfurt a. M. 1978.

Freud, Sigmund: Zukunft einer Illusion, in: Ders., Gesammelte Werke, Bd. 14, 3. Aufl. Frankfurt a. M. 1963.

Freudenberger-Lötz, Petra: Theologische Gespräche mit Kindern. Untersuchungen zur Professionalisierung Studierender und Anstöße zu forschendem Lernen im Religionsunterricht, Stuttgart 2007.

Freudenberger-Lötz, Petra/Schreiner, Martin: „Kommt alle her, dann werden wir mehr!" Kinder deuten das Pfingstfest, in: Bucher, Anton A. u.a.: „Zeit ist immer da". Kinder erleben Hoch-Zeiten und Fest-Tage, Stuttgart 2004, 109–116.

Fricke, Michael: Bibelauslegung in Nicaragua. Jorge Pixley im Spannungsfeld von Befreiungstheologie, historisch-kritischer Exegese und baptistischer Tradition, Münster 1997.

Fricke, Michael: Kinder entdecken und schreiben Psalmen. Unterrichtsbeispiel für die Grundschule, in: SPECTRUM, Zeitschrift der Gemeinschaft Evangelischer Erzieher in Bayern, 52. Jg. 3/2002, 14–18.

Fricke, Michael: ‚Schwierige' Bibeltexte im Religionsunterricht. Theoretische und empirische Elemente einer alttestamentlichen Bibeldidaktik für die Primarstufe, Göttingen 2005.

Fricke, Michael: So schlau sein wie Albert Einstein und so liebevoll wie Mutter Teresa" – Unterrichten mit der „Volxbibel", in: ARBEITSHILFE für den ev. Religionsunterricht an Gymnasien. Gelbe Folge 2006, hg. v. d. Gymnasialpädagogischen Materialstelle der Ev.-Luth. Kirche in Bayern, Erlangen 2006, 97–115.

Fried, Erich: Gesammelte Werke. Gedichte 2, Berlin 1993.

Gebhard, Ulrich: Symbolisierung und Sinnkonstitution in einem Kindergespräch über Bäume, in: Giest, Hartmut u.a. (Hg.): Jahrbuch Grundschulforschung, Bd. 2, Weinheim 1999, 189–202.

Gensicke, Thomas: Jugend und Religiosität, in: Jugend 2006. Eine pragmatische Generation unter Druck, v. Klaus Hurrelmann/Mathias Albert (15. Shell-Jugendstudie), Frankfurt a. M. 2006, 203–239.

Goßmann, Klaus: Die gegenwärtige Krise des Religionsunterrichts in Westdeutschland, in: EvErz 45. Jg. (5/1993), 518–532.

Gräb, Wilhelm: Art. Sünde VIII. Praktisch-Theologisch, in: TRE 32 (Berlin/New York 2001), 436–442.

Grethlein, Christian/Lück, Christhard: Religion in der Grundschule. Ein Kompendium, Göttingen 2006.

Grill, Ingrid: (Hg.), Unerwartet bei der Sache. Dem theologischen Nachdenken von OberstufenschülerInnen auf der Spur, Arbeitshilfe für den ev. Religionsunterricht an Gymnasien (RU-Werkstatt Oberstufe 4), hg. v. d. Gymnasialpädagogischen Materialstelle der Ev.-Luth. Kirche in Bayern, Erlangen 2005.

Grom, Bernhard: Religionspädagogische Psychologie des Kleinkind-, Schul- und Jugendalters, vollst. überarb., 5. Aufl. Düsseldorf 2000.

Härle, Wilfried: Dogmatik, 2. Aufl. Berlin/New York 2000.

Handreichungen zum neuen Lehrplan Evangelische Religionslehre (Primarstufe) in NRW, erarb. von H.-J. Röhrig u.a., hg. v. PTI der Evangelischen Kirche im Rheinland, Düsseldorf 2006.

Harz, Frieder: Die Bibel verstehen lernen – Anregungen zu einer religionspädagogisch verantworteten Rezeption historisch-kritischer Forschung, in: Ritter, Werner/ Rothgangel, Martin (Hg.): Religionspädagogik und Theologie. Enzyklopädische Aspekte, FS für Wilhelm Sturm, Stuttgart 1998, 321–339.

Hentig, Hartmut von: Glaube. Fluchten aus der Aufklärung, Düsseldorf 1992.

Heschel, Abraham J.: Der Mensch fragt nach Gott. Untersuchungen zum Gebet und zur Symbolik, Neukirchen-Vluyn 1989

Hilger, Georg: Was Jugendlichen wichtig ist, in: Baumgartner, Konrad (Hg.): Gemeinde gestalten, Regensburg 1999, 110–140.

Hilger, Georg/Leimgruber, Stephan/Ziebertz, Hans-Georg: Religionsdidaktik. Ein Leitfaden für Studium, Ausbildung und Beruf, München 2001.

Hilger, Georg/Ritter, Werner H.: Religionsdidaktik Grundschule. Handbuch für die Praxis des evangelischen und katholischen Religionsunterrichts, München/ Stuttgart 2006.

Huber, Herbert: Geschichte des Kreationismus in den USA, Ludwig-Maximilian-Universität München – Institut für Philosophie 2003, http://www.gavagai.de/ HHP29.htm.

Joest, Wilfried: Dogmatik, Bd. 2: Der Weg Gottes mit dem Menschen, Göttingen 1986.

Johannsen, Friedrich: Alttestamentliches Arbeitsbuch für Religionspädagogen, unter Mitarbeit von Simone Ferme, 2., überarb. Aufl. Stuttgart 1998.

(Das) jüdische Gebetbuch, hg. v. Jonathan Magonet, Bd. 2, Gütersloh 1997.

Jugend 2006. Eine pragmatische Generation unter Druck, v. Klaus Hurrelmann/ Mathias Albert (15. Shell-Jugendstudie), Frankfurt a. M. 2006.

Kalloch, Christina: Das Alte Testament im Religionsunterricht der Grundschule. Chancen und Grenzen alttestamentlicher Fachdidaktik im Primarbereich, Münster 2001.

Kant, Immanuel: Der Streit der Fakultäten in: Immanuel Kant Werke, hg. v. W. Weischedel, Bd. 11, Frankfurt a. M. 1977

Kant, Immanuel: Beantwortung der Frage: Was ist Aufklärung? in: Immanuel Kant Werke, hg. v. W. Weischedel, Bd. 11, Frankfurt a. M. 1977.

Kant, Immanuel: Kritik der praktischen Vernunft, in: Immanuel Kant Werke, hg. v. W. Weischedel, Bd. 7, Frankfurt a. M. 1977.

Klein, Stefanie: Gottesbilder von Mädchen als Zugang zu ihrer religiösen Vorstellungswelt. Methodische Überlegungen zum Erheben und Verstehen von Kinderbildern, in: D. Fischer/A. Schöll (Hg.), Religiöse Vorstellungen bilden. Erkundungen zur Religion von Kindern über Bilder, Münster 2000, 97–128.

Kliss, Oliver/Walter, Regine: „Das hat uns noch nie jemand gesagt!" Ein Unterrichtsversuch in Klasse 12, in: ZPT 55. Jg. (3/2003), 280–287.

Knierim, Rolf: Art. חטא, in: THAT, Bd. 1, München/Zürich 1984, 541–549.

Koehler, Walther: Dogmengeschichte als Geschichte des christlichen Bewusstseins, Zürich, Leipzig 1938.

Der Koran Arabisch-Deutsch. Übersetzung und wissenschaftlicher Kommentar von Adel Theodor Khoury, Bde. 6 und 12, Gütersloh 1998 und 2001.

Kunkel, Guido: Biblische Schöpfungserzählungen in der Grundschule, in: Kat Bl 128 (2003), 52–58.

Lachmann, Rainer: Grundsymbole christlichen Glaubens. Eine Annäherung, Göttingen 1992.

Lachmann, Rainer/Adam, Gottfried/Ritter, Werner H.: Theologische Schlüsselbegriffe. Biblisch – systematisch – didaktisch, Göttingen 1999.

Lachmann, Rainer/Mokrosch, Reinhold/Sturm, Erdmann (Hg.): Religionsunterricht – Orientierung für das Lehramt, Göttingen 2006.

L'Chaim! Jüdische Gebete und Segenssprüche für jeden Tag. Ausgew. und. hg. v. Rabbiner Dr. Michael Shire, Berlin 2000.

Lehrplan für die bayerische Hauptschule, hg. v. Bayerischen Staatsministerium für Unterricht und Kultus, München 2004.

Lehrplan für die Grundschule in Bayern, hg. v. Bayerischen Staatsministerium für Unterricht und Kultus, (KWMBl I So.-Nr. 1/2000) München 2000.

Lehrplan für die sechsstufige Realschule, hg. v. Bayerischen Staatsministerium für Unterricht und Kultus, München 2001.

Lemieux, Michèle: Gewitternacht, 3. Aufl. Weinheim/Basel 1997.

Levin, Christoph: Das Alte Testament, München 2001.

Liebold, Heide: Das Jesusbild Leipziger Schüler im Religionsunterricht und zu Hause. Ein Beitrag zur empirischen Christologie und zum Religionsunterricht in gemischt zusammengesetzten Gruppen, in: Büttner, Gerhard/Thierfelder, Jörg (Hg.): Trug Jesus Sandalen? Kinder und Jugendliche sehen Jesus Christus, Göttingen 2001, 72–105.

Link-Wieczorek, Ulrike u.a.: Nach Gott im Leben fragen. Ökumenische Einführung ins Christentum, Gütersloh/Freiburg 2004.

(D. Martin) Luthers Werke. Kritische Gesamtausgabe, Abteilung Werke. Bd.1–61, Weimar 1883ff.

Materialien für die ermordeten Juden Europas, hg. v. der Stiftung Denkmal für die ermordeten Juden Europas, Berlin 2005.

Melanchthon, Philipp: Loci Communes. 1521, lat.-dt., übers. u. mit komment. Anm. vers. von Horst Georg Pöhlmann, hg. v. Lutherischen Kirchenamt der VELKD, Gütersloh 1993.

Moltmann, Jürgen: Trinität und Reich Gottes. Zur Gotteslehre, 2. Aufl. München 1986.

(Die) Nacht wird hell. Kompetenzorientierter Religionsunterricht nach Bildungsstandards. Die Dokumentation einer Doppelstunde Religionsunterricht, Evangelisches Medienhaus GmbH, Stuttgart 2006 (DVD).

Neuhäuser, Heike: Autorität und Partnerschaft. Wie Kinder ihre Eltern sehen, Weinheim 1993.

Niehl, Franz Wendel/Thömmes, Arthur: 212 Methoden für den Religionsunterricht, München 1998.

Nipkow, Karl Ernst: Erwachsenwerden ohne Gott? Gotteserfahrung im Lebenslauf, 3. Aufl. München 1990.

Nugel, Wolfram: Alles in uns schweige. Erfahrungen der Stille, München 1999.

Oberthür, Rainer: Kinder und die großen Fragen. Ein Praxisbuch für den Religionsunterricht, unter Mitarbeit von Alois Mayer, München 1995.

Oberthür, Rainer: Kinder fragen nach Leid und Gott. Lernen mit der Bibel im Religionsunterricht, unter Mitarbeit von Alois Mayer, München 1998.

Oberthür, Rainer/Mayer, Alois: Gewitternacht-Kartei. Bilder und Fragen zum Nachdenken und Staunen über Gott und die Welt. Heinsberg 1998.

Oser, Fritz/Gmünder, Paul: Der Mensch – Stufen seiner religiösen Entwicklung. Ein strukturgenetischer Ansatz, 2., überarb. Aufl. Gütersloh 1988.

Pawlowski H. (Hg.): Mein Credo, Bd. 2. Persönliche Glaubensbekenntnisse, Kommentare und Informationen, Publik-Forum Oberursel 2000.

Pawlowski H. und Rosien, P. (Hg.): Mein Credo, Bd. 3. Persönliche Glaubensbekenntnisse, Kommentare und Informationen, Publik-Forum Oberursel 2001.

(Mit den) Perlen des Glaubens leben, hg. v. Amt für Öffentlichkeit der Nordelbischen Ev.-Luth. Kirche, Kiel 2005.

Pöhlmann, Horst Georg: Abriss der Dogmatik. Ein Kompendium, 5., verbess. u. erw. Aufl. Gütersloh 1990.

Polak, Regina (Hg.): Megatrend Religion? Neue Religiositäten in Europa, Ostfildern 2002.

Rad, Gerhard von: Das erste Buch Mose. Genesis Kapitel 1–12,9 (ATD 2), 5., durchges. Aufl. Göttingen 1958.

Reich, Helmut/Schröder, Anke: Komplementäres Denken im Religionsunterricht. Ein Werkstattbericht über ein Unterrichtsprojekt zum Thema „Schöpfung" und „Jesus Christus", in: Loccumer Pelikan Sonderheft Nr. 3, 1995.

Religionsbuch 7/8. Schülerbuch, von Ulrike Baumann u. Michael Wermke, Frankfurt a. M. 2001.

Ritz-Fröhlich, Gertrud: Kinderfragen im Unterricht, Bad Heilbrunn/Obb. 1992.

Roger, Frère: Kampf und Kontemplation. Auf der Suche nach Gemeinschaft mit allen, 5. Aufl. Freiburg 1981.

Rohr, Richard: Das auferstandene Buch. Die Lebenskraft des Neuen Testaments, Freiburg, Basel, Wien 1991.

Rosien, P. (Hg.): Mein Credo. Persönliche Glaubensbekenntnisse, Kommentare und Informationen, Publik-Forum Oberursel 1999.

Rothgangel, Martin: Naturwissenschaft und Theologie. Wissenschaftstheoretische Gesichtspunkte im Horizont religionspädagogischer Überlegungen, Göttingen 1999.

Rupp, Hartmut: Sünde – ein verschwiegenes Thema. Ein Blick in Bildungspläne und Unterrichtsmaterialien, in: Glaube und Lernen 20. Jg. (1/2005), 178–184.

Schleiermacher, Friedrich: Der christliche Glaube (2. Aufl. 1830/31), hg. v. Martin Redeker, Berlin 1960.

Schmoll, Udo: Sünde und Entfremdung als Thema des Religionsunterrichts, Vortrag auf der 34. Theologischen Studienwoche in Josefstal: „Der Glaube an Gott angesichts des Bösen – Theologische Reflexionen zum Begriff Sünde" (http://www.pt2.evtheol.uni-muenchen.de/personen/schmoll/vortraege/index.html), 2006.

Schulze, Gerhard: Die Sünde. Das schöne Leben und seine Feinde, München 2006.

Schwab, Ulrich: Familienreligiosität. Religiöse Traditionen im Prozess der Generationen, Stuttgart 1995.

Schwantes, Milton: Am Anfang war die Hoffnung. Die biblische Urgeschichte aus der Sicht der Armen, aus dem Brasilianischen übers. v. Wolfgang Schürger, München 1992.

Schweitzer, Friedrich: Lebensgeschichte und Religion. Religiöse Entwicklung und Erziehung im Kindes- und Jugendalter, 3., durchges. Aufl. Gütersloh 1994.

Schweitzer, Friedrich: Was ist und wozu Kindertheologie?, in: Bucher, Anton A. u.a. (Hg.): „Im Himmelreich ist keiner sauer". Kinder als Exegeten, Jahrbuch für Kindertheologie, Bd. 2, Stuttgart 2003, 9–18.

Siegele-Wenschkewitz, Leonore: Art. Feministische Theologie 3.4.–4., in: EKL Bd. 1, Göttingen 1986, 1289–1291.

Sievernich, Michael: Art. Sünde, Erbsünde, Sündenvergebung, in: Lex RP Bd. 2, hg. v. Norbert Mette und Volkert Rickers, Neukirchen-Vluyn 2001, 2069–2073.

Sorge, Elga: Religion und Frau. Weibliche Spiritualität im Christentum, 2., völlig neu bearb. u. erw. Aufl. Stuttgart 1987.

Der SPIEGEL Nr. 25/1992.

Steinwede, Dietrich: Von der Schöpfung. Ein Sachbilderbuch, Zeichnungen von Fulvio Testa, Lahr/Düsseldorf 1972.

Strahm, Doris: Aufbruch zu neuen Räumen. Eine Einführung in feministische Theologie, Freiburg/Schweiz 1987.

Szagun, Anna-Katharina: Phantasiereisen, in: G. Adam/R. Lachmann (Hg.), Methodisches Kompendium für den Religionsunterricht 2. Aufbaukurs, Göttingen 2002, 244–258.

Szagun, Anna-Katharina: Dem Sprachlosen Sprache verleihen. Rostocker Langzeitstudie zu Gottesverständnis und Gottesbeziehung von Kindern, die in mehrheitlich konfessionslosem Kontext aufwachsen, Jena 2006 (mit Beiheft).

Thomas (von Aquin): Summe gegen die Heiden, Bd. 1, hg. und übers. von Karl Albert und Paulus Engelhardt unter Mitarbeit von Leo Dümpelmann, 3., unveränd. Aufl. Darmstadt 1994.

Tillich, Paul: In der Tiefe ist Wahrheit. Religiöse Reden, 1. Folge, 9. Aufl. Frankfurt a. M. 1985.

Tillich, Paul: Systematische Theologie Bd. 1, 3., überarb. Aufl. Stuttgart 1956.

Vier Ikonen aus der Russischen Orthodoxen Kirche, hg. v. der Arbeitsgemeinschaft für Evangelische Erwachsenenbildung in Bayern, Verlag: Evangelischer Presseverband für Bayern, München 1988.

Veneziano, Gabriele: Die Zeit vor dem Urknall, in: Spektrum der Wissenschaft (8/2004), 30–39.

(Die) Vorsokratiker. Griechisch/Deutsch, Auswahl der Fragmente, Übersetzung und Erläuterung von J. Mansfeld, Stuttgart 1987.

Wallner, Fritz: Positivismus, in: EKL Bd. 3, Göttingen 1992, 1273–1276.

Wegzeichen Religion 4. Ein Unterrichtswerk für den Evangelischen Religionsunterricht in der 4. Jahrgangsstufe, von Steffi Beck-Seiferlein u.a., Frankfurt a. M. 2005.

Wegzeichen Religion 4. Kommentare u. Kopiervorlagen, hg. v. RPZ Heilsbronn, erarb. von S. Beck-Seiferlein, Frankfurt a. M. 2006.

Westermann, Claus: Genesis 1–11. Biblischer Kommentar zum Alten Testament I/1, 4. Aufl. Neukirchen-Vluyn 1999.

Wiesel, Elie: Jude heute. Erzählungen, Essays, Dialoge, Wien 1987.

Wittgenstein, Ludwig: Tractatus logico-philosophicus. Logisch-philosophische Abhandlung, Frankfurt a. M. 1963.

Zenger, Erich: „Das Blut deines Bruders schreit zu mir" (Gen 4,10). Gestalt und Aussageabsicht der Erzählung von Kain und Abel, in: Bader, Dietmar (Hg.): Kain und Abel – Rivalität und Brudermord in der Geschichte des Menschen, München/Zürich 1983, 9–28.

Zenger, Erich: Die Nacht wird leuchten wie der Tag. Psalmenauslegungen, Freiburg 1997.

Zenger, Erich u.a.: Einleitung in das Alte Testament, Studienbücher Theologie Bd. 1,1, 3., neu bearb. u. erweit. Aufl. Stuttgart, Berlin, Köln 1998.

Ziebertz, Hans-Georg u.a.: Religiöse Signaturen heute. Ein religionspädagogischer Beitrag zur empirischen Jugendforschung, Gütersloh/Herder 2003.

Ziegler, Tobias: Abschied von Jesus, dem Gottessohn? Christologische Fragen Jugendlicher als religionspädagogische Herausforderung, in: Büttner, Gerhard/ Thierfelder, Jörg (Hg.): Trug Jesus Sandalen? Kinder und Jugendliche sehen Jesus Christus, Göttingen 2001, 106–139.

Zilleßen, Dietrich: Doppelte Religion. Aufräumen nach dem 11. September?, in: ZPT 54. Jg. (3/2002), 231–234.

Zimmerli, Walther C.: Empirismus, in: EKL Bd. 1, Göttingen 1986, 1025–1029.

Zimmermann, Mirjam: Sünde in der Kindertheologie, in: Glaube und Lernen 20. Jg. (1/2005), 142–152.

Zinnecker, Jürgen u.a.: null zoff & voll busy. Die erste Jugendgeneration des neuen Jahrhunderts, Opladen 2002.